KB240883

동아시아학의 모색과 지향

동아시아학의 모색과 지향

동아시아학의 모색과 지향

인쇄 2005년 12월 12일   발행 2005년 12월 27일

펴낸곳 성균관대학교 출판부 **펴낸이** 서정돈 **편집인** 마인섭(동아시아학술원)

주소 110-745 서울특별시 종로구 명륜동 3가 53 성균관대학교
전화 출판부 02-760-1252~4, 동아시아학술원 행정실 02-760-0781~4

ⓒ 2005, 성균관대학교 동아시아학술원   값 19,000원

ISBN 89-7986-644-5 94910   잘못된 책은 구입한 곳에서 교환해 드립니다.

동아시아학의 모색과 지향

마인섭
김시업 편

동아시아학술원총서 01

때늦은 감이 없지 않으나 동아시아학술원 개원 기념으로 개최된 국제학술회의의 성과를 한 권의 책으로 엮게 되었다. 이 책의 성격을 굳이 규정하자면 동아시아학술원의 미래를 위한 하나의 역사적 기록물이라 할 수 있겠다. 성균관대학이 거교적 뜻을 모아 동아시아학술원을 개원한 것은 저 자신의 소견으로 볼 때 한국 근대 대학사의 한 사건이라고 생각된다. 그것은 두 가지 점에서 그러한데, 그 하나는 수십 년간 굳건했던 각 학문분야간의 제도적 장벽을 허물려고 시도했다는 점이다. 다른 하나는 '동아시아'라는 시대의 화두를 대학의 영역에서 집중적으로 연구하는 구조가 마련되었다는 점이다. 사실 이 두 가지 모두 쉬운 일은 아니며 그런 점에서 동아시아학술원의 지향점이 작지 않다는 자부를 조심스럽게 해본다.

세계사의 근본적 재편 시기에 접어들면서 동아시아에 대한 심화된 이해와 분석적 연구는 어느 때보다 절실히 요청되었다. 그것은 근대 이후 지속되어온 서구 중심의 세계 문명사에 대한 새로운 인식의 요구에 의한 것이기도 하고 다른 한편으로는 동아시아 사회의 장래를 보장할 실질적인 차원의 문제이기도 하다. 역사적으로나 지정학적으로 볼 때 한반도는 동아시아 지역의 요추要樞에 해당하는 나라이다. 따라서 한국에서 이루어지는 동아시아에 대한 학적 관점과 성과는 그만큼 의미있는 결과를 담보할 수 있다고 생각한다. 일찍이 단재 신채호 선생은 「조선독립급及 동양평화」라는 글에서 조선의 안정과 평화가 곧 동아시아 사회의 평화와 번영을 보장하는 첩경이라는 취지의 발언을 한 바 있다. 단재선생은 그러한 판단의 근거로 중세사회의 임진왜란과 근세의 청일전쟁·러일전쟁을 예거했다. 즉 단재는 조선이 해양세력과 대륙세력의 균형추라고 보았던 것이다. 이러한 판단이 현재에도 얼마나 유용한 현실분석의 근거가 될 수 있는지는 알 수 없으나 단재의 이 글을 통해 우리는 동아시아 사회에서 한국의 위치가 갖는 중요성을 새삼 깨닫게 된다.

올해로 동아시아학술원이 개원한 지 5년의 세월이 흘렀다. 적지 않은 시간이었지만 되돌아보면 그렇게 많은 걸음을 떼어놓지도 못했다. 그러나 아주 분명한 하나의 사실은 그동안 '동아시아'라는 술어가 학계의 명백한 당면과제가 되었다는 점이다. 동아시아학술원의 존재가 그러한 사회적 변화를 이끄는 데 조금이라도 기여한 점이 있다면 이는 참으로 다행한 일이 아닐 수 없다.

이 책이 만들어지는 데 기초가 된 국제학술회의는 2000년도 11월 23일, 24일 양일간 개최되었다. 이 자리에 세계 각 곳에서 여러분의 석학들이 참여했다. 그분들의 발표와 토론을 통해서도 새로운 시대의 동아시아학이 얼마나 중요한 의미를 가지고 있는지를 확인할 수 있었다. 이우성李佑成, 미조구치 유조(溝口雄三), 팡푸(龐樸), 두웨이밍(杜維明) 선생님 등을 비롯한 여러 선생님들의 흔쾌한 참여와 활발한 의견개진이 없었다면 동아시아학술원의 힘찬 출범이 쉽지 않았으리라고 생각한다.

　끝으로 동아시아학술원을 기획하고 만드신 정범진丁範鎭, 심윤종沈允宗 두 분의 전총장님, 깊은 관심과 따듯한 후원을 보내주시는 서정돈徐正燉 현총장님, 2년 동안 원장으로 수고해주신 제임스 팔레 교수님께 진심으로 감사의 말씀을 드립니다.

2005년 1월

동아시아학술원 전前 부원장 김시업

차례

동아시아 상과 전망

01

동아시아와 한국

이우성

성균관대학成均館大學은 조선왕조 5백년 중앙 태학太學의 터전 위에 유교사상의 연원을 면면히 이어오면서 학문적·교육적으로 한국문화의 발전에 한 중심축이 되어왔다. 1975년 '유교문화권의 특수성과 공통성'이라는 학술회의 개최를 계기로 동아시아의 학술교류를 위한 국제회의를 주최하였다. 2000년 그 성과의 축적을 바탕으로 '동아시아학술원'의 개원과 함께 「동아시아학의 모색과 지향」이라는 주제로 중국·일본 및 세계의 석학들을 모시고 회의를 열게 되었다.

동아시아는 실질적으로 한·중·일 삼국을 의미하고, 하나의 문화권, 즉 동아시아문화권으로 묶어서 불리는 것이다. 동아시아문화권은 곧 한자문화권, 특히 유교문화권으로 특징 지워진다. 그 이유는 종교적 기능을 수행한 불교와는 달리 유교는 고대로부터 전장제도典章制度와 정치문물政治文物에 커다란 영향을 미쳤기 때문이다. 따라서 중세와 근대 시기에 그 정도와 방향의 차이가 존재하였어도 역사적으로 동아시아는 유교문화권이라고 할 수 있다. 이런 역사적 배경 하에 동아시아학은 서구문화권(기독교문화권)이나 중동문화권(회교문화권)과 구분하여 유교문화권을 대상으로 하는 학學이라고 말할 수 있겠다.

동아시아학(동방학·동양학)이란 명칭은 서구인들이 붙인 이름이다.

근대 서구 자본주의가 동방으로 진출하면서 동방의 각 민족·국가의 실태를 파악할 필요가 있었던 것이다. 그들의 동방학 또는 동양학은 바로 이 실태조사를 위한 학문이었다. 서구인들의 동방학·동양학은 동방 각 민족·국가의 이익을 위한 것은 아니었다. 서구자본주의세력의 동방의 지배에 이바지한 것이며(비록 그것이 직접적 목적이 아니었다고 변명하더라도 그 간접적·결과적 기능은 부인할 수 없을 것임), 현재 생동하고 진취적인 민족·국가를 대상으로 한 것은 아니다. 쇠퇴해가는 민족과 몰락해가는 문명권을 그 연구의 착수처로 삼았던 것이다. 이리하여 서구인들의 손으로 중국학(Sinology), 이집트학(Egyptology), 인도학(Indology) 등의 학이 성립되었다. 이러한 과정에서 일본은 중국과 조선과는 달리 자본주의를 수입하여 근대화에 성공하였다. 더욱이 서구와 마찬가지로 대륙진출을 도모하여 지나학支那學을 만들었다. 또한 조선에 대해서는 식민정책을 강행하면서 조선학朝鮮學을 만들어나갔다.

서구인들의 중국학과 일본인들의 지나학에 대응하여 중국에서는 맨 먼저 '국학國學'을 제창하였다. 중국의 지식인들은 열강의 침략 속에 위대한 조국과 유구한 문화가 절멸의 위기에 놓이게 된 것을 통감하였고, 국학의 기치하에 전통을 보존하고 애국심을 고취하고자 하였다.

한국에서는 일본군국주의자의 횡포 아래 '국학'이라는 말의 사용조차 불가능하였다. 그렇지만 국학의식은 어느 나라에 못지않게 강렬하였다. 서울에서 일제 어용학자들이 '조선사편수회朝鮮史編修會'와 '청구학회靑丘學會'를 만들어 관제의 '조선학'으로 학계에 군림하였다. 그러자 한국의 학자들은 일치단결하여 '진단학震檀學'을 수립하였다. 진단학은 곧 국학의 다른 이름이다. 1934년 진단학회震檀學會의 조직과 진단학보震檀學報의 발간은 한국에서 근대적 의미에서 국학의 탄생을 의미하므로 우리는 그 의의를 높이 평가해야 한다.

제2차 세계대전 이후 전 세계는 제민족의 독립 쟁취와 신흥국가들의 등장으로 많은 변모를 가져왔다. 이러한 변화는 아시아에서 더욱 현저하였다. 반세기를 지나는 동안 여러 가지 고난과 굴절을 겪었다. 그러나 새로운 천년을 맞이하여 새로운 가치창조를 위해 진력해야 한다. 서구인들의 동방학·동양학과는 달리 우리 아시아인의 주체적 입장에서 동아시아학을 건설해나가야 한다. 이에 대하여 아시아인이라면 누구도 이의를 제기하지 않을 것이다.

그런데 동아시아학이라고 하지만 한·중·일 삼국에는 각기 자국의 학적學的 전통이 있어왔다. 또 그 학적 전통은 각기 자국의 역사적 위치와 조건에 의해 형성되었다. 이 역사적 위치와 조건을 초월해서 동아시아학이라는 한층 더 폭넓은 학을 이룩한다는 것은 결코 간단치 않다. 즉 동아시아학이라는 큰 테두리 속에 자국의 학적 전통을 버리고 그대로 합류할 수는 없는 것이다.

한·중·일 삼국은 수천 년 동안 이웃하면서 정치적·문화적으로 밀접한 관계이다. 그러나 역사적 위치와 조건에 따라서 상호간의 대응관계가 달랐다. 여기에서 과거를 정리하고 새롭게 출발한다는 뜻에서 지나간 역사를 한번 되돌아볼 필요가 있다.

오랜 역사에서 하나하나 열거하기는 불가능하지만, 우선 삼국간의 관계가 가장 집중적으로 나타났던 16세기 말 임진왜란壬辰倭亂 전후시기를 하나의 예로 보고자 한다.

당시 한국(朝鮮, 이하 조선으로 칭함)과 일본, 일본과 중국(明)의 상호관계는 평등 혹은 불평등의 명확한 전제 없이 단속적으로 국교가 있어왔다. 이것이 당시 동아시아 국제관계의 실정이었다. 이러한 모순은 오랜 역사 속에 묵과되었다. 그러다가 16세기말 경으로 접어들면서 서세동점西勢東漸이라는 세계사의 새로운 움직임과 그것에 대한 일본의 촉각은 이러한 모순을 양성화·표면화하는 계기가 되었다. 종래의 동아시아 국제관계에 일차적 동요를 초래한 것이다. 임진왜란은 바로 그 첫 번째 파도였다.

　　이 세기적 폭풍 전야에 조선의 외교사절인 학봉鶴峰 김성일金誠一은 본국의 미진한 국력과 일본 도요토미(豊臣) 정권의 오만 방자한 태도를 감안하고 무엇보다 동아시아에서의 조선의 국제적 지위의 상향적 부각의 필요성을 절감했던 것이다. 이때 마침 일본 승僧 슈친(宗陳, 경도 대덕사京都大德寺 제117대 주지住持로서 히데요시〔秀吉〕가 설립한 자야紫野 총견원摠見院의 개산자開山者)은 김성일에게 『대명일통지大明一統志』 속의 조선관계 기사의 사실 여부를 문의하였다. 김성일은 '조선국朝鮮國 연혁고이沿革考異 풍속고이風俗考異'라는 장문의 변해辨解를 썼다. 우선 『대명일통지』를 펼쳐보면 조선국 연혁이라는 제목 아래 서술된 줄거리는 조선국의 역사, 조선민족의 역사가 아니라 중국의 점령사·지배사로 되어 있고 그 점령과 지배 범위에 관해서도 사실과 상반된 것, 실제 이상 과장된 것 등으로 가득 차 있다. 김성일은 이에 대해 원문을 문제 중심으로 단락을 짓고 매 단락마다 소상하게 오류를 지적하고 진상을 밝히고자 했던 것이다.

　　『대명일통지』는 1461년 명대 정부가 편찬한 중국의 대표적 전적이다. 영종英宗 황제의 서문에 "천하를 혼일混一하여 해내외海內外가 모두 우리 판도에 들어왔으며 삼대에서 한당 이래로 일통의 대업이 이에 더할 수 없다"라고 밝히고 있다. 명의 세계 제국적 이상이 유감없이 실현된 듯 스스로를 찬미한 것이다. 서문의 끝부분에서는 "우리 자손의 세세 후계자로 하여금 조종의 개국 창업의 공이 이처럼 광대함을 알게 하고 온 천하의 식자들이 이 책으로 말미암아 고금의 고실故實을 고구考求하여 그 문견을 넓히게 될 것"이라고 적혀 있다. 이처럼 『대명일통지』의 효용은 명나라 황통의 계승자들의 영구 보전寶典이 될 뿐 아니라 널리 세계 사람의 견문과 지식에 좋은 영향을 끼치게 될 것이다. 세계 제국의 이상을 담아놓은 『대명일통지』는 중국 중심주의 세계관(중화사상中華思想)에 입각하여 중국 이외의 지역, 즉 주변국들은 외이外夷라고 불렀다. 화이華夷의 구분은 중국의 전통적 사고방식인데, 이 사고방식은『대명일통지』에 그대로 반영된 것이다. 중화의 입장에서 외이를 대하는 자세는 외국에 관한 인식을 항상 불성실하고 부정확하게 만들었고, 대국주의의 자기본위적 견해들은 이웃나라에 대한 본질 파악을 더욱 어렵게 했던 것이다.

　김성일은 일본 땅에 앉아서 중국의 대표적 전적인『대명일통지』의 조선관계 기사를 축조 비판하면서 명나라 황제가 대단한 권위와 가치를 부여해놓은 책을 맹자의 말을 빌어 "없는 것만도 못한 책(不如無書)"이라고 통렬히 논박하였다. 그리하여 슈친에게 돌려주면서 끝에 서한을 첨부하여『대명일통지』의 허구성을 알리는 동시에 일본관계 기사에도 오류가 있을 것이니 적록摘錄해서 보여주면 우리 조선인도 의혹을 깨뜨릴 것이라고 하였다. 이는 조선과 일본이 다같이 중국의 주변국으로서 부당한 인식을 받아서 안 되겠다는 것이다. 슈친은 히데요시(秀吉)에게 보고하겠다는 답장을 보내왔을 뿐, 그 뒤 이 문제가 더 이상 진전은 없었던 것 같다. 뿐만 아니라 히데요시는 2년 뒤에 곧 대규모의 침략전쟁을 일으켜서 조선의 전국토를 병화 속에 몰아넣었다. 일본은 그야말로 명분이 없는 '무명지사無名之師'를 일으킨 것이다. '일본이 중국으로 쳐들어갈 터이니 조선에서 길을 빌려달라는 것'이다. 이 '가도멸괵假途滅虢'의 속셈을 잘 알고 있는 조선은 그것을 허용할 리 만무한 것이다. 앞서 김성일이 일본을 진정한 이웃 국가로 생각하지는 않았지만 나름대로 믿고, 귀국보고에서 일본이 침략해오지 않을 것이라고 말했는데, 이렇게 침략을 당하게 되자 정세판단을 잘못한 책임을 지게 되었다. 분개한 김성일은 전방에 뛰어들어 관군과 의병을 지휘하다가 전쟁의 와중에 순국하였고, 혼자의 힘으로 방어할 수 없었던 조선왕조는 명의 원조를 청할 수밖에 없었다. 명의 조정은 처음 '이적상공夷狄相攻에 불필개입不必介入'이라는 의견이 있기도 했지만 동아시아 세계의 질서를 유지하려는 처지에서 결국 출병하였다. 한·중·일 삼국의 7년간에 걸친 전쟁은 일본의 패퇴로 끝이 났지만 막대한 소모는 삼국을 극도로 피폐하게 하였다. 16세기도 저물어 동아시아 역사의 변국이 재촉될 무렵 이 전쟁은 적지 않은 전기 轉機를 만들어 놓았다. 조선왕조는 그냥 존속되었지만 히데요시의 사망과 함께 도쿠가와 막부(德川幕府)가 일본을 장악하였고 중국에서는 명청明淸의 교체로 세상이 크게 달라졌다. 청나라와 도쿠가와 막부의 안정 청책으로 2백년 동안 무사히 지내왔지만 19세기 말엽 서세동점의 파고와 더불어 일본의 '메이지유신(明治維新)'은 또다시 조선에 침략의 손길을 뻗쳐 먼저 중국과 조선을 갈라놓은 뒤에 마침내 조선을 식민지화시켜 36년간 조선민족을 크게 괴롭혔다.

이상으로 필자는 기나긴 삼국간의 관계사 중에서 오직 한 시기를 예로 들어 말하였다. 그러나 이것은 굳이 지나간 역사를 들추어 아픈 데를 건드리려는 것이 아니다. 앞으로 동아시아학의 건설적 방향을 옳게 세우기 위해서는 그리고 위에서 말한 대로 과거를 정리하고 새롭게 출발하기 위해서는 반드시 짚고 넘어가야 할 문제이기 때문이다.

인간에게는 체구의 대소와 빈부의 차이가 있지만, 인권과 인격에서 자유와 평등이 똑같이 보장돼야 한다는 것이 보편적 진리이다. 마찬가지로 국토의 광협이나 경제의 선후진적 차이가 있더라도 각기 국가의 수평적이고 대등적 이해 위에 서로의 접촉과 교섭이 이루어져야 한다는 것도 당연한 일이다. 학술과 문화도 이러한 전제 위에 국제적 교류 협력이 가능한 것이다. 우선 역사 이야기가 되지만, 고구려와 발해는 엄연히 한국사의 권역에 속한 독립국인데도 지금 중국에서 대중화국 내의 소수민족 지방정권이라고 규정하고 있다. 이는 『대명일통지』의 그것과 궤를 같이 하는 것이다. 그리고 일본은 지난날의 침략을 솔직히 시인하지 않고 역사교과서를 계속 왜곡하여 외교상의 문제까지 야기시키고 있다.

오늘날 한국은 민족적으로 남북통일을 추구하기 위해서 그리고 경제적으로 구조개혁과 위기타개를 위해서 온 국민이 고뇌에 찬 행진을 계속하고 있다. 무엇보다 중국과 일본의 선린우호적 협조관계가 절실히 요망된다.

이러한 상황에서 한국이 동아시아학을 위해 국제회의를 개최한다는 것은 어찌 보면 자기자신의 주제파악도 못하고 있는 것이 아닌가 하는 의문을 갖기도 한다. 그러나 모두에서 말한 바와 같이 성균관대학이 건학이념을 바탕으로 동아시아학을 창도唱導한다는 것은 결코 객쩍은 일이 아니다. 그리고 다른 지역문화권, 특히 서구문화권과의 대비에서 동아시아 문화권의 사상·문화를 재발견하여 오늘날 물질지상주의로 대변되는 자본주의의 온갖 폐해를 극복하고 21세기, 나아가 미래세계에 기여하려는 취지는 매우 값진 것으로 느껴진다.

21세기와 동방

팡 푸(龐樸)

  이제 한달 남짓 지나게 되면 인류는 마지막 20세기를 보내고 21세기를 맞이한다. 세기의 전환기를 맞이한 지금 우리는 대단히 많은 생각을 하게 된다. 마침 ‘성균관대학교 동아시아학술원’은 개원 기념으로 동아시아 국제학술대회를 통하여 우리들에게 동양과 세계의 관계에 대하여 다시 한번 깊이 생각하도록 일깨워주고 있다.

  지난 20세기는 아니 정확히 말하자면, 19세기 말부터 20세기 말까지는 동양인들에게 ‘현대화’의 세기였다. 이른바 현대화란 일반적으로 시장메커니즘, 민주제도, 개인의 권익 등의 요구를 실천하는 것이다. 이러한 요구들은 본래 서구인들이 자기들의 역사와 생활 속에서 천천히 배양해온 것이었다. 따라서 서양인들의 현대사회로의 진입은 자연히 기나긴 과정이었다. 그렇지만 동양인에게 현대화란 동양의 생존방식을 버리고 서양식으로 개조하는 것이었다. 이러한 개조는 먼저 서양인들이 군사, 경제 그리고 문화의 방식으로 직접 추진해왔다. 그 뒤에 동양인들이 스스로 국가와 민족의 멸망이라는 위협 아래 강제로 이러한 개조를 진행하게 되었다. 중국에서는 개조 상황이 더욱 복잡했다. 처음에는 ‘사이제이 師夷制夷’ 즉, 내세워 서양을 배워서 서양을 막아내려는 것이었다. 이후에는 ‘전면적 서양화(全盤西化)’를 고취하면서 서구를 모델로 삼아 자기 자신을 완전히 새롭게 만들자는 것이었다. 마지막에는 다시 '소련을 배우자(以俄爲師)'는 것으로, 곧 서양화를 반대하는 방법으로 서양화를 수용하게 되었다. 이렇게 100여 년이 넘는 긴 세월 동안 우리는 무수한 대가를 치렀다.

현대화의 이론적 근거는 일원적이며 단선적인 역사관이다. 즉 인류사회는 필연적으로 이 하나의 양식樣式에 따른 길을 여러 단계의 시대로 나누어 차례대로 전진해야 한다는 것이다. 따라서 오늘에 이르러 서양은 동양보다 바로 한 시대를 앞서서 시대의 선봉에 서있기 때문에 전세계의 모범이 되어야 하며, 또한 동서양의 차이는 현대와 과거 전통이라는 고금古今의 차이가 되었다.

이러한 이론의 실질적 내용은, 서방 한 지역의 문명을 전세계에 적용할 수 있는 보편적 문명으로 파악함에 따라 이 특수한 문명을 지구상의 모든 생존자들에게 강요하였던 것이다. 주지하다시피 인간은 자연의 자손이며 대자연을 유기적으로 구성하고 있는 부분이다. 모든 민족은 각기 자신들이 생존하는 환경에서 자기만의 생존방식과 자기만의 인문적 전통을 형성하며 자신만의 문명을 이루어왔다. 그러나 각기 생존하는 환경이 아무리 다를지라도 모든 민족은 같은 인류이다. 그러므로 서로 다른 민족들이 각기 이룩한 구체적인 문명 가운데에는 다른 민족에게도 적용할 수 있는 공통적인 성분도 있다. 이렇게 보편성을 갖고 있는 것은 서로 교류하고 서로 보완할 수 있을 것이다. 그렇지만 보편적인 것도 결국에는 각자의 구체적인 문명 가운데 내재되어 여러 가지 구체적인 색채를 띠고 있다. 그러므로 보편적인 것을 교류하고 보완할 때에는 상대방의 것을 정성들여 떼어내어 조심스레 자기의 구체적인 것과 결합시켜야만 뿌리를 내리고 꽃을 피울 수 있으며 자기 민족에게 행복을 가져올 수도 있을 것이다. 어떠한 문명도 모두 각기 자기의 환경에서 자라난 특수한 문명에 불과하기 때문에 결코 어느 곳에나 그대로 가져다 놓는다 하더라도 모두 적합할 수는 없을 것이다. 어떠한 문명도 보편적 문명이라고 존경받을 자격은 없다. 더욱이 자기의 문명이 다른 문명보다 우월하기 때문에 보편적으로 적용해야 한다는 절대적 문명이라고 생각할 수는 없다. 그러나 안타까운 사실은 지난 20세기 동안 동양의 엘리트들은 서양학자들이 부르짖던 서양중심주의의 영향을 받고 서양 사람들을 따라 서양문명을 보편적 문명으로 숭상하였으며 자기들의 문화전통을 가볍게 짓밟았다는 것이다. 그러므로 자기 민족을 깊든 얕든 스스로 헤치고 나오기 어려운 문화 위기에 빠뜨리게 되었다.

이러한 문화 위기 가운데 가장 두드러진 현상은 전통과 현대가 서로 대립한다는 믿음이다. 즉 전통을 현대화의 걸림돌로 생각하고 풍부한 재산으로 여기지 않는다는 것이다. 그러므로 자기 스스로 남들 앞에서 위축되고 자존심과 자신감마저도 상실하고 말았다. 이에 따라 모든 정책들을 결정할 때에는 다만 민족의 눈앞의 이익과 작은 이익만을 보고 민족의 과거와 미래에 대해서는 생각하지 못하게 되었다. 동양의 모든 민족들은 지난 20세기에 각기 정도는 달라도 대체로 이와 같은 위기를 겪어왔으며, 중화민족은 아마도 가장 심각했던 민족 중 하나였을 것이다.

금세기의 말에 이르러 지구 전체의 생태환경이 심각하게 균형을 잃고 민족 전체의 정신적 가치가 크게 무너지며 서양인들조차 속수무책에 빠져들고 난 뒤에야, 다시 말해 현대화가 고유하게 갖고 있던 도구적 이성주의와 인간 중심주의의 좋지 않은 결과들이 충분히 폭로된 뒤에야, 우리 모두는 비로소 겨우 조금씩 각성하면서 자기의 의식과 지나온 길을 돌아보며 반성하기 시작하였다. 그러나 바로 지금 '세계화(globalization)'라고 하는 폭풍우가 또다시 서양에서 일어나 전세계를 석권할 만한 세력을 가지고 지구 모든 곳을 휩쓸고 있다. 현재 여러 가지 현상들이 보여주고 있듯이 세계화라는 커다란 물결은 화려한 겉모습과 닥치는 대로 부수는 강력한 세력을 가지고 있다. 따라서 다가오는 21세기의 상징이 될 것이며, 전인류의 마음을 긴장시킬 것이 틀림없다.

소위 세계화란 글자로만 보면 동양인들이 추구했던 대동사회大同社會와 흡사하여 커다란 매력을 가지고 있다. 그렇지만 사실상 내용은 그렇게 간단하지 않다. 서양에서 비교적 중립적인 정의는 다음과 같이 "소위 세계화는 일반적으로 시장의 힘으로 개방된 세계를 앞을 향하여 발전하도록 추동시키는 것이다"라고 말한다(『세계화』, 영국『포커스』 월간, 2000년 8월호). 세계를 개방하고 앞으로 향해 발전하며 또한 과두세력 또는 정당이나 무력이 아닌 시장의 힘으로 추동한다는 것이다. 이 모든 얘기는 매우 듣기 좋다. 더욱이 세계화는 인류에게 유익한 통일된 시장을 출현시킬 것이라고 말한다. 그러나 우리는 다음과 같은 문제를 지적하지 않을 수 없다. 즉 만일 전세계 국민총생산액의 1/3과 전세계 무역액의 1/4이 모든 600개 대기업의 수중에 쥐여 있으며 식품산업도 12개의 다국적기업이 장악하고 있다면 통일된 시장이란 여타의 기업들에게 과연 무엇을 의미하는 것일까? 또한 세계화는 노동자들의 유동성을 높여서 취업에 있어서 좋은 미래를 제공한다고도 말한다. 그렇지만 현재 전세계에는 7,500만 명이 외국인 투자기업에서 일하고 있으며, 미국이 아닌 다른 나라에서 미국을 위해 일하는 사람만도 2,500만 명이다. 그 가운데 1,200만 명이 개발도상국가의 국민이라고 한다. 그렇다면 이들 노동자들이 정말로 자유롭게 다른 곳으로 이주하여 취업할 수 있을까?

또한 곧 전자화폐가 출현하여 간단히 클릭만 하면 대량의 화폐가 한 국가에서 다른 국가로 유통될 수 있기 때문에 개인투자자들에게 새로운 채널을 열어줄 것이라고 말한다. 그러나 세계에서 가장 부유한 3대大가족이 보유한 자산 총액은 저개발국가 6억 인구의 연간수입보다도 많다고 한다. 그리고 과거 10년 동안 세계에서 가장 빈곤한 5개국의 국가소득은 전세계 총소득의 2.3%에서 1.4%로 하락했다고 한다. 그렇다면 이러한 투자의 편리함은 결국 누구를 위한 것일까? (이상의 자료는 UN인권

사무소 전문위원 마리 로빈슨과『포커스』2000년 8월호에 근거함.) 그러나 세계화를 주창하는 몇몇 사람들은 이렇게 무정한 숫자들을 보고 국제통화기금(IMF)과 세계은행(IBRD)이 그 기능을 발휘하여 점진적으로 이러한 문제점을 해결할 수 있다고 한다. 그러나 이 두 기구가 1999년 시애틀과, 2000년 프라하에서 회의를 개최할 때 왜 분노한 군중이 그들을 포위하고 항의했을까?

그러므로 21세기를 목전에 둔 절대 다수의 민족들이 다음과 같은 걱정을 하는 것은 당연하다고 볼 수 있다. 즉 서방국가 특히 미국의 손에 의해 조종되고 있는 세계화의 힘이 끝내 아니 이미 그들이 추동시키고 있는 신형 식민주의 추동의 새로운 무기가 되었다는 것이다. 그리고 현재 미국의 경제규모와 실력, 자본시장의 높은 효율, 전자 상거래의 절대우세, 대중문화의 강력한 침투력을 보면 모든 사람은 소위 세계화라는 것이 실제로는 미국화가 될 것이며, 결국 미국의 의지대로 전세계를 만들어 나가는 운동이 될 것이라는 것을 인정하지 않을 수 없을 것이다. 세계 최대통신회사의 하나인 WPP의 CEO 마틴 소릴은 2000년『외교계간』여름호에「새로운 시대를 위한 명명命名」이란 글을 발표했다. 그는 생존과 발전을 위하여 현재의 경영활동은 반드시 세계화되어야 하며 북미를 기지로 삼아야 하며, 이것은 세계화가 아니며 미국화라고 역설하였다. 또한 CNN의 어느 앵커도 미국의 직원 또는 모스크바의 행인 아니 동경의 경영인 그 누구를 막론하고 모두 세계화의 영향을 받고 있다. 이것은 바로 미국에서 일어난 일들은 전세계에 적용되며 미국의 뉴스가 전세계의 뉴스라는 것을 의미한다고 말하였다(『세계화의 위기』, Ulrich Beck, 臺灣商務印出版社, 1991년, 孫治本 譯, 60쪽). 이들이 했던 말은 모두 근거를 갖고 있기 때문에 우리는 반드시 귀 기울여 들어야만 한다.

동양 민족들은 타인을 존중하며 잘 배우려는 좋은 전통을 가지고 있다. 그리고 세계화 특히 경제의 세계화는 어느 하나의 문명이 선두에

서서 나아가면 다른 문명들은 생존을 위하여 부지런히 뒤를 따라가야 한다는 것을 의미한다. 동양 민족은 자기 것만을 지키겠다는 원칙주의자가 되어서는 세계화를 막을 수 없다. 그러나 동양 민족은 과거의 아픔을 잊어서는 안될 것이다. 과거를 스승으로 삼으라는 격언도 있듯이 또다시 세계화의 폭풍우 가운데 현대화 과정에서 경험했던 잘못된 길을 걸어서는 안 될 것이며 걷지도 않을 것이다.

첫째, 동양 민족은 과거에 현대화를 하나의 시대개념으로 보고 자기 자신이 여전히 고대에 정체되어 있다고 생각했다. 그러나 지금 동양은 과거처럼 또다시 글자 그대로만 받아들여서 세계화가 전세계에 골고루 이익과 행복을 가져올 것이며 그 가운데 당당한 일원이 될 것이라고 믿지는 않을 것이다.

둘째, 동양 민족은 또다시 과거에 현대화와 전통은 절대적으로 대립된다고 믿고 현대화를 위하여 동양의 가치관을 버리며 전통을 짓밟지 않을 것이다. 이제 세계화라는 격동에서 동양은 반드시 우리가 뿌리 내려 살고 있는 대지에 굳건히 발을 딛고 영양도 흡수하면서 세계화 가운데 적극적인 요소들을 소화해야 할 것이다.

세계화라는 추세에 동참하면서 진정한 대동세계를 추구하기 위하여 필자는 다음과 같이 생각한다. 동양의 민족들과 국가들은 서로 공통된 환경과 공통된 특징들을 많이 가지고 있다. 동양은 일종의 형식을 갖춘 연합이 필요한데, 그래야만 서로 협조하고 힘도 모을 수 있을 것이다. 이러한 측면에서는 정치가들이 재능을 발휘할 것이다. 현재 서구의 많은 국가들은 하나의 공동체를 결성하여 자기의 목소리를 높이며 미국의 그림자에서 벗어나려고 노력하고 있다. 동양의 국가들도 이와 같이 한다면 그 때에는 전세계에 3개의 극이 형성되어 가장 안정된 상황을 이루게 될 것이다. 삼극三極 체제는 서로 제약하고 서로 쫓고 쫓겨서 절대강자의 출현을 막게 되며 평화적 공존에 가장 유리할 것이다. 이것이야말로 동양의 지혜라고 말할 수 있다. 중국에는 일찍이 전국시대에 지어진『관윤자關尹子』에 개구리·지네·뱀 삼극三極이 서로 상극하면서 공존하였다는 우화寓話가 실려 있다.

또한 일본의 민간에도 장켄(蛇拳)이란 것이 있는데, 엄지는 개구리를, 식지는 뱀을, 소지는 지네(蜒蚰)를 각기 가리키며 삼자三者가 서로 이긴다는 것이다. 한국에는 수많은 고건축물과 기물들이 있는데, 우리들은 여기에 장식된 문양들에서 종종 삼극을 나타내는 도상을 볼 수 있다. 이들 문양들은 바로 우주가 이러한 삼극의 형식으로 존재한다는 것을 나타낸다. 삼극의 지혜를 선양하고 삼극의 형세를 건립하여 전세계를 가장 안정된 삼극의 공간에서 설정한다면, 이것은 동양인들이 21세기에 마땅히 이룩해야 할 일이며 또한 최대의 공헌이 될 것이라고 믿는다.

동아시아 연구의 시각에 관한 모색
중국 연구를 중심으로

미조구치 유조(溝口雄三)

1.

동아시아는 19세기 중엽부터 현재에 이르기까지 거의 유럽을 기준으로 자신의 역사를 서술해왔다. 중국을 예로 들면 시기적으로 아편전쟁阿片戰爭으로부터 중국의 근대가 시작된다고 하는 역사 구분법이 그 한 예이다. 유럽 근대에서 아시아 진출을 아시아 근대의 시작으로 삼는 이러한 역사 구분법은 동아시아 삼국에 공통적으로 보이는 현상이다.

이 경우 근대近代라는 개념은 유럽의 시간·공간 위에 만들어진 유럽의 개념이다. 그것은 주지하는 바와 같이 르네상스·종교개혁·시민혁명·산업혁명 등의 역사적인 사건들을 조합해서 이론화한 역사개념이며 문화개념이다. 더욱이 그것은 자본주의적인 시장점유라는 폭력과 함께 동아시아에 진출했으며 동아시아를 굴복시켜왔기 때문에, 동아시아에서 그것은 가치적으로 자신을 능가하는 것으로 인식되어왔다. 즉 근대는 유럽의 우위성을 전제로 한 유럽기준의 역사가치관·문화가치관이기도 하다.

동아시아는 자본주의의 폭력이나 압력에 굴복하였고, 유럽의 근대에 저항하면서도 수용하였고, 거기에 맞추어 자신을 변형시키려고까지 하였다. 동아시아는 그 저항·수용·변용의 과정을 자신의 근대 과정으로 간주해왔다.

이와 같은 근대는 유럽 기준의 개념이나 가치관으로서 자본주의가 전세계적으로 석권한 것을 배경으로 세계적인 보편성을 획득했다. 최근에는 유럽의 내부로부터 근대의 폭력성·우위성·보편성에 대한 반성이나 비판이 일고 있으나, 동아시아는 이러한 반反근대의 사조를, 일찍이 마르크스주의를 수용하듯이 수용하여, 반근대에 의해 오히려 근대의 구도를 보강하려고까지 하고 있다.

동아시아에 있어서 반근대나 포스트근대의 수용은 유럽의 종언이 아니라, 수용의 구도에 있어서 유럽의 심화로 되어가고 있다.

2.

중국의 역사과정을 고대부터 실체를 따라서 살펴보면, 거기에는 느리고 완만하기는 하지만 거의 300년을 주기로 커다란 변화를 이루고 있다는 것을 알 수 있다. 예컨대 16~17세기의 변동기에 초점을 맞추고 보면, 생존권·소유권 의식의 발흥, 군주권의 변화, 조정의 입장이 아닌 민중의 입장에서 나온 균전론均田論(전토田土의 균등 배분의 주장)의 발흥, 지방분권적인 사조의 발흥 등, 마치 20세기 초 각 성省의 독립, 지방분권화에 의한 왕조체제의 붕괴, 중화인민공화국에 의한 토지의 공유화 등으로 연속되는 역사의 두터운 맥락을 발견할 수 있다.

즉 16~17세기로부터 20세기에 걸친 중국의 300년은, 왕조체제를 내부의 변증법적인 발전의 힘에 의해 붕괴로 이끈 시기로 특징지을 수 있다.

이 300년의 역사변화의 흐름을 기축으로 생각해보면, 중국의 근대는 서구 근대의 충격에 의해 촉발되어 개막되었다(아편전쟁 = 근대개막론)고 보는 것이 아니라, 16~17세기 이후 중국의 변화과정 위에 서구 근대(자본주의·제국주의·서구근대문명)가 덮쳐서 혼란(무력침략·반半식민지화·문명의 충돌)이 증폭되었다고 보는 것이 실상에 가깝다.

이 변화과정의 첫 번째 특징은 그것이 단순한 왕조교체가 아니라 체제로서의 왕조의 붕괴, 즉 중국에서 2000년 동안 지속된 왕조 역사의 종언이었다는 점이다. 두 번째의 특징은 그 종언이 외부의 힘에 의해서가 아니라 16～17세기 이후의 중국 내부의 역사동력에 의해서 초래되었다는 점이다. 그 내부동력의 지향점은 왕조를 대신하여 어떠한 정치·국가체제를 수립해야 하는가라는, 바로 2000년만의 미증유의 실험을 필수적으로 수반하였다. 이처럼 중국이 가장 혼란에 빠지려고 하는 19세기 중엽, 외부로부터 자본주의(제국주의)라는 강한 적이 시장을 점유하기 위해서 침입하였고, 또 그것은 중국에서 전혀 이질적인 원리(진화·약육강식)를 지닌, 더욱이 중국보다 우월하다고 자각된 서구 근대문명이라는 이름의 이문명異文明의 침입을 수반한 것이다.

다만 여기서 유의해야 할 것은 비참한 상황에 직면했음에도 불구하고 역대 왕조에 의해 계승되어온 천天의 통치이념(民以食爲天, 均貧富, 萬物得所)은 구조를 변화시키면서도 여전히 지속적으로 계승되었다. 예를 들면 청말의 대동사상大同思想, 쑨원(孫文)의 민생주의民生主義(4억 인의 풍요로운 의복과 음식)을 포함하는 삼민주의三民主義, 또 그 뒤의 사회주의 이념 등이다.

중국은 자본주의(제국주의) 및 서구문명의 침입에 의해 많은 충격을 받아 예기치 않은 변형을 받아들였다. 그러나 부정적으로든 긍정적으로든 계승해야 할 것은 계승하여 중국은 중국으로 부활했다.

중국은 19세기에서 20세기 전반에 걸쳐 역사상 왕조의 체제적 붕괴 그리고 공화체제의 사회주의 인민공화국으로의 부활이라는 가장 커다란 드라마를 연출했다.

3.

필자는 여기서 시각의 문제를 제시하고 싶다.

종래 아편전쟁을 근대의 개막으로 보는 관점은 청조를 썩은 나무로 간주하는 왕조＝후목관朽木觀이 전제되어 있었다. 썩고 부패한 왕조체제가 서양의 충격에 의해 간신히 쓰러지고 공화체제 즉 유럽형의 민주정치의 모색이 시작된, 그것이 중국의 근대 과정이라는 것이다. 여기에는 분명히 헤겔의 '지속持續'과 '정체停滯'의 왕조관이 존재하고 있다. 이와 같은 유럽근대의 역사가치관·문화가치관에서 벗어나 다른 안목으로 동아시아 문명권을 조망해보면 어떻게 될까?

중화문명권—여기서는 동아시아 문명권이라고 부르기로 한다—의 특성이 장기안정성에 있다는 것은 대부분 일치하는 견해이다. 그러나 그것을 회교문명권과 비교했을 때 그렇게 생각하는 사람은 많지 않다. 대부분의 사람들은 유럽문명권과 비교했을 경우, 유럽문명권은 변화가 격렬한 반면, 동아시아문명권은 변화가 완만하다는 이미지를 막연히 가지고 있다. 즉 중세로부터 근대에 걸쳐 진보와 발전이라는 격렬한 변화를 거친 유럽에 반해, 왕조교체가 마치 대나무의 마디처럼 연면히 이어져온 지속과 정체의 중화제국이라는 이미지이다. 이슬람(회교)문명권과 비교해보면 어떨까. 이슬람문명권은 성립 초기부터 앞으로는 유럽문명권, 뒤로는 인도문명권과 대립·항쟁을 할 수밖에 없었다. 즉 대등하거나 우위에 있는 근접한 문명권과 끊임없는 항쟁을 강요받고 있었다. 그 영역도 일찍이 서쪽으로는 지중해를 넘어 이베리아반도까지 미치고 있었던 것이 아프리카대륙 북부까지 후퇴하고, 한편으로는 20세기 이후 동쪽으로는 인도네시아까지 연장되었다. 문명권 전체가 서쪽에서 동쪽으로 대이동을 했다고도 할 수 있다.

그와 비교해서 동아시아문명권을 생각해보면, 먼저 문명권의 중심인 중국은 중국대륙에서 외부로 나온 적이 없었다. 다시 말하면, 문명권의 영역이 이동한 적이 없다. 또 고대로부터 다른 문명권과의 교섭은 있었지만, 로마문명권, 이슬람문명권, 인도문명권 등과의 대립·항쟁의 역사도 없었다. 그리고 기묘하게도 그 주변에 안정된 소국의 왕조를 병립시켜 그들 왕조 즉 일본, 코리아(통일국가의 국명 대신 여기서는 영어명을 사용함), 베트남 등의 왕조는 중화왕조의 주변에서 수백 년에서 천 몇 백 년의 역사를 지속시키는 등, 많은 특성을 발견할 수 있다. 문명권의 이동이 없는 것은 아마도 지형적인 조건에 원인이 있을 것이다. 히말라야산맥이나 사막, 먼 거리 등이 다른 문명권과의 충돌을 면하게 했을 것이다. 또, 그 내부가 배타적이 아니라 융합적인 유교나 불교의 문화권이었던 점도 안정과 지속에 관계가 있을 것이다. 더 나아가서는 조공무역체제라는 국제관계의 유연한 구조가 중심국과 주변국, 혹은 주변국 상호간을 상호불가침, 내정불간섭의 관계를 유지하게 했을 것이다. 어쨌든 조기에 분열하여 거의 붕괴해버린 로마문명권, 전쟁의 문명권이라고도 해야 할 유동적인 이슬람문명권, 이민족 이동의 이문명의 통로와도 같은 인도문명권 등과 비교해 볼 때, 동아시아문명권의 장기안정성은 지형적·관계구조적·내부구조적으로 풍부한 특성을 지니고 있음을 알 수 있다. 이것을 단순히 '정체停滯'로 보는 견해는 결코 종합적·다원적인 견해라고 할 수는 없다.

동아시아의 역사를 동아시아의 시각에서 재구축해보는 것이 현재 우리들에게 요구되고 있다.

알기 쉬운 예로 중국의 종족宗族을 그 한 예로 들어보자.

1902년 의화단義和團 사건의 실패에 위기감을 느낀 중국의 초기 계몽사상가 옌푸(嚴復)는 엔크스(E. Jenks)의 "A History of Politics"를 『사회통전社會通詮』이라는 제목으로 번역 간행하였다. 원서에 쓰여진 '도등圖騰(씨족사회氏族社會)── 종법宗法(봉건사회封建社會)── 군국軍國(근대사회近代社會)'의 3단계론을 '중국은 70%는 종법, 30%는 군국'으로 이해하여 그것을 '문명' 단계에 대한 '미개未開' 단계로 인식하였다. 중국의 약체를 역사단계의 후진일 뿐만 아니라 문명단계의 후진으로 간주하기도 하였다. 원서에서 'feudal'이라는 말이 '봉건'이 아닌 '종법'으로 번역되었던 것은, 당시 '봉건'이라는 말은 지방자치를 의미하는 말로 쓰여지고 있었기 때문에 영국유학의 경험이 있는 옌푸에게는, 중국의 종족제의 장유질서를 봉건적인 신분제도로 이해한 것이다. 그 후 종족제는 5·4운동 시기의 신문화운동新文化運動 중에 예교禮敎와 함께 봉건제도의 상징으로 공격받았다. 마오쩌둥(毛澤東)이 종족제의 타도를 혁명의 주요과제의 하나로 삼고 있던 것은 주지하는 바일 것이다.

종족제는 혈연적인 장유관계의 질서형태이면서도 종족 유지를 위한 조직형태이다. 그 목적은 균분 상속이 일반화되어 있던 근세 중국사회에서 유동적인 토지소유 관계를 안정시키기 위한 것이었다. 즉 상호부조相互扶助·상호보험相互保險을 목적으로 한 혈연기구로서 기능하고 있었다. 그 후자의 측면에 착안해서 보면, 태평천국이나 마오쩌둥 혁명은, 종족제를 형태면에서는 혈연관계에서 비혈연관계인 '천天'민民규모, 혹은 '국國'민民규모로 확대하고, 목적면에서는 상호부조·상호보험을 전 인민에 확대하려고 했음을 알 수 있다. 즉 중국사회주의는 형태면에서 부정적이지만, 목적면에서 확대된 종족제의 계승 형태이다. 그 결과 종족제의 유교적 관습이 중국사회주의의 초기 특질(인치人治, 도덕道德＝사상성 중시, 집단성의 중시 등)로써 침투하여, 그것이 문화대혁명文化大革命을 초래한 한 요인이 되었다고 생각된다.

동아시아의 역사라는 문맥 속에서 보면, 중국의 사회주의 혁명은 국제 공산주의 운동의 영향 하에서 탄생했음에도 불구하고, 사회의 시스템·관습이나 사회윤리 등 기본적인 부분에서 종족제라는 전통의 연장선상에 있음을 알 수 있다.

4.

　유럽을 기준으로 하는 역사관에서 탈피하여 각각의 역사 문맥에 따라 역사를 재구성하고자 할 때, 다시금 제기되는 문제는 동아시아 각국의 역사적 관계를 어떠한 시각에서 보아야 하는가 하는 문제이다. 예를 들면, 청일전쟁은 어떻게 보아야 하는가.

　종래에는 그것을 일본의 제국주의적인 침략의 시각으로 보든 그렇지 않든, 일본의 승리 원인을 일본이 자본주의적 근대화를 조기에 실현했다고 하는 데에서 찾는 견해가 일반적이었다. 이것은 유럽 근대의 우위성을 전제로 한 견해이다.

　그러나 이것을 동아시아 내부의 역사 문맥이라는 시각에서 보면, 또 다른 면이 보인다. 앞서 말한 바와 같이 중국에서는 균분상속제에 의해 세대를 거듭할수록 세분화되는 토지 재산의 유동성을 막기 위해 종족적인 결합에 의한 재산의 공유나 상호부조·상호보험을 꾀하였다. 그 결과 중국의 사회관계는 상호부조의 윤리를 발달시키므로써, 사회의 시스템이나 사회관습·윤리 등의 여러 면에서 약육강식을 용인하는 자본주의적인 원리와는 매우 맞지 않았다. 또 중국은 과거관료제科擧官僚制에 의한 문관의 통치가 기본이었기 때문에, 무관의 사회적 지위는 결코 높지 않았다. 더욱이 당시의 중국은, 왕조말기가 대체로 그러하였듯이 지방분권화의 방향으로 향하여, 권력의 구심력이 약해져 있었다. 따라서 왕조체제를 붕괴시키는 내부의 역사 동력이 촉발되어 태평천국 등의 혼란기로 접어들려고 하고 있었다. 더구나 중국의 경우 공적인 최고단계는 천天이었으며, 전통적으로 민중은 천天이나 천하天下에 속하였을 뿐, 국가(조정)에 속해 있지는 않았다. 그러한 것이 국민국가나 국민군國民軍의 창설에 부적합한 조건이 되었다. 한 마디로 말하면, 중국은 외국과 전쟁을 할 국가체제는 아니었다. 그에 반해 일본은 장자상속의 봉건세습제에 의해 사유

재산제가 확대되어 '형제는 남이 되는 시초'라는 속담이 있을 만큼 약육강
식의 경쟁원리에 쉽게 적응할 수 있었다. 또 세습적인 무사계급이 영지
내의 통치를 책임지고 있었다. 그들은 무武의 문화를 몸에 익혔고, 유교
윤리에 '지智·인仁'과 더불어 '용勇'의 강목을 두었다. 또 일본에서는 '공
公'의 최고단계를 천황이나 국가로 보았는데, 천황이나 국가에 충성을 다
하는 것을 '봉공奉公'이라고 했기 때문에, 이로부터 국민국가나 국민군이
창설되는 것은 용이하였다.

　　이와 같은 양국 각각의 문화적·역사적 요인이 청일전쟁의 승패를
갈라놓았다. 청일전쟁은 그 무엇보다도, 중국이 왕조체제의 붕괴를 맞이
하여 체제가 약화되었을 시기에, 주변의 무武의 문화를 가진 일본이라는
나라가 그러한 체제의 약화에 편승하여 침입했다고 하는 역사적 성격을
띠고 있다. 그것은 중국에서 체제가 약화되었던 왕조 말기에, 북방의 무
武의 문화를 가진 민족에 의해 종종 내습당했던 역사를 상기하게 한다.
일본의 침입은 단순히 동아시아문명권 내에서만의 문제가 아니다. 마찬
가지로 같은 무의 문화를 내포한 유럽의 자본주의(제국주의) 및 유럽문
명의 아시아 침입이라는 세계사적인, 19세기의 고유한 동란이 선행하고
있었고, 일본은 그 시류에 반은 자위를 위해 반은 자신의 이익을 위해
편승했다는 측면이 있다. 청일간의 이러한 역사관계는 조선과 일본 사이
에서도 거의 마찬가지였다. 필자는 조선시대의 역사에 관해서는 아는 바
가 거의 없지만, 중국이나 일본의 근세사에 비추어 볼 때 조선시대도 반
드시 내부로부터 역사의 동력에 의해 전개되던 것이 선행하고 있었던 것
으로 추정된다. 동아시아 삼국의 근세사를 어떠한 시각에서 파악해야 하
는가가 앞으로의 과제가 될 것이다.

　　일본은 무의 문화의 온상이 된 봉건영주제封建領主制가 신분세습
제·장자상속제 등에 의해 사유재산제나 직업의식의 발달을 촉진시켰고,
그러한 것들이 자본주의를 탄생시킨 하나의 요인이 되었다고 하는 참고

할 만한 견해가 있다. 어쨌든 일본에서 자본주의적 근대가 조기에 확립된 것을 암암리에 일본민족의 근대적인 선진성으로 인식하여, 그러한 우열이나 선진·후진의 관점에서 중국침략이나 코리아의 식민지화를 바라보는 시각은 동아시아 역사를 유럽 시각에서 보는 편견적 관점이라 할 수 있다. 현재 일본에서는 일본의 아시아 침략을 사죄해야 한다고 생각하는 사람들조차도 그 역사관에는 유럽의 근대사관에서 벗어나지 못하고 있기 때문에 그 사죄는 '일본에서 자본주의의 조기 성공'이라는 우열이나 선진·후진의 구도 속에서 이루어지고 있고, 사죄하는 본인에게 본의 아니게도 그 사죄 자체가 '사죄의 오만성'이라는 구도 속에 있게 된다.

유럽근대의 가치기준에서 벗어나 동아시아의 문맥에 따라 동아시아의 역사 사건이나 사상事象을 해석해 나간다면, 우리들은 우열이나 선진·후진의 구도에서 탈피할 수 있다.

즉 동아시아문명권과 유럽문명권 혹은 이슬람문명권과의 차이가 우열이나 선진·후진의 차이가 아니라 유형(type)의 차이에 불과하다는 점이다. 일본의 전근대 사회가 자본주의에 적합했던 반면 중국의 전근대 사회는 사회주의에 적합했다는 차이는 유형의 차이일 뿐이지 우열이나 선진·후진의 차이가 아니다. 마찬가지로 '문文'의 문화와 '무武'의 문화의 차이도 유형의 차이일 뿐이지 우열이나 선진·후진의 차이가 아니다.

유형의 차이로 보는 관점은 동아시아에서, 특히 일본에서 부당한 민족적 우열의식·편견·차별을 근절시킨다는 의미에서 중요하다.

5.

끝으로 동아시아의 연구자가 자국이든 타국이든 동아시아의 국가를 연구대상으로 할 경우 제기되는 주체의 문제에 대해 언급해두고자 한다.

필자 자신은 중국을 연구대상으로 삼고 있는 일본인이다. 필자의 경우 중국이나 중국의 무언가에 대해 알고 싶다든가, 좋아한다든가, 배우고 싶다든가 하는 이유로 연구를 하고 있는 것은 아니다. 결론부터 말하면, 필자의 중국연구의 동기는 아시아에 대한 진상을 알고 싶었기 때문이다. 진상이란 편견 없는 식견에 의해 파악된 아시아의 실제적인 세계상을 말한다.

필자처럼 1930년대에 출생한 일본인들은 소년기에 아시아에서 일본의 지도성 발휘와 그것에 근거한 아시아의 연대라고 하는, 모순을 내포한 허위의 아시아주의를 교육받았다. 그것은 연대라는 미명 아래 아시아에 대한 관심을 불러일으킴과 동시에, 아시아에 대한 편견을 주입시키는 교육이었다. 패전 후 허위 아시아주의의 허구에서 눈을 떴을 때, 필자에게 아시아의 진상에 대한 관심이 싹트기 시작했다. 아시아의 진상에 대한 추구는 자연히 일본의 아시아 침략이나 식민지화에 대한 속죄의식贖罪意識을 심어주었다. 또한 우리들에게 주입되어 있는 아시아에 대한 편견을 스스로 검토하고 비판하는 작업도 수반하게 하였다.

이러한 속죄의식이나 자기검토·자기비판은 필자 자신이 일본인으로서 어떠한 삶을 영위해야 하는가, 일본은 어떻게 존재해야 하는가라는 인생의 과제 그 자체이기도 하다. 그러한 과제를 지고 그 과제에 의해 성장해온 것이 필자의 연구자로서의 주체이다.

필자가 중국유학을 연구하는 목적은 지식이나 기호 혹은 개인적 수양에 있는 것이 아니다. 중국을 소재로 동아시아에 대한 역사의 왜곡이나 편견을 밝혀내고자 하는 것이다. 왜곡이나 편견의 대표적인 것 중 하나가 전술한 바와 같이 유럽 시각에 의한 중국상이다. 문제는 이러한 유럽 시각이 동아시아의 수많은 사람들에게 침투하였다는 점이다. 특히 일본인에게는 그것이 아시아에 대한 일본인의 부당한 우월감과 멸시를 낳는 근거가 되고 있다는 사실이다.

일본인 연구자로서 동아시아 세계를 연구대상으로 삼을 경우, 일본의 침략이나 식민지화에 대한 속죄의 문제를 회피할 수는 없다. 속죄의 방법은 수없이 많을 것이다. 그와 관련된 사회활동이나 정치활동에 직간 접적으로 관계하거나 혹은 평론활동이나 문화활동을 통하는 방법 등이 있다. 그러나 연구자라면 연구 내용 그 자체를 통해 속죄의 문제에 관계 하는 것이 바람직할 것이다.

연구 내용이 속죄문제에 관계된다는 것은 속죄를 연구 목적으로 설 정한다든가, 속죄에 관련된 것을 주제로 잡는 것만을 의미하지는 않는 다. 필자는 보다 근원적으로 동아시아 내에 지난 세기부터 축적되어온 역사적 편견을 실제 역사를 통해 해체해 나가는 것이다. 여기에는 연구 자의 인간으로서의 삶의 방식의 문제, 예를 들면 사회의 편견에 대해 민 감한가 둔감한가, 편견을 용납할 것인가 허용할 것인가, 편견과 투쟁할 것인가 타협할 것인가 등의 문제와 관계된다. 인간의 삶의 방식이란 결 국 그 사람의 인격·사상·세계관의 문제이다. 인간의 삶의 방식이라 할 때의 인간이란 자신이 속해 있는 영역에서 자각적으로 책임의식을 가진 사람을 말한다. 그러한 사람은 일본인이라면 일본국민으로서의 인간, 더 나아가서는 동아시아의 인간, 황색인종으로서의 인간, 인류로서의 인간 으로 책임을 자각하고 있는 사람이다.

그 책임에 대한 자각의 깊이가 그 사람의 인격·사상·세계관을 형 성하며, 그것은 그 사람을 주체적 인간이게 한다.

필자에게 동아시아 연구는 자신의 삶의 방식, 연구주체의 참모습에 대한 부단한 자기 물음과도 같은 것이다. 연구의 목적은 궁극적으로는 자신이 살고 있는 사회, 일본이라는 나라를 어떻게 도의적으로 원만한 사회로 만들어 이웃 나라로부터 경애받는 나라로 만들 것인가에 있다. 속죄의 문제도 상대국에게 어떻게 용서를 구할 것인가라는 문제와 더불 어, 스스로가 역사의 과오에 대해 사죄하는 도의적인 민족이기를 원하 는, 보다 나은 자국의 건설에 대한 바람이 그 근저에 있다. 보다 나은 자국 건설이라는 바람은 삼국의 연구자 누구에게나 공통된 것이리라. 이렇게 각각의 바람을 심화시켜 가는 과정에서 동아시아연구자들 상호간에 국경을 초월한 진정한 교류가 이루어질 것이다.

지역적 지식의 세계적 중요성
유가 인문주의에 관한 새로운 시각

두웨이밍(杜維明)

19세기 중반 이전, 즉 근대 서양과의 충돌 이전에—일본의 표현을 빌리자면 "흑선(黑船; Black Ships)"이 오기 전에—사서四書에 각인된 유가 인문주의는 수세기 동안 동아시아에서 자기 수양, 가족윤리, 사회 행위, 통치행위의 핵심가치들을 제공해왔다. 근대 서구의 계몽사조에 의해 유가 인문주의가 주변부로 밀려남에 따라 중국·베트남·한국·일본 역사상 일찍이 유래가 없는 정체성의 위기가 나타났다. 근대 동아시아학에서 유학儒學이 적절히 정립하기 어려웠다는 사실이 이러한 점을 보여준다.

합리적 인문주의 문화 운동으로서의 계몽사조는 틀림없이 유럽사회에서 교육에 관한 한 교회 권위를 크게 손상시켰지만, 근대 서구의 대학들은 기독교와 크게 얽혀 있어서 심지어 가장 세속적인 대학들조차도 대개 깊은 종교적 뿌리를 가지고 있다.

신학神學으로서의 기독교는 근대 서구에서 지속적으로 활기 넘치는 지식 분야의 자리를 누리고 있다. 그것은 독일에서 아마 여전히 인문학 중에서 가장 영향력 있는 학문 분과일 것이다. 계몽 인문주의는 처음에 기독교 성서의 권위에 대해서 급진적 비판과 전면적인 부정을 기도했지만, 서구 고등교육기관 안에 내재하던 기독교의 뿌리를 결코 파괴하지 않았다. 인문학에서 가장 각광받는 분야 중 하나인 해석학解釋學은 실상은 성서 연구로부터 생겨났다. 이와는 대조적으로 계몽 사조가 동아시아에 하나의 지배적 이데올로기로 소개되었을 때, 서구 학문은 동아시아 교육의 커리큘럼에서 유학을 근본적으로 대체하였다.

아이러니컬하게도 근대중국·베트남·한국·일본의 교육에서 유학이 이렇게 자리를 내준 데에는 충분한 유가적 이유가 있다. 사회 관여와 정치 참여라는 유가 정신에 익숙한 동아시아 지식인들은 국가의 생존이라는 긴급한 관심에 자극을 받아 교육의 최우선 순위로 "부富(wealth)와 강强(power)"의 길을 선택했다. 과학과 민주주의를 선호하고 유학을 버리는 것이 국가를 살리는 데 필요한 것이라면, 자신을 존중하는 동아시아 지식인들은 누구도 그것에 반대하지 않을 것이다. 이런 가정假定의 이면에 깔려 있는 추론의 단순성 내지 오류에도 불구하고, 그것은 자명한 것으로 널리 받아들여졌다. 사실 계몽사조에 의해 꿈꾸어진 화려하고 새로운 세계는 너무나 매혹적이어서 그것에 반대하는 것은 보수적·전통적 혹은 반동적인 것으로 비난되었다. 그 시대정신은 온통 전통에 대한 우상파괴적 공격으로 점철되었다. 혁명적 정신, 변화에의 용기, 자신을 재정립하려는 의지, 서구를 미래의 물결로 받아들임은 중국 5·4 세대의 정신이었다.

이러한 파괴적 급진주의에는 깊은 심리·문화적 이유가 있었다. 1840년의 아편전쟁으로부터 1949년의 중화인민공화국의 탄생에 이르기까지의 기간 동안 십년을 주기로 중국은 고통스러운 변화를 경험했다. 즉 태평천국의 난, 외세의 침입, 일본의 침략, 만주국의 붕괴, 군벌시기軍閥時期, 제2차 세계대전의 발발, 공산당과 국민당간의 내전 등이 그것들이다. 1949년으로부터 1976년까지의 마오쩌둥(毛澤東)의 통치기간 동안에는 거의 5년마다 극적인 정치 선동과 사회 구조조정이 있었다. 심지어 1979년 이후의 평화스러운 개혁기간 동안에도 천안문天安門 사태는 개혁가로서의 덩샤오핑(鄧小平)의 명성을 크게 손상시켰다. 서구 열강의 게임 규칙에 맞추려는 중국의 필사적 노력은 중국의 존재를 규정지었던 제도·정신·지성·의미의 구조들을 비판적으로 점검하게 만들었다. 군사방위·산업개발·입헌군주제를 발전시키려는 개혁 노력에 중점을 둔 중국의 자강운동自强運動은 내부의 무기력과 외부의 압력에 의해 무산되었다. 최고로 영민한 일부 이상주의자들에게 레닌(Lenin)의 폭력투쟁 모델의 혁명노선은 불가피한 것으로 비춰졌다. 그 결과 즉각적 행동이 필연적으로 대세를 이루었다. 반성을 위한 인내를 가진 자는 거의 없었다. 유가 인문주의의 거부는 나라를 구하기 위한 새로운 접근방식을 위해 필요한 전제조건으로 간주되었다. 깊은 심리·문화적 측면에서 중국이 외세의 무자비한 침략으로부터 살아남는 유일한 길은 유가적 삶의 방식을 근본적으로 재조정하는 것이라는 지적 공감은 장기간의 고통스러운 자기분석으로부터 나왔다. 많은 동아시아의 지식인들은 이러한 정치적 진단의 정확성에 여전히 강한 의구심을 가지고 있다.

서구화·현대화 그리고 최근의 세계화는 계몽사조가 승리했다는 확신을 강조해 왔다. 자본주의와 사회주의는 둘 다 이러한 사고를 보여준다. 냉전의 종식 이래로 분명해진 자본주의 체계의 우월성은 미국의 길(현대 서구 운용 방식의 한 실례)이 발전을 향한 유일한 실행 가능한 길이라는 인상을 훨씬 더 증진시켰다. 후쿠야마의 『역사의 종말』이나 헌팅턴(Huntington)의 『다가오는 문명의 충돌』은 '서구와 기타'라는 대립적 이분법에 동의하는 것이다. 시장경제·민주정치제도·시민사회·개인주의로 정의된 새로운 모델은 지구 공동체를 위한 보편적 프로그램으로 여겨졌다.

그 보편적 프로그램에 깔린 가치들—특히 자유, 합리성, 적절한 법절차, 인간 권리, 개인의 존엄성—을 소중히 여기면서도 우리는 지역성을 띤 서구의 지식 형태를 전 세계적 발전 규범으로 강요하는 위험성을 인식하고 있다. 우리는 특정 제도가 발전해온 그 특수한 역사 조건들을 비판적으로 인식할 필요가 있다. 프랑스의 혁명 모델은 영국의 개혁 모델과 다르고, 또한 이 두 모델은 독일 민족주의(nationalism)의 경험과는 질적으로 다르다. 역동적인 시민사회로 특징지워지는 미국의 민주주의 역시 또 다른 모델이다. 마찬가지로 비록 시장경제가 발전하는 데 최소의 요구조건들이 있다하더라도 주어진 사회적 상황하에서 그 시장이 어떻게 기능하는지는 정부의 역할과 같은 비경제적 환경에도 크게 의존한다. 시민사회라는 것도 역시 단일한 개념은 아니다. 우리가 미국 모델에 입각한 하나의 엄격한 시민사회 관념을 적용한다면, 프랑스·독일·영국과 같은 서유럽 국가들 중 어느 나라도 그에 상응한 제도를 발전시켜오지 않았다.

이러한 관점에서 제2차 세계대전 이래로 가장 역동적 경제체제의 하나로 부상한 동아시아는 특별한 관심을 끌 만하다. 비서구권 지역에서는 유일하게 다양성이나 질적인 면에서 서구의 근대성과 비견될 수 있는 형태를 발전시킨 동아시아는 분명히 서구로부터 크게 배워왔다. 다시 말해서 동아시아는 숙고된 선택을 통해 깊숙이 서구의 영향을 받아왔다. 그러나 동아시아 사회에서 예시된 삶의 형태는 서구의 그것과는 크게 다르다. 현재의 상황에서 일본·대만·싱가포르·한국식의 민주주의 모델을 가정할 충분한 이유는 있는 것 같다. 나는 다른 연구들에서 동아시아 근대성에서 '유가' 전통에 대해 천착한 바 있다. 5·4 시기의 인습파괴주의자들에 의해 비판된 '봉건과거'는 말할 것도 없고 최근 수십 년 동안 동아시아의 근대성을 규정해온 '유가' 요소들이 계몽 가치들에 의해 철저히 변형되어왔다는 사실은 주목할 만하다. 현대 신유가(the New Confucian)가 자유·합리성·적절한 법절차·인간권리·개인의 존엄성을 긍정적 가치로 받아들이지 않으리라고는 상상할 수도 없다. 심지어 매우 정치화된 '아시아적 가치' 담론에 있어서도 주요 논점은 서구적 가치에 대한 노골적인 비난이 아니라 정치권력의 속성을 지닌 유일한 해석을 학문 규율상의 도구로 강요하는 패권성에 대한 것(hegemonic imposition)이다.

전략적으로 동아시아 지식인들은 동서의 간격을 매개하는데 아주 좋은 위치에 놓여 있다. 서구 학문의 충실한 생도로서(일본의 경우에는 전통적으로 네덜란드, 영국, 프랑스, 독일의 학문이, 그리고 최근 50년 동안에는 미국 학문이 그 배움의 대상이었음) 계몽 가치는 그들 문화 전통의 핵심적 부분이었다. 서구로부터 좀더 포괄적으로 깊이 있게 배우는 것이 필요하고 또한 바람직한 것이기도 하지만, 사실상 동아시아 지식인 자신들은 서구의 한 부분이기도 하다. 그들은 그들 내부에서 서구를 이해하려는 정당성을 획득했다. 그들 앞에 놓인 지적 도전은 어떻게 그들 전통 문화의 가장 뛰어난 자원을 설득력 있게 서구 학문에 의해 지배되어온 새로운 문화 제도로 통합하느냐이다.

관건은 유학을 동아시아학의 핵심적 요소로 다시 태어나게 하는 것이다. 우리는 '유가' 민주주의, '유가' 자본주의, '유가' 시민사회, '유가' 근대성과 같은 이념들을 비판적 분석을 위한 현상으로, 또 자아실현을 위한 열망으로 심각하게 받아들여야 한다. 따라서 유가 민주주의는 모순 어법이라는 루시앤 파이(Lucian Pye)의 주장을 받아들일 수 없다. 왜냐하면 유가의 정치제도를 전체주의와 동일시하지 않기 때문이다. 더욱이 1997년 아시아 금융위기 여파로 '관계 자본주의자들(network capitalists)'을 족벌주의적이고, 타락하고, 공적으로 설명 불가능하고, 투명성이 결여된 것으로 묘사하는 언론주의적 행태를 받아들일 수 없다. 가족 윤리를 사회로 확대하고, 정부의 책무를 교육으로 확장하는 유가의 이상이 유학의 영향권에 있는 사회를 활기찬 정치적 영역으로 발전시키는 데 방해가 된다는 견해 역시 받아들일 수 없다. 게다가 분명히 유가 윤리가 집단의 중요성을 강조함으로써 개인의 존엄성을 설명하는 데 실패했다는 비난도 받아들이지 않는다. 실상 '개인 위의 국가와 공동체'라는 표현이 유가의 자기수양 원리에 기반하는 것이라고 믿지 않는다.

환경의식, 여성해방주의, 종교 다원주의, 보편 윤리의 부상과 함께 윤리학자들, 비교 종교가들, 관련된 철학자들, 대중 지식인들은 다양성을 찬양하면서도 공통의 인간성을 받아들일 필요성을 폭넓게 느끼고 있다. 무기력하고, 퇴색된 인간중심주의 형태의 계몽 사조는 형편없이 구식이 되어버렸다. 계몽 가치들을 전수받은 현대 신유가의 인문주의는 상호 의사교환, 협상, 대화, 타협을 강조하는 평화의 문화를 발전시키는 데 크게 기여할 수 있다.

(1) <u>유가 인문주의의 자기 수양 철학</u>은 자아의 네 영역(몸, 마음, 영혼, 정신) 모두를 하나의 역동적 균형의 상태로 통합하려 한다. '체화된 앎'을 통하여 자아는 감정을 변형, 조화시켜서 마음의 내적 성질은 끊임없이 팽창하는 상호 연계의 네트워크와 공명共鳴할 수 있다. 이러한 상호연계의 네트워크는 자아를 하늘·땅·만물과 일체로 만든다.

(2) <u>가족으로부터 세계 공동체까지의 모든 수준에서 개인과 공동체간의 유익한 상호 작용.</u> 자아는 가족, 마을, 국가, 세계 속의 뿌리를 개발한다. 소속감은 이기주의, 족벌주의, 지방주의, 민족중심주의, 인간중심주의를 넘어서는 중단 없는 정신적 훈련에 입각한다. 중심으로서의 자아와 타자를 위한 자아간의 상호 호혜 작용이 자아를 관계의 중심이 되게 만든다. 중심으로서의 개인의 존엄성은 주변화될 수 없고, 관계로서 배려의 정신은 결코 억압되지 않는다.

(3) <u>인간과 자연사이에 유지될 수 있는 관계.</u> "천天이 낳고 인人이 완성하기"에 우리는 우주 발생과정의 공동창조자들로, 우리의 행위로 인한 결과들에 대한 모든 책무를 받아들여야만 한다. 토마스 베리(Thomas Berry)의 멋진 생각에 따르면, 우리에게 맡겨진 '커다란 과업'은 자연을 정복하고, 지배하고, 착취하고, 탈취하는 것이 아니고, 미적이고 동시에 윤리적인 의미에서 천지가 만물을 변형시키고 생장시키는 과정에 참여하는 것이다.

(4) <u>인심人心과 천도天道사이의 상호 반응성.</u> "인간이 도를 크게 만들 수

있지, 도가 인간을 위대하게 만들 수 있는 것이 아니다"는 관념은 경외, 책임, 헌신(commitment), 겸손의 감정을 일으킨다. 비록 우리의 본성이 천天에 의해 주어진 것이고, 자아에 대한 지식을 통해 우리가 천명天命을 알 수 있다고 해도, 우리의 무지는 너무 커서 우리의 지혜는 우리가 알지 못하는 것을 인정할 때 시작된다. 그러나 우리는 우리의 사고와 행위에 충분히 책임을 지고, 우리는 최고의 현시顯示로 천인합일天人合一을 보여주는 자기 실현의 과제에 완전히 헌신한다. 이것은 찬양만이 아니고 겸손도 요구한다.

이렇게 바라본 유가 인문주의는 21세기 인간 번영을 위한 영감의 근원이 될 잠재력을 갖는다.

동아시아학의 개념과 방법론

02

동아시아와 유교문화의 의미
동아시아학의 주체적 수립을 위한 모색

임 형 택

돌아보건대 동아시아는 지난 1945년 이래 지리적 개념에 그치지 않는, 의미 있는 하나의 공간으로서 과연 존재하였던가? '아니오'라는 대답이 그 실상에 가까울 것이다.

벌써 오래 전 일이 되었지만 필자와 최원식 교수는 『전환기의 동아시아 문학』이란 제목으로 한 권의 책을 공편한 바 있다. 한자문화권에 속했던 한·중·일 3국의 문학이 근대전환이란 역사적 코스를 다같이 거치면서 어떤 변혁과 창출을 이룩하였던가를 고찰한 내용이다. 동아시아의 통일적 인식을 불가능하게 만든 현실상황에 저항하고 또 극복하려는 학적 의지를 담아보고자 했던 것이다. 이 책의 머리말에서 필자는 이렇게 썼다.

소우주적 한자문화권의 분해는 세계사의 진보이다. 그러나 시야視野와 족적足跡이 동양적 한계를 넘어서 지구적으로 확대된 반면, 우리 땅을 포함해서 가장 가까운 이웃이 가장 멀고도 으스스한 곳처럼 되어버린 사실은 지극히 부자연스런 일이며, 막심한 고통과 불편을 주는 문제이다. 그뿐 아니라, 대륙을 등지고 바다 건너로 지향하는 교제交際 역시 굴욕적·매판적으로 밀착되어 민중의 무한한 반감을 일으키는 상태이다. 이러한 동아시아 현실의 복잡한 모순·대립 관계를 묶어 놓은 매듭은 한반도의 분계선상에 쳐진 철조망이다. 풀어야 할 매듭은 바로 우리 땅에 있는 것이다.[1]

위 발언의 시점은 1985년이다. 지금은 어느덧 격세지감을 느끼게 하니, 그 사이에 소련 사회주의의 붕괴와 함께 동서 냉전체제는 해체되었다. 한국과 중국간에도 수교가 이루어져서 인적·물적으로 활발하게 오고 간다. 그럼에도 오직 동아시아를 모순·대립의 관계로 묶어 놓았던 원죄적 매듭, 그것은 아직 풀리지 않고 있다. 물론 2001년의 6·15 선언으로 냉전체제의 전지구적 해체에도 녹지 않는 '얼음 골' 같았던 한반도상의 분단 구조 또한 풀릴 기운이 감돌지만 완전한 화합과 통일로 가기에는 어렵고 먼 길이 앞에 있음을 응당 유의해야 할 것이다.

이런 일련의 상황 변화를 따라 동아시아 담론이 일어나서 관심을 끌고 있다. 하지만 담론은 무성한데 비해 알맹이는 얼마나 튼실한지 적이 의심스럽다. '동아시아학'이란 어찌 보면 대단히 새삼스럽지만 사실은 지난한 과제이다. 동양학 혹은 동아시아학이란 이름이 붙은 학술기관이나 책자를 허다히 보아왔다. 문제는 동아시아의 역사와 문화에 기반하는 사고와 논리로 구축하되, 인류 보편의 차원에서 의미를 갖고 동아시아 여러 민족국가들의 우호 연대에 기여할 수 있는 그런 학문으로 수립해야 하는 어려움이다. 유럽 중심의 학문 체계에 어떻게 대항할 것이며, 미국적인 지역학으로서의 동아시아학에 대해서는 또 어떤 변별성을 확보할 것인가? 본고에서는 동아시아학의 주체적 수립을 위해 더불어 생각하고 토론해야 할 문제의 하나인 동아시아와 유교문화에 대한 견해를 밝히고자 한다.

1. 동아시아 역사운동을 종관縱貫하는 패러다임

우리들 자신의 삶의 과거와 현재, 그리고 미래로 이어질 한반도가 위치한 시공간─동아시아를 주제로 삼아 논의하자면 일단 중국 대륙을

---

1) 『전환기의 동아시아 문학』, 창작과비평사, 1985.

놓고서 말머리를 꺼내는 편이 순리가 아닐까. 왜냐하면 예전에는 역사적으로 동아시아 세계의 중심부가 중국이었고, 오늘에도 그 위치는 지도상 가운데 크게 차지하고 있기 때문이다.

서구주도의 '근대적 세계'는 지금 미국 헤게모니가 전지구적으로 관철되는 '세계체제'를 형성하고 있다. '근대적 세계'로 진입하기 이전의 이 지구상에는 권역별로 자기 완결적인 형태의 소우주를 각기 형성하고 있었다. 서유럽세계, 인도세계, 동아시아세계 등등. 그렇긴 하지만, 서로 완전히 격절隔絶된 채 소식불통으로 지내왔던 것만은 아니다. 유라시아 전역에 걸치는 역사운동이 지금으로부터 1천 년을 소급해서, 아니 더 1천 년을 소급해서부터 비록 제한적이고 단속적이긴 해도 그럭저럭 진행되어 근대에 이른 것이다. 유라시아라는 거대한 대륙을 하나의 역사운동의 무대로 인식하는 편이 보다 총체적이고 역동적일 뿐 아니라 실상에도 가깝지 않은가 한다. 중국은 유라시아적 대역사 무대의 동쪽 중심부였던 셈이다.

중국을 중심으로 진행된 역사운동은 동서남북의 사방으로 운동축을 설정해볼 수 있다. 서방축은 중앙아시아를 거쳐 인도 그리고 소아시아를 지나 유럽으로 통하는 저 유명한 육상 실크로드이며, 북방축은 앞서 흉노·몽골과 각축하다가 뒤에 러시아와 만난 선이고, 남방축은 중국이 동남아로 진출하고 서세西勢의 물결이 상륙한 선이다. 그리고 동방축은 우리의 한반도를 경유해서 일본열도로 연결되는 바로 이 선이다.

중국이라는 역사·문화공동체는 2천여 년이나 소급되는 옛날로부터 오늘에 이르도록 이 사방축의 작동을 따라 기복이 일어나면서 흥망성쇠를 거듭해온 셈이다. 대략 살펴보면 14세기 원제국元帝國의 멸망에 이르기까지는 서북축이 역사를 주도하다가 그 이후부터는 동남축이 주도한 것으로 볼 수 있겠다. 서북축의 향방은 대륙이며 동남축의 향방은 해양이다. 대륙으로 향한 축은 유목문화와 농경문화의 대립이 배경을 이루었던 터이니 기본축의 해양으로의 이동은 곧 유목문화의 쇠퇴를 의미하는 것이다. 이에 해양으로 향한 축은 '근대적 세계'와의 접점으로 되었다.

　대개 공인하는바 15세기 이래로 진행된 서세동점西勢東漸의 조류가 전지구적 대세를 이루었다. '근대적 세계'가 서구주도였다는 점은 누구도 부인할 수 없는 현상이지만 그렇다고 해서 동아시아 세계는 피동적으로 당하기만 했던 것은 아니었다. 서세西勢와의 경쟁에서 수세로 밀려 근대로 향한 역사행보에서 주도권을 빼앗기고 말았지만 처음부터 끝까지 두 손놓고 앉아 있지만 않았던 것 또한 실제 사실이다. 서북축으로부터 동남축으로 기축의 이동이 바로 근대로 향한 동아시아적 행보의 극명한 표현이다. 나는 한국의 18,9세기 실학實學을 세계사적 시야로 보면 서세의 진출에 맞선 사상적·학문적인 대응으로 해석할 필요가 있음을 역설해왔다. 또한 15세기 명明의 정화鄭和 선단船團의 해양 진출을 '동세서진東勢西進'의 움직임으로 거론해보기도 하였다.[2] 여기에 덧붙여 17세기 이래 겉으로 드러나지 않았지만 거대한 형세로 진행된 화교華僑의 동남아 진출 또한 이런 측면으로도 주목할 현상이다.

　근대로 향한 역사행보에서 남방축이 먼저 활발하게 움직였다. 이 축을 따라 마테오 리치(Matteo Ricci)가 상륙했고 아편전쟁이 발발했으며, 그 흔적으로 마카오와 홍콩이라는 기이한 '보석'을 남긴 한편, 대만으로부터 동남아지역에 걸쳐 한족의 광범한 형세가 현존하게도 되었다. 16세기 말 한반도를 무대로 펼쳐진 전쟁(임진왜란)은 동방축의 심상치 않은 미래를 살짝 보여준 충격적인 예고편이었던 셈이다. 그리고 이후 수세기 동안 동방축의 운동은 소강상태로 들어간 모습이었다. 그러다가 19세기 말 청일전쟁을 전환점으로 해서 역사운동의 기축은 남방에서 동방으로 이동하게 된다. 이 과정에서 동진한 러시아가 몽골을 대체해서 북방축을 새롭게 구축하게 되며, 그에 따라 대륙세와 해양세의 각축(러일전쟁)이

---

2) 임형택, 「실학자들의 일본관과 실학」, 『실사구시의 한국학』, 창작과비평사, 2000.

벌어졌던 것 또한 특기할 사실이다.

중국대륙－한반도－일본열도의 동방축은 태평양을 건너 미주로 닿고 있다. 바꾸어 보면 미국의 서진정책이 태평양 건너 일본을 기착지로 해서 연계된 선이다. 이 동방축은 20세기 세계의 헤게모니를 장악한 미국의 아시아 진출과 부딪힌 접점이 되기에 이르렀으니, 20세기의 대국大局을 좌지우지한 것이다. 1945년까지는 일본의 패권이 한반도를 경유하여 대륙으로 작동하였으며, 1945년 이후로는 미국의 패권이 일본열도를 기착지로 삼아 대륙을 겨냥하고, 이에 북방축과 연합한 대륙의 사회주의 진영이 맞서 한반도에는 드디어 한랭전선이 형성되기에 이르렀다. 한반도상의 분단선은 냉전체제의 고도로 예민한 접점인 동시에 기존의 운동축으로 작동한 동방축의 불안정한 상태를 반영한 현상이기도 하다. 1950년의 전쟁, 그리고 냉전체제의 해제에도 불구하고 해제되지 않는 한반도의 분단체제, 그리고 앞으로 도래할 분단체제의 해제문제까지도 동방축의 운동과정으로 설명하고 전망할 수 있으리라 본다.

21세기 새 천년을 맞는 지금 동아시아는 지난 100년에 견주어 밝고 좋은 국면으로 들어섰다고 내다볼 수 있을 것이다. 그러나 불안정한 상태에서 완전히 벗어났다고 말하기는 어렵다. 중국은 화하華夏 신주神州가 과분瓜分을 당하고 5천년의 문명이 해체될 위기—유사 이래 없었던 고비를 넘기고서 바야흐로 대약진을 하는 중이며, 동방축의 헤게모니를 잡았던 일본은 경제대국으로서 결코 기선을 양보하려 들지 않을 것이다. 동방축의 핵심고리인 한반도는 새 천년으로 진입하는 시공간에서 중요한 결절점結節点으로 되어 있다.

동아시아는 우리의 현실인 동시에 학문하는 우리에게는 방법론이다. 이 동아시아는 역사적으로 한자문명권을 형성하고 있었던 바 한자문명의 정신적 기반이 유교였음은 말할 나위 없다. 나는 먼저 유교문화를 주제로 삼아서 과거를 돌아보고 현재를 생각해보고자 한다.

2. 막스 베버의 동양관에 대한 비판

막스 베버(Max Weber)의 『유교와 도교』[3]는 유구한 문명의 전통을 가지고 있는 중국사회에서 왜 자본주의가 발생하지 못했느냐는 문제의식으로부터 출발한 책이다. 이 문제의식은 오직 서유럽과 미국에서 자본주의가 발생하여 세계를 지배하게 된 현상의 설명과 하나로 연계되어 있다. 디오니소스적인 변혁을 이룩할 문화기반의 결여를 지적하였으니 다름 아닌 자본주의를 시동할 메커니즘이 이쪽에는 원천적으로 없었다는 논법이다. 동양사회는 자본주의라는 '역사의 아들'을 잉태할 수 없는 불임증에 걸려 있었던 셈이다. 베버의 동양관은 자본주의를 출산할 고유한 바탕이 부재하다고 보는 점에서 마르크스와 서로 일치하고 있다. 당초 서구의 자본주의를 마르크스는 역사적 조건과 물질적 배경에서 찾은 데 반해 베버는 인간의 종교적 심성에서 찾았다. 그래서 베버는 동양사회로 눈을 돌려서도 특히 유교를 주목하였다.

베버는 중국을 마냥 정체된 역사로 바라보고 있는 것은 아니다. 특히 17~19세기의 중국사회는 인구수의 증가와 함께 물질적 상태가 극히 양호했다는 점을 인정하였다. 그럼에도 불구하고 바로 이 기간에 "중국의 정신적 특성은 전혀 변화되지 않았을 뿐"(『유교와 도교』 85쪽) 아니라, 경제적인 면에서도 표면적인 현상과 달리 "근대 자본주의적 발전으로의 극히 미세한 싹"도 찾아볼 수 없었던 것으로 단정짓고 있다.

베버가 진단한 중국사회의 고질적인 '자본주의 불임증'은 유교에 원인이 있는 바 유교정신의 체현자인 독서인에게로 책임이 돌아가는 것은 논리상으로 당연하다. "전형적인 퓨리턴은 돈을 많이 벌고 적게 소비하면서,

---

3) 막스 베버 저·이상률 역, 『유교와 도교』, 문예출판사, 1990. 인용문은 이 책의 쪽수로 표시함.

금욕을 통해 애쓴 절약의 결과로서 자기의 소득을 다시 합리적인 자본주의적 경영에 투자하였다."(같은 책 350쪽) 저쪽의 이러한 청교도적 태도에 반해서 이쪽의 "전형적인 유교도는 자기가 문학적인 교양을 얻고, 시험을 위해서 학업을 쌓아, 신분적으로 고귀한 토대를 얻기 위해서 자기와 자기 가족의 저축을 소비하였다"(같은 책 349~50쪽)는 것이다. 여기서 '시험'이란 과거科擧를 통과해서 관인으로 출세하는 절차를 가리킨다. 베버가 중국사회의 특질을 숭문崇文으로 간주하고 과거제에 주목한 것은 요점을 잘 짚었다고 생각한다. 그런데 문제는 사계층士階層·독서인讀書人은 과거제에 몰두하여 '가산제적 권력'에 참여하는 것을 영광으로 생각하고 마침내 현세와의 안이한 타협에 머물고 말았다는 결론이다.

　　과연 맞는 말인가? 그 논리의 유럽 중심주의적 편견은 아직 접어두자. 그의 진단은 현상적 타당성이 있다. 하지만 그렇지 않은 여러 측면에 눈을 감아서는 안될 것이다. 베버는 기독교 자체가 자본주의 정신과 부합하는 것으로 말하지 않았다. 종교개혁에 의해 변신을 도모한 프로테스탄티즘에서 추출한 것이다. 그런데 중국사회는 여러 물질적 조건의 변화에도 불구하고 "정신적 특성은 전혀 변화되지 않았던" 것으로 확언을 하였다. 과연 그러했던가? 대답은 이제 이미 나와 있다. 근래 중국사의 연구는 자본주의 맹아가 명말明末 시기에 싹텄음을 주장하고 있는데, 이 학설이 국제적으로 공인받지는 못했다. 경제적 측면은 접어두고라도 황종희黃宗羲·고염무顧炎武로부터 대진戴震을 거쳐 위원魏源 등에 이르는 학자들의 변혁을 위한 개신 유학적인 사상의 풍부하고도 고뇌에 찬 전개를 통해서 '정신적 특성의 변화'는 인지하고도 남음이 있다고 본다. 나는 보다 문예의 새로운 전개에 눈을 돌리고 싶다. 사대기서四大奇書로 일컬어지는 『삼국지』, 『수호전』, 『서유기』, 『금병매』는 세계문학에서 유례를 찾아보기 드문 장편소설의 선구적인 걸작이며, 『홍루몽』의 예술적 성취는 인간정신의 창조적 고도를 높여 놓은 것이다. 이들 작품을 읽어보고도 '정신적

특성'은 그대로 정체되어 있었다고 주장할 수 있을까? 나는 베버가 17~
19세기의 중국에 대해 구체적 지식을 가지고 있지 못했던 것으로 짐작한
다. 『유교와 도교』는 위에 거명한 사상과 문학에 대해서 일언반구도 비치
지 않았다. 일부러 묵살한 것은 아니었겠지만 선입견을 바꾸어야 할 정보
에 마음의 눈이 열리지를 않았던 때문이리라.

　　이제 화제를 우리 한국사회의 전통으로 돌려보자. 중국과 한국 두
나라는 유교문화를 공유하며 긴밀했던 상호의 관계로 미루어 생활 문화
가 유사했을 듯싶다. 하지만 사실은 생각보다 훨씬 다른 양상을 드러내
고 있다. 의식주의 형태에서 기본적인 차이점이 있다. 가령 한국인은 중
국에 없는 온돌 위에서 기거하며 문화를 가꾸어 왔던 것이다. 종교사상
을 보면 한국 사회 속에서 도교는 지식층에 사상적으로 수용되긴 하였으
나 종교의 형식으로는 부재하였다. 반면 성리학은 중국보다 한국사회에
서 폭 넓게 뿌리 내릴 수 있었다. 이런 모든 차이점을 간과해서는 안되
겠지만, 하여튼 베버의 중국사회의 전통에서 도출한 이론 틀이 한국사회
에도 해당될 것임은 물론이다. 따라서 그것에 대한 비판의 논리 역시 대
략 같은 방향에서 이루어질 수 있는 것으로 생각된다.

　　필자는 이 대목에서 박지원의 『옥갑야화玉匣夜話』[4]를 거론해볼까
한다. 다소 뜬금없다는 인상을 줄지 모르겠으나 필자 자신이 무척 좋아
하는 작품이기에 일부러 끌어들이고 싶어진 것이다. 「옥갑야화」는 주인
공 허생과 함께 변씨가 흥미로운 인물이다. 허생은 '남산골 딸깍발이'로
일컬어진 독서인의 한 전형이다. 그의 상대역인 변씨는 역관譯官 가계로
국제무역을 통해 성장한 일종의 금융자산가(자본주의의 성숙한 단계에서의
그것과는 물론 양상이 크게 다르지만)로 간주할 수 있는, 17세기의 실제 인

---

4) 『옥갑야화』는 「허생전」이란 제목으로 널리 알려진 작품이다. 박지원이 중국여행을 하고
　지은 『열하일기』 속에 『옥갑야화』라는 제목으로 수록된 것이다. 『옥갑야화』는 여러 편의
　이야기가 함께 엮어진 형태로서 허생전이 그 중심을 이루고 있다.

물이었다.[5]

> "국중의 재물을 다루는 자들은 우리 집에서 (돈이) 나가고 들어오는 것
> 을 보아 고하高下를 삼고 있으니 이 또한 국론이다."

이 문맥은 두 가지로 해석될 수 있다. 원문의 '고하高下'가 금리의 고하인지, 아니면 물가의 고하인지에 달려 있다. 전자로 해석하면 '국중=서울의 재물을 다루는 자'는 시중에서 돈놀이 같은 금융 부문에 관계하는 사람들이 되며, 후자로 해석하면 시전 상인을 지칭하는 것이 된다. 그 어느 편이건 변씨는 당시 서울에서 경제적 영향력이 막중하였다는 뜻이 된다. 변씨 자신의 발언을 통해서 그의 금융부문에서의 위상과 함께 신흥계급의 부상을 감지할 수 있는 대목이다. 허생은 변씨로부터 자금을 대출받아서 사업에 대성공을 거두게 된 경위는 누구나 아는 이야기다. 독서인 허생은 부를 추구하는 사업가로 변신한 모습이다. 그런데 사업가로서 대성공을 거둔 허생은 자본의 확대 재생산을 도모하지 않았다. 사업을 해서 얻은 막대한 자금을 절반은 바다에 던지고 나머지 절반을 가지고 빈민구제로 흩은 다음, 나머지 10만 금으로 대출 자금을 이자를 후히 쳐서 상환하였다. 그리고 나서 허생은 독서인으로 원위치 한 것이다.

> "재물로 인해서 얼굴색이 달라지는 것은 그대들의 일이다. 만 금이 어
> 찌 도를 살찌게 하랴!"

'그대들'은 변씨로 대변되는 이익을 추구하는 부류이다. 허생은 변씨

---

5) 변씨 가계의 인물로서 변승업卞承業이 손꼽힌다. 변승업은 1623년 출생, 1645년 역과譯科에
합격하였던 바 위에 인용한 대목은 변승업이 했던 말이며, 허생 이야기에 등장하는 인물은
변승업 자신 아니면 윗 대로 추정된다. 그의 부친은 변응성卞應星인데 『譯科榜目』에 의하면
1613년 중국어 역과譯科 시험에 합격하였다.

부류와 독서인(士)인 자신을 스스로 준별하고 있다. 허생의 원위치를 우리는 어떻게 평가할 것인가? '사士'의 근본적 한계이며, 그것은 자본주의로 향한 행보에서 넘어서지 못할 숙명적 한계인가? 막스 베버의 논리를 보강하는 사례의 하나로 알맞은 것인가? 무엇보다 허생은 독서讀書를 본업으로 하는 사士였다는 점을 다시 고려해야겠다. 아무리 자본주의 세상이라도' 학자가 연구실을 버리고 떠나 기업가로 전환해야만 근대인다운 행동이라 할 것인가. 허생은 그 스스로 과거시험을 통과해서 관인으로 출세하는 길을 단호히 거부했다. 그 대신 사업가로서 일시 변신하여 자신의 경륜을 시험해보았던 것이다. 그리고 다시 사士로 돌아와서 집권세력의 이데올로기적 허위로 가득 찬 국책(北閥)에 통절한 비판을 가하고 끝내 권력과의 타협은 거부한 것이다. 허생은 사로서 자기를 최고도로 각성한 존재인데 그는 근대적 지식인들에게 오히려 경종을 울리고 있다고 하겠다. 부 자체의 추구를 목적으로 삼고 있는 변씨(자산가)와 자신을 준별한 지식인 허생의, "만 금이 어찌 나의 도를 살찌게 하랴" 하며 정치권력에 대해서 뿐 아니라, 새롭게 대두하는 자본의 위력에도 흔들리지 않는 그 주체의 지향은 과연 어디로 가는 도정이었던가?

3. 박지원과 정약용의 실학적 논리

허생이란 인물형상은 그 작가의 정신적 투영이라고 보아도 좋겠다. 허생을 발견하면 곧 박지원을 발견하게 되는 것이다.

허생의 고도로 각성된 인간주체는 유교의 극기복례克己復禮 혹은 수기치인修己治人의 자세에 근거하고 있다고 여겨진다. 공자는 이르기를 "조수와는 한 무리로 어울릴 수 없나니 내가 이 인류와 더불어 하지 않고 누구와 더불어 하리오?(鳥獸不可與同群, 吾非斯人之徒與而誰與?—『논어論語』·미자微子)"라고 인간현실로부터의 이탈, 고립을 경계하면서 참여 속의 개혁을 강조한 것이다. 발전론을 원천적으로 거부하고 인간세상으로부터 이탈을 종용한 노장老莊의 가르침과 정면으로 배치되는 것이다. 이러한 유교적 자아는 불교와도 다르고 기독교와도 구별됨을 막스 베버가 이미 명쾌하게 지적했던 터에, 미국의 중국계 학자 두웨이밍(杜維明) 또한 다시 소상하게 설명하고 있다.

"인도문화의 입장에서 보면 '자기'는 가장 내재적이고 외화될 수 없는 진아眞我이다. 이 진아眞我는 사회와 아무런 관계를 가지지 않으며 직접적으로 브라만, 즉 최후의 진리와 결합할 수 있다."[6] 이는 불교의 경우다. "유대교의 전통으로부터 하느님에 대한 경외라는 관념이 출현한 이후 서양에서는 어떠한 개인의 인격적 완성, 혹은 구원도 신앙과 하나님의 은총에 의해서만 달성할 수 있게 되었다." 이는 기독교의 경우다. 반면에 유교의 도는 인간과 인간의 사이, 즉 사회적 실천 속에 있다. 그렇다고 인간현실을 안이하게 낙관하고 지상천국을 실현 가능한 것으로 믿은 것 또한 아니다. "천하에 도가 행해지고 있다면 나는 개혁하려고 들지 않았을 것이다"(『논어』·미자)라고 공자는 거의 절망하면서도, 현실에 대결하여 사명감을 다지고 절규하였다.

공자의 참여와 개혁의 정신은 18세기 조선의 실학자들에게서 부활을 하게 된 셈이다. 박지원은 "한 사士가 독서를 함에 혜택이 사방에 미치고 공적이 만세에 드리워진다"(『원사原士』)고 천명한다. 허황한 소리가 아닐까. 그것은 있었던 사실의 해설이라기보다는 '있어야 할' 최대 목표치라고 이해하는 편이 옳다. '천하문명'이란 인류적 과제를 독서하는 사士의 고유한 임무로서 고도로 자각한 그것이다. 그리고 또 농·공·상이 바로 사의 실학이 되어야 한다고 그는 갈파하였다.

허생은 스스로 돈벌이에 나섰음에도 마침내 돈을 경원시하였듯 박지

---

6) 杜維明, 「유가철학과 현대」, 『동아시아, 문제와 시각』, 문학과지성사, 1995, 339쪽.

원 자신도 돈에 집착한 삶을 결코 영위하지 않았다. 『양반전』을 보면 양반의 행실을 규정한 가운데 "돈을 만지지 말고 쌀값을 묻지 말라"는 조목이 들어 있다. 하지만 "군자는 재물로 자신을 발현한다(君子 以財發身)"라는 말이 예로부터 전하는 격언이었다. 『옥갑야화』의 허생 또한 돈이 있어야 사업을 할 수 있다는 사실을 자세히 그려놓지 않았던가. 박지원은 화폐문제에 관심을 기울여서 거의 전문가적인 이론을 갖추고 있다.

박지원은 "(물화가) 천한 데서 귀한 데로 옮겨가도록 하는 일은 상고商賈의 권능이니 인민과 나라가 그에 힘입게 된다"고 말한다. 화폐를 매개로 행해지는 통상교역을 매우 긍정하면서 관에 의한 인위적 간섭을 배제하고 시장의 자율적 기능에 방임해야 할 것으로 본다. 이를 비유적으로 묘사하여 "물밑에 있는 모래가 물살에 흔들려서 가지런히 펴지고 움푹짐푹 되지 않는 것이 자연스러운 형세인 것과 마찬가지다"(『과정록過庭錄』)고 설파하였다. 아담 스미스의 '보이지 않는 손'을 연상케 하는 진술이다. 이 자연스러운 추세를 거역해서 가로막고 조종을 하려들면 폐단을 일으키게 된다는 지적을 하고 있다. 박지원은 물화의 활발하고 자유스러운 유통에 의해 농업이 발전하고 공업이 개발되는 사회경제의 상像을 염두에 두었던 것으로 해석할 수 있다. 이런 사회상을 그려낼 수 있었던 사고의 근저에는 상인의 이윤추구의 속성이 자연법적인 자체의 조절 기능으로 국리민복에 유익한 결과를 가져온다는 사상이 깃들어 있다.[7] '주체적인 자아'의 한 실천형태이다. 돈에 주체적 거리를 둠으로써 오히려 화폐경제에 대해 근원적 사고를 펼 수 있었다고 하겠다.

정약용의 경우 '주체적 자아'의 확립을 위해 육경六經 사서四書를 연구하여 경학의 정신세계를 열었고 '실천적 자아'의 구현을 위해 『경세

---

7) 朴宗采, 『過庭錄』 권1(『한국한문학연구』 제6집). 박지원의 화폐유통론에 대해서 필자는 「박지원의 실학사상과 문학(『사상』……)에서 주목해 다룬 바 있으며, 『한국실학의 화폐에 대한 두 시각』(제6회 동아시아 실학 국제 심포지움 발제문)에서 재론하였다.

유표』·『목민심서』·『흠흠신서』를 저술하였다. '실천적 자아'의 구현을 위한 3부의 저작 중에서 국가기구를 개조하려는 기획에 해당하는 것은 『경세유표』이다. 이 『경세유표』의 거대 기획에서 극히 미세한 부분인 도화서圖畵署에 잠깐 눈을 주어보자.[8] 도화서란 '회화의 일'을 관장하는 정부기구로서 기록화의 필요성 때문에 둔 것이다. 조선왕조의 법제는 도화서를 예조에 소속시켰던바 『경세유표』의 체계는 이를 공조로 돌려놓고 있다. 근대적 분류개념에 비추어 말하더라도 회화의 일이란 교육문화에 소속됨이 마땅한데 굳이 기술공학 부문으로 옮겨놓은 배경은 어디 있었을까? 정약용은 "『주례周禮』에 회화의 일은 동관冬官의 고공기考工記에 갖추어 보인다"는 것으로 설명을 대신하고 있다. 말 그대로 보면 고대적 원형의 회복이다. 그럼에도 도리어 파격이라 하겠는데 초현대적이라는 느낌마저 든다. 이렇듯 고대적 회귀를 시도한 그 내면에 기획자의 사고의 논리가 숨어 있음은 물론이다. 미학적인 것을 공학과 연계하여 실용성 방향으로 끌어간 데 초점이 있다. 여기서 그가 자기 아들에게 준 글의 한 대목을 인용해 본다.

> 생계를 도모할 방도를 주야로 생각해보아도 뽕나무를 심느니보다 좋은 것은 없다. □□□□□□□ 과일팔기는 본디 맑은 이름을 얻는 일이었으되 아무래도 장사치에 가깝다. 양잠으로 말하면 유자의 이름을 잃지 않으면서 큰 장사의 이득을 취하기로 천하에 다시 이런 일은 없다.
> —「시학연가성示學淵家誡」, 『여유당전서與猶堂全書』 제1집 권18

처자식을 먹여 살리는 문제로부터 발단이 되었다는 점에서 위의 글이나 『옥갑야화』는 마찬가지다. 양쪽이 다 부를 획득하기 위해 경영적

---

8) 윤희순이 일찍이 「이조의 도화서잡고」(『조선미술사연구』 서울신문사, 1945)란 논문에서 정약용이 도화서를 공조에 소속시킨 문제를 주목하여 거론한 바 있다.

사고를 도입한 점까지 마찬가지이다. 위의 글은 『옥갑야화』의 허생과 달리 가정경제를 위해서 쓴 것이다. 『옥갑야화』에서 허생 이야기를 제보한 사람으로 이름이 밝혀진 윤영尹映은 "허생의 처는 다시 또 굶주렸을 거야!"라고 탄식했던 것으로 전한다. 수신제가修身齊家로부터 출발하는 유교의 기본자세에 입각해 볼 때 허생의 태도는 비난을 받을 소지가 있다. 반면 가정경제에 경영적 방식을 도입한 정약용의 사고는 그 동기로 보면 유교의 원리에 충실하며, 유자=독서인의 현실에 긴절한 것이었다는 평가 또한 가능하다.

위의 글에서 뽕을 심어 누에치는 일은 "유자의 이름을 잃지 않으면서 큰 장사의 이득을 취하기로" 천하에 다시없는 방도라고 역설한다. 과일에 대해서는 주저하는 듯 언급하였지만, 다른 여러 편의 아들이나 가까운 제자들에게 생활과 학문에 지침을 주기 위해 쓴 글들에서 과수재배를 포함하는 원예 및 목축, 양어 등 사업을 권장하고 있다. 이利의 극대화를 노리면서 모쪼록 '유자의 맑은 이름'을 지키라고 한 것이다. '돈을 만지지 않는다'는 명분주의에 제약을 받고 있고 상업을 천시하는 의식이 도사리고 있는 것이다. 두 마리 토끼를 잡겠다는 약은 수작 같이도 보인다. 바로 이 대목은 기실 정약용의 고뇌처인 동시에 그의 사고의 특징이 십분 발휘된 곳이다.

여기에 관류하는 사고의 특징을 들어보면 하나는 자연을 대해서 구획하고 부단히 연구·실험하는 정신이다. "원포에 뽕·삼, 소채와 과일, 화훼·약초를 재배함에 있어 네모지게 반듯반듯 배치해야 잘 자라고 보기에도 좋다"(「기양태奇兩兌」)고 가르친다. 토지의 이용에 다분히 인공적인 방정方正·균평均平이 강조되고 있다. 생산성의 증대와 미학적 고려를 아울러서 한 셈이다. 가령 또 닭을 키우려면 농서를 열심히 읽어 좋은 양계법을 취해 시험해보고 나아가서는 양계의 경험을 살리는 한편, 따로 광범하게 자료를 수집하여 계경鷄經 같은 저서를 하는 것이 필요하다는 당부까지 붙이고 있다. 다른 하나는 속俗에서 아雅로 지향해야 한다는 생각이다. "속무에 나아가 맑은 취향을 띠는 이런 방식, 모름지기 매사에 이것으로 준칙을 삼아야 할 것이다."(「기유아寄遊兒」) 속무란 인간의 먹고사는 데 직결되는, 원포園圃를 경영한다거나 축산畜産을 한다거나 하는 일이다. '맑은 취향'이란 예컨대 꽃을 심어서 소득도 올리고 그 아름다움을 감상한다거나 축산을 힘쓰되 그 방면의 전문가적 지식을 쌓아 저술을 하는 그런 자세를 가리킨다. 닭을 치는 일에 붙여서 "시를 짓되 닭의 정경을 그려서 객회를 풀 수 있을 것이다. 이런 방식이 독서자의 양계다"고 지적하는 것을 잊지 않았다.

필자는 정약용의 글들을 박지원의 문학 이론과 함께 실학의 현실주의 미학으로 거론한 적이 있다.[9] 실용성·과학성에 심미적 요소를 통합하고 있는 점이 대단히 문제적이고 흥미롭다고 생각했던 것이다. 기실 실학의 현실주의적 논리는 근대적 의미의 현실주의(리얼리즘)와 통하는 접점이 없지 않으나 한 자리에서 논하기 어려울 정도로 이론의 계보며 성향이 다른 것이다. 지금 이 문예미학상의 문제를 논평할 계제가 아니므로 접어두겠다. 정약용의 '속'에서 '아'로 나아가란 논리는 이익추구의 현실에 대한 불철저성으로 비추어지게 마련이다. 그렇지만, 정약용이 뜻하는 '맑은 취향'은 속무의 경험을 살린 연구저서가 포함되고 있다. 이 연구저서는 물론 실용적 전문성을 담은 것이다. 확실히 서구적 근대의 잣대로 재기 어려운 무엇이 거기에는 있다.

---

9) 임형택, 「실학사상과 현실주의 문학」, 『제4회 동양학 국제 학술회의 논문집』, 대동문화연구원, 1991.

4. 당대 현실에서 유교전통과 동아시아학

지난 세기 1980년경부터 아시아적 가치를 거론하는가 하면, 유교문화를 재평가하는 논의가 한편에서 제기되었으며, 서방세계의 지식인들 중에서도 동양에 대한 인식전환이 나타난 것으로 이야기되고 있다. 여기에는 대개 두 가지 요인을 짚어볼 수 있겠다.

하나의 측면은 서구문명에 대한 환멸 내지 위기의식으로부터 출발한 것이다. '근대적 세계'가 서구 주도로 진행되었으며, 문명이란 개념 자체가 철저히 서구적이어서 비서구권의 문명은 처음부터 인정하려 들지 않았다. 그러다가 눈을 돌려서 동양의 가치를 나름으로 발견하게 된 것이다. 따라서 이 동양관은 서양에서 잃은 것을 동양에서 찾으려는 보상심리가 바탕에 깔려 있으니 서양 물질 대 동양 정신으로 양극화한 나머지 역은 역으로 통하게 되거나 근본주의로 환원되기 십상이다.

다른 하나의 측면은 동(남)아시아 국가들의 경제적 발전이다. 1980년대 전후 '네 마리 용'으로 일컬어진 신흥 공업국가의 출현이 그것이다. 유교 자본주의론의 현실근거이다. 90년대에 들어서 한국과 대만은 경제발전에 상응해서 민주주의도 진전하고 있다. 동남아의 경제발전을 후발로 추진하는 국가들도 여기에 추가될 수 있을 것이다. (필자의 생각이지만, 구공산권에 속했던 아시아의 유교전통을 가지고 있는 국가들의 현황 역시 이런 식의 논리를 펴자면 함께 거론할 수 있으리라고 본다. 우리가 알다시피 공산권의 연쇄 붕괴에도 불구하고 이들 아시아 공산국가들은 시장경제를 도입하여 개혁개방을 추진하면서도 사회주의 체제를 유지하고 있지 않은가.) 이러한 상황 변화를 초래한 문화적 기반으로서 인간 심성의 내부에서 작용해온 유교적 전통을 고려하게 된 것이다.

그렇다면 동(남)아시아 사회에서 유교는 자본주의적 발전(근대화)의 정신적 장애물이었던가, 아니면 유효한 정신적 촉진제였던가? 20세기 초엽의 막스 베버의 논리와 20세기 말엽의 유교 자본주의론자들의 주장은 정면으로 엇갈리고 있다. 하지만 양자는 결과론이란 점에서 완전히 일치한다. 결과론을 받쳐주는 것은 물론 근대주의요, 발전논리이다. 홍콩 중문대학中文大學의 진야오지(金耀基) 교수는 "베버의 논점에 대한 가장 큰 도전은 이론에 대한 새로운 해석으로부터 주어진 것이 아니라 하나의 거대한 경험적 현상으로부터 주어졌다"고 사뭇 의기양양하게 주장했다.[10] 그러나 '거대한 경험적 현상'이 흔들릴 경우 유교 자본주의론도 함께 흔들릴 것은 자명한 이치다. 근래 실제상황으로 아시아 경제에 위기가 도래하자 한 논자로부터 "유교 자본주의는 이제 또 다시 역사적으로 비난받는 '정실 자본주의'로 바뀌었다"는 씁쓸한 지적을 대뜸 받은 것이다.[11]

이 쟁점과 관련하여 박지원과 정약용의 논리로 다시 돌아가보자. 나는 두 실학자를 굳이 꼭 베버의 테제에 대한 반론의 근거로 삼기 위해 들춘 것은 아니다. 위에서 확인하였듯 실학적 사고의 논리에는 어떤 사회구조적 변화와 맞물릴 경우 역사변혁에 강력히 작동할 수 있는 정신적 자질을 자못 풍부하게 함유하고 있다. 아무리 그렇더라도, 누군가 '죽은 자식 고추 만지기' 아니냐고 비아냥거린다면 실로 답변할 말이 궁해질 것이다.

문제는 결과론에 있다. 반성적 사고가 끼일 여지조차 없는 것이 결과론의 특징이다. 20세기 초엽의 결과론은 몰락한 아시아, 서구자본주의에 짓밟혀서 사경을 헤매던 아시아를 보았다. 그래서 서구 우월적인 편견에 사로잡혔음은 물론, 자본주의를 절대 당위의 척도로 생각한 것이다. 반면에 20세기 말엽의 결과론은 한때 경제성장의 기적으로 칭송 받

---

10) 金耀基, 「유가 윤리와 경제발전」, 『동아시아, 문제와 시각』, 문학과지성사, 1995, 404쪽.
11) 아리프 딜릭: 「동아시아 정체성의 정치학」, 『발견으로서의 동아시아』, 문학과 지성사, 2000, 92쪽.

은 아시아를 보았다. 그 기적이란 사회주의 대륙에서 분립한, 대결의 조그만 공간에서 일어났으니 '반공의 보루'로 조성된 것이라는 견해에 타당성이 없지 않은 듯하다. 이 경우에도 자본주의는 발돋움한 키를 재는 척도였으니 '반서구적 서구중심주의'라는 비판 또한 면하기 어려운 것이다.

그런데, 실학적 사고의 논리에 대해 유교 자본주의론자들은 대체로 냉담한 편이었다. 일부러 끌어대자면 근친성이 가장 있어 보이는데 유교 자본주의론자들은 왜 그랬을까? 유교 자본주의 담론은 고전유학과 신유학(성리학)에 거점을 둔 반면 17세기 이후 개혁유학(실학)의 역동적인 사상전개에 대해서는 외면하는 태도를 보여왔다. 이는 유교 자본주의론이 곧 유교 부흥론으로 지목되듯 그 자체의 보수적인 사상경향과 무관하지 않은 것으로 이해된다. 유교를 비역사적 관점에서 옹호하려 든 것이다. 때문에 그들이 주장하는 아시아적 가치는 추상적이고 부실한 인상까지 주었을 뿐 아니라, 서구중심주의로부터 진정으로 벗어날 길을 열지 못했다.

위에서 거론한 역사운동의 동방축은 미국의 세계 헤게모니와 각축한 접점을 이루어 20세기의 역사를 주도했다. 21세기로 들어선 지금에도 중심축으로 작동하리라는 점은 거의 확실시되고 있다. 동방축이 주도한 20세기의 역사는 대립과 갈등으로 점철된 나머지, 유감스럽게도 자기의 과거와 과거의 문화를 상실한 시대로 기록되기에 이르렀다. 우리가 지금 이 문제점을 과연 수술하고 바로잡을 도리는 없는가? 여기에 일차적인 관건은 한반도의 통일문제이다. '풀어야 할 매듭' 그것을 어떻게 푸느냐가 동아시아의 민족국가들을 예전의 반목과 질시에서 벗어나 화해하고 협조하는 관계로 나가는 데 결정적인 계기로 될 것이다. 이 '매듭 풀기'의 작업은 결코 단순한, 물리적인 작업이 아니다. 그렇게 되어서도 안될 터이다. 남북의 이질적 체제와 대립적 이념을 뛰어넘어 화해·화합하는 방도를 찾는 과업은 동아시아학의 선무요, 힘써 해결해야 할 요무要務이기도 하다.

우리가 지향하고 기획해야 할 21세기의 동아시아, 동아시아적 전통의 지혜 및 창조역량을 고도로 발휘하게 될 동아시아적 '신문명'은, 서구적 근대문명을 대담하게 비판하고 적극적으로 개조하려는 자세로부터 출범할 필요가 있다. 그렇다 해서, 완전히 부정하고 말살하려 들어서는 곤란하다. 그것은 실현가능성이 없는, 거친 이상론일 뿐이다. 마땅히 서구에서 주도한 근대문명을 인류적 차원에서 재평가하고 우량한 가치를 적절히 수용하면서 동아시아의 과거와 현재에 의거하여 수정하고 개조하려는 자세가 요망된다. 대개 이런 취지에서 한국 유교문화의 빛나는 한 대목인 박지원과 정약용의 사고의 논리를 주목했던 터이다.

이용후생利用厚生이란 개념은 박지원 사상에서 근간을 이루고 있으며, 정약용 또한 적극적으로 수용한 부분인데 이는 근대성에 기맥이 닿는다고 보겠다. 그런데, 이용후생에는 반드시 정덕正德이 앞에 놓여 있으니 이는 유교의 기본정신이다. 박지원이 자본의 위력에 흔들리지 않는 인간주체나 정약용의 주체적 자아를 위한 경학經學은 바로 이 정덕에 통하는 것이다. 정덕을 앞에 놓은 이용후생의 길을 다시 열어야 하지 않을까? 정약용은 인간도 사람인 이상 먹고사는 속무俗務를 중시해야 하지만 그것은 '청아淸雅'를 지향해야 할 것으로 말하였다. 기술발전 및 물질적 추구와 함께 인간의 삶과 자연 생태를 도덕적·심미적으로 고려하는 이들 발상은 다분히 비근대적으로 보이지만 근대적 병리를 치유하는 묘방으로, 근대를 넘어서는 사상적 원천으로 해석할 수도 있을 것이다.

이런 등의 사고의 논리는 박지원과 정약용의 저술 속에서도 한 부분을 적출한 데 불과하다. 길고 넓은 시공간에서 형성·축적된 유교문화의 광맥에서 발굴하고 활용할 소지는 안목과 역량에 따라서는 거의 무궁무진하다고 하겠다. 요컨대 고古를 어떻게 금수에 통하도록 하느냐는 문제로서, 고古에 대한 해석의 심화도 요망되지만 금수에 창조적으로 활용하느냐에 달려 있다. 또한 동아시아의 사상 전통은 유교문화에 한정된 것이 아니니 도교, 불교 쪽에도 마땅히 균형과 심도를 가진 관심이 돌아가야 한다. 이 모두 동아시아학이 감당해야 할 몫이다.

　필자는 근래 '실사구시의 한국학'을 학계에 제기했던바 한국학의 실사구시는 동아시아학의 주체적 수립과 병진해야 할 것임을 끝으로 지적해둔다.

한국 동아시아 담론의 지식사회학적 이해

박 명 규

1. 이 글의 성격

90년대 이후 한국 지식인들에 의해 학계 안팎에서 논의된 다양한 동아시아론을 지식사회학적으로 검토해보려는 것이 이 글의 목적이다. 90년대 이후에 특별히 주목하는 까닭은 그 이전의 아시아 인근 국가들에 대한 학문적 논의와는 질적으로 구별되는 새로운 담론이 이 시기에 출현하였다고 보기 때문이다. 한국의 동아시아 담론을 한국 지성사의 흐름 속에서 이해하되, 90년대의 독특한 조건에 비추어 담론의 사상적 특성을 밝혀보고자 하는 것이다[1].

지식사회학적 관점에 의하면 지식도 사회적 산물이며 지식과 사회적 조건 사이에는 긴밀한 연관성이 존재한다고 본다. 물론 지식의 자율성이나 보편적 가치를 부정하는 것은 아니며 오히려 사상과 지식을 사회적 맥락 속에서 총체적으로 이해하려는 방법이라 할 수 있다. 한국의 동아시아론도 그 담론의 논리적 차원에 한정하기보다 역사적 맥락에 비추어 살펴볼 때 한층 더 그 성격이 뚜렷하게 드러날 수 있다는 것이 이 글의 기본 입장이다.

---

1) 이미 동아시아론에 대한 정리는 여러 사람들에 의해 행해진 바 있다. 백원담(1999), 김희교 (2000), 하세봉(1999), 이승환(1998) 등의 글을 참조할 것.

90년대의 동아시아론이라 해도 한 가지로 논의하기에는 그 내용이 매우 다양하다. 근대사의 경험에 주목하는 역사학적 논의가 있는가 하면 현실의 경제현상에 주목하는 발전론적 관점도 있다. 먼 과거의 전통에까지 거슬러 올라가는 문화론도 있으며 미래의 과제를 앞세운 실천적인 주장도 있다[2]. 다루는 범위에서도 한·중·일에 국한하거나 때로 베트남이나 동남아시아가 포함되기도 하고 미국과 태평양이 함께 논의되기도 한다. 따라서 하나의 범주로 다루어질 수 있는 것이 아니며, 지식의 형태에 따라 몇 가지 내용을 나누어 살펴보는 것이 불가피한 담론이다. 다만 여기서는 구체적인 유형론을 전개하기보다는 90년대의 지적 흐름 속에서 동아시아론이 전개되는 과정을 분석하고, 그 담론 속에 내재해 있는 지식의 성격에 대한 검토를 수행하고자 한다.

2. 90년대의 시대적 환경

(1) 사회경제적 배경

한국에서 동아시아론이 부각되는 과정을 이해하기 위해서는 90년대 한국사회의 시대적 상황이 검토되어야 한다. 90년대 한국사회는 이전 시대와는 크게 구분되는 몇 가지 현상들의 맞물림으로 특징지워진다.

첫째, 사회주의권의 몰락과 냉전의 종언이라는 세계사적 전환이 심

---

2) 백영서는 지역연대로서, 문명단위로서, 그리고 지적 실험으로서의 동아시아론을 구별하였고, 김희교는 아시아적 가치론, 국가권력 차원의 동아시아론, 민간차원의 연대론, 동아시아 공동체론의 네 유형으로 구분하였다. 하세봉은 목적(변혁론/문명대안론), 방법(비교사, 사상과 문화, 관계와 교섭), 주체(구미학자, 유학경험자, 지적 혼란에 빠진 세대) 별로 나타나는 차이들을 비교하기도 했고, 김광억은 지역적 공동체형성론/ 동양적인 것 재발견론/ 동아시아의 문화적 실체 분석론으로 구분하기도 했다. 모두가 동아시아론의 다양한 내용을 지적한 것이다.

대한 영향을 미쳤다. 동구권의 몰락, 소련의 해체, 독일의 통일 등으로 20세기 후반기를 특징짓던 냉전체제가 근본적으로 붕괴되었다. 아시아권에서도 탈냉전의 영향은 매우 컸는데 중국 및 한국과 베트남의 수교 및 베트남의 개방정책, 필리핀 미군기지 철수, 일본 자민당 체제의 와해, 대만의 민주화 등 한 논자의 표현대로 냉전시대에는 상상할 수 없었던 다양한 '합종연횡'이 전개되었던 것이다(최원식 1993). 이런 일련의 변화들은 전세계적 차원에서 체제와 관련된 대립이 끝났음을 증명하는 것으로 받아들여졌고 북한의 곤경 역시 사회주의체제의 전반적 위기의 한 사례로 이해되었다. 한반도의 냉전구조는 여전히 공고하게 유지되고 있었음에도 불구하고 전세계적 차원에서의 탈냉전 현상은 한국사회에 근본적인 변화를 초래하였다.

둘째, 한국의 정치경제적 발전이 대내외적으로 뚜렷하게 자각되었다. 경제성장의 효과가 일상생활의 수준에서 가시적으로 나타나면서 소비수준과 생활양식에도 큰 변화가 나타났다. 90년대에 들어서 한국의 자본주의는 중공업 부문을 넘어서 정보와 컴퓨터 등 첨단산업분야에서도 성공적인 것으로 비쳐졌고, 전세계를 시장으로 하는 세계화로의 전환을 적극적으로 추진하였다. 정치적으로도 민주적 정권교체의 성공은 한국을 옥죄던 정치적 열패감으로부터 벗어나는 계기가 되었고 90년대 중반의 집단적 자부심의 원천이 되었다.

셋째, 북방정책의 결과 러시아 및 중국을 비롯한 사회주의권과의 국교가 열리면서 지금껏 단절되었던 지역에 대한 관심이 크게 증대되었다. 한국사회는 냉전체제 하에서 동방 및 북방으로의 공간적 이동은 물론이고 각종 이념적, 문화적 교류가 철저하게 차단되어 있었는데 교류의 진전에 따라 이들 지역에 대한 관심이 새삼 부각되었다. 특히 중국과의 교류 복원은 오랜 역사적 경험들을 재생시키는 결과를 낳았고 전통적인 동아시아 지역질서에 대한 관심으로 연결되었다. 또한 이는 한·중·

일이라는 동아시아 지역을 함께 사고할 수 있는 계기를 제공하였다.

마지막으로 WTO체제로 상징되는 경제의 세계화가 진전되면서 국민국가의 역할을 둘러싼 혼선과 변화가 야기되었다. 국가의 몰락이나 국경의 약화 현상이 당연시되기도 하고 국가개입의 비효율성이 논의되면서 시장의 논리가 보편적인 것으로 부각되었다. 다른 한편에서는 세계화의 흐름에 저항하고 민족별, 국가별 차이와 특성을 더욱 강조하려는 움직임도 등장하였다. 한국사회는 세계화를 적극적으로 수용할 것을 표방하면서도 오랫동안 국가중심적 사고에 익숙해 있던 환경으로부터 벗어나는 것의 어려움을 절감했고 정부의 역할과 시장의 자유 사이에 갈등과 긴장이 커지고 있는 상황이었다.

(2) 지적·사상적 배경

90년대의 이런 변화는 한국의 지식인 사회에 심대한 영향을 미쳤다.

첫째로, 경제 성장을 중시하는 자본주의적 발전론이 강력한 힘을 얻게 되었다. 한국은 몰락하는 사회주의체제와 대비되면서 급속한 산업화를 성공시킨 비서구사회의 사례로 부각되었다. 냉전 논리의 도움이 필수적이었던 보수적 지배담론도 이제 한국경제의 발전과 정치적 민주화를 앞세워 기존질서의 정당성을 설명할 수 있게 되었다. 여기에 정치적 민주화를 실현했다는 자부심이 크게 작용한 것은 물론인데 김영삼 정부의 낙관론과 자신감은 이런 시대적 상황의 산물이었다. 이런 속에서 한국경제의 성장을 높이 평가하는 서구의 지적 논의들이 적극적으로 수용·소개되었다. 1993년 OECD가 간행한『동아시아의 기적: 경제 성장과 공공정책(The East Asian Miracle: Economic Growth and Public Policy)』을 비롯하여 동아시아 발전을 하나의 보편모델로 논의한 여러 서구 학자들의 저작들이 나타났는데 이런 논의가 한국의 지식계에 적지 않은 영향을 미쳤다고 할 수 있다.

둘째, 80년대 이래 진보진영의 위기감이 고조되면서 진보주의의 사상적 기반으로 자리잡아온 마르크시즘의 지적 영향이 현저히 약화되었다. 사회주의를 자본주의 이후의 대안으로 사고해온 이론 자체가 위기에 처했고 80년대의 사회구성체논쟁은 더 이상 진지한 학술토론의 주제가 될 수 없게 되었다. 사회주의를 자본주의 세계체제의 일부로 파악하던 세계체제론이 그 빈틈을 채우면서 영향력을 확대했다. 하지만 페미니즘, 생태주의, 해체주의의 문화적 비판의식은 진보이론의 구조적이고 거대담론적 성격을 비판하면서 진보에 대한 근본적인 재해석을 요구하였다. 냉전의 해체와 함께 한국사회를 옥죄던 사상적 억압, 지적 족쇄는 상당부분 약화되었지만 역설적이게도 마르크시즘은 상대화되고 그 정치적 영향력은 크게 줄었다. 진보진영에게는 전망의 상실이라고 표현되었던 이 지적 혼돈과 전환이 90년대 동아시아론의 부각에 중요한 배경의 하나였다.

셋째, 서구의 포스트적 문화론이 적극적으로 수용되었다. 마르크시즘의 약화와 함께 급속히 소개된 유럽의 포스트 담론들은 주로 문화적 영역을 중심으로 근대성, 서구중심성을 비판하는 성격을 띠었다. 푸코의 지식권력론이나 사이드의 오리엔탈리즘, 신사회운동론 등 여러 형태로 유입된 논의들은 기존의 구조적이고 역사적인 논의들을 거대담론으로 비판하고 미시적이고 부분적인 논의들, 다양성과 탈중심성을 강조하였다. 이런 경향은 탈식민화된 주체적 담론을 구성하려는 노력을 부추김과 동시에 전통에 대한 새로운 관심을 불러일으켰고 동양의 사상에 주목하는 흐름을 촉발시켰다.

마지막으로 90년대는 민족주의에 대한 비판과 회의가 제기됨으로써 한국학의 지적 기반에 심각한 딜레마를 초래하였다. 한국의 지식인사회는 서구적 보편이론과 함께 민족주의적 지향성을 매우 중시하는 전통을 지녀왔는데 탈민족주의가 주창되고 세계화가 강조되는 가운데 한국학은 특수성으로서가 아니라 보편성을 담지하는 학문으로 탈바꿈해야 한다는 요구에 부딪치고 있었다. 한국의 인문사회과학이 민족주의에 사로잡혀 있다는 비판들이 국내외에서 나타난 것도 이 시기의 한 모습이었다.

3. 동아시아론의 전개

(1) 동아시아론의 등장

동아시아론이라 이름할 수 있는 지식담론은 90년대의 상황에 대한 지적 대응물이었다. 새로운 지식담론으로서 '동아시아론'을 최초로 주창하고 나선 것은 진보적 사회이론을 주도해오던 「창작과비평」(이하 창비)이었다[3]. 최원식(1993)은 90년대의 변화가 자본주의의 최종 승리를 강조하는 역사종말론으로 귀결되거나, 자본을 내세운 일본의 패권주의를 옹호하거나, 북한에 대한 남한의 공세를 심화시킬 우려에 대한 경계를 뚜렷하게 표명하였다. 특히 한반도의 분단상황이 그대로 고착되면서 80년대의 변혁적 지향성이 상실될 가능성에 대하여 염려하면서 동아시아론을 주창하였던 것이다.

그가 목표로 한 것은 두 가지였는데, 소비에트 사회주의도, 아메리카 자본주의도 아닌 제3의 대안모델의 탐색이 그 하나였고 다른 하나는 자본주의 대 사회주의의 틀을 근본적인 바탕으로 해온 기존의 지식체계에 대한 비판이었다. 전자와 관련하여 그는 폐쇄적인 지역주의에 반대하

---

3) '동아시아'라는 말은 90년대 이전에도 더러 여러 논자의 글 속에 나타난다. 하지만 대부분은 중국이나 일본에 대한 개별적 관심사를 막연하게 묶는 표현으로 사용되거나 동양의 오랜 전통을 지칭하는 개념으로 사용되었을 뿐이었다. 이는 영미권에서의 동아시아가 별다른 범주로서 함의를 갖지 못한 채 이 지역 국가들을 통칭하는 표현으로 사용되던 것과 별반 차이가 없었다고 하겠다.

면서 제3세계 민중론과 깊은 연관을 지닌 '동아시아의 연대'를 주창하였다. 최원식은 이것이 여러 가지 점에서 위험부담이 큰 담론임을 인정하면서 한반도 통일론과 밀접하게 연결시키는 것, 다시 말해 동아시아 지역모순의 결절점으로서의 분단체제 극복이라는 과제와 연결시키는 작업이 중요하다는 것을 강조한다. 후자의 과제와 관련해서는 '제국주의적 시각과 내재적 발전론의 시각을 뛰어넘는' '동아시아적 시각'을 강조하고 유학부흥론이 아닌, 근대 극복의 문명적 탐색작업을 기대하였다. 이후 그는 '한국적인 것을 내발적 계기와 외래적 계기의 통일로 파악하는 일종의 국제주의적 시각'을 모색하는데 동양학이 중요한 교정력을 가져다 줄 것이라고 보았다. 백낙청(1993) 역시 자본주의와 사회주의를 포함하는 서구적 문명론에 대항할 새로운 문명적 자산을 이곳의 역사적 경험에서 찾을 수 있으리라는 기대를 표명하였다. 특히 그는 한반도의 식민지화 및 분단이 결국 일본 및 중국을 포함하는 동아시아 근대사의 비극과 직결되어 있음을 강조하면서 냉전종식을 위한 동아시아인의 독특한 역할을 찾아보자고 주문하였다[4]. 창비의 동아시아론은 사회구성체 논쟁 이후의 새로운 변혁론의 모색 작업의 일환이었다고 할 수 있지만 과거와는 달리 진보와 보수의 이론적 대립구도가 뚜렷하지 않고 논쟁의 성격이 크게 부각되지 않는 것이었다.

한편 명료한 담론적 형태는 아니었지만 동아시아 지역권에 대한 관심이 여러 차원에서 나타나고 있었다. 한국자본의 해외 진출과 러시아 및 중국의 시장가치에 주목하는 입장에서, 또 세계화에 따르는 자유무역질서의 틀에 대응하기 위한 지역주의에의 모색의 형태들이 나타나기 시

---

4) 백낙청은 한반도와 세계체제 사이의 중간항으로 동아시아 지역체제를 설정하는 것에는 비판적인데, 동아시아라는 지역적 범주를 설정하기도 어렵거니와 그것이 자본주의 세계체제와 구별되는 독자성을 갖는 범주로 이해될 근거도 희박하다고 보기 때문이다. 하지만, 동아시아의 전통적 유산, 즉 유학이나 반제투쟁의 경험 등은 새로운 대안을 모색하는 유용한 문명적 자산이 될 수 있다는 점을 중시한다.

작했다. 두만강 개발계획과 같이 인근 국가들이 참여하는 공동의 지역개
발이 추진되었던 것도 이런 관심을 촉진시켰다. 하지만 이런 관심들은
아직은 개별 국가들에 대한 새로운 정보축적의 수준에 머물렀고 아시아
적 단위나 지역주의에 대한 뚜렷한 담론화는 나타나지 못하였다. 전통적
인 미국 헤게모니 하에서 주변 국가들과 쌍무적 관계를 통해 대응해온
한국사회의 사고에 근본적, 변화가 나타나기는 어려웠기 때문이리라 생
각된다.

(2) 전개와 분화; 90년대 중반

　90년대 중반에 들어서서 동아시아론은 다양한 형태로 확산, 분화되었
다. 그러나 새로운 논의의 전개에는 진보적 입장에서 제기된 창비식 문
제의식과는 별개의 지적 조류가 더 큰 영향을 미쳤던 것으로 보인다. 무
엇보다도 해외로부터 유입된 새로운 논의가 끼친 영향과 동양학의 확산
이라는 현상이 큰 요인으로 작용하였다. 또 한국의 발전을 과시하려는
국제적 학술모임이 많아지면서 일종의 문화적 상품으로 화한 측면도 없
지 않았다. 동아시아에 관심을 가진 학자들이 많아지고, 아시아 시장이
확대되면서 한·중·일 학자들의 상호교류가 전례없이 확대되었고 그에
따라 동아시아라는 개념은 급속히 확산되었다[5]. 오랫동안 한·중·일의
지식인이 함께 모여 논의하는 경험이 없었던 만큼 그런 자리 자체의 신
선함도 작용하였을 터이다. 하지만 이 논의를 수용하는 주체에 따라, 의
도에 따라 그 내용은 매우 이질적일 수밖에 없었고 새로운 지식체계라고
부르기에는 미흡한 슬로건적인 개념 사용도 적지 않았다. 다양한 학문

---

5) 여기에는 서남학술재단의 후원 아래 정문길·최원식·백영서·전형준 등이 편집자로 활동하
　　는 서남동양학술총서 간행도 적지 않은 영향을 미쳤을 것이다. 1995년 『동아시아: 문제와
　　시각』을 펴낸 이래로 동아시아를 주제로 한 연구서들이 지속적으로 출간되고 있다.

영역별로, 또 다양한 관심사별로 분화되었던 동아시아론을 크게 다음 몇 가지로 나누어 볼 수 있으리라 생각한다.

1) 가장 큰 변화는 한국의 정치경제적 변화를 긍정적인 관점에서 재해석하는 논리로서 동아시아론이 대두하게 되었다는 점이다. 한국의 경제발전을 세계사적으로도 주목할 만한 사례로 인정하고 그 과정을 동아시아적 특성과 관련시켜 이해하려는 논의였는데 김영삼 정부 초기의 경제성장, 정치적 민주화, 그리고 세계화에 대한 낙관적인 분위기 등이 이런 논의가 등장하는 배경을 이루었다. 하지만 이런 분위기가 독자적인 지적 담론으로 전개되는 데에는 특히 서구의 동아시아 발전론이 큰 영향을 미쳤다[6]. 80년대 말부터 나타났던 서구 발전론자들의 동아시아에 대한 관심은 OECD의 『동아시아의 기적』 논의를 계기로 급속히 확산되었고 한국에서도 사회과학자, 그 중에서도 발전론에 관심을 가진 지식인들에 의해 적극적으로 수용되었다. 그것은 동아시아 지역의 경제발전이라는 현상이 사회과학에서 주요한 이론적 흥미거리로 부각되어 있었기 때문이었다. 동아시아 발전론을 설명하는 사회과학적 논리로는 '세계체제론'적 시각, 일본 중심의 '기러기 모델론' 등도 있지만 한국사회에서 보다 대중적으로 확산된 것은 '유교 자본주의론'이었다. 유교 자본주의는 동아시아의 공통적 문화기반, 유교적 전통을 강조하는 논리인데 자본주의의 승리를 불가피한 역사적 과정이자 전제로 수용하고 비서구사회에서 이런 성취를 드러내는 곳은 동아시아 국가들뿐임을 지적하면서 이를 가능케 한 '문화적 기반'을 유교에서 찾으려는 것이다. 이 논의의 전면에

---

6) 90년대 전반까지 동아시아 경제성장을 논의한 서양의 연구서로 대표적인 것은 앞서 언급한 OECD의 보고서 이외에도 다음과 같은 것들이 있다.

B. Balassa, 1988, "The Lessons of East Asian development: An overview," *Economic Development and Cultural Change*, vol. 36.

Alvin Y. So & Stephen W. K. Chiu, 1995, *East Asia and the World Economy*, SAGE.

섰던 함재봉(1997)은 동아시아 국가들이 '본래의 자본주의보다 더 효율적이면서 동시에 보다 안정적이고 질서있는 형태의 자본주의를 창출'해내고 있음을 지적한다. 유석춘(1997)은 한국의 자본주의는 국가관리들에 의해 '위로부터 도입'된 유교 자본주의이며, 여기서는 국가의 효율적인 시장개입이 가장 중요한 원리가 된다고 본다. 그는 또 정경유착이나 연고주의는 '유교 자본주의의 발전에 동반하여 나타나는 구조적 필연'일 뿐 아니라, '거래비용을 줄이는 가장 확실한 수단'이라고까지 주장한다.

유교 자본주의론은 90년대 한국인의 집단적 자부심을 일정하게 반영하는 담론이었다. 세계체제론이나 기러기 모델론이 각기 미국과 일본의 역할을 결과적으로 강조하게 되는 부담이 있는데 비해 유교 자본주의론은 한국사회의 전통에서 성공의 요소를 찾아낼 수 있었기 때문이었다. 또한 그것은 지금까지 지적 정당성을 부여받지 못했던 한국의 현대사를 냉전적 논리나 정치적 수사 없이 옹호할 수 있는 논리이기도 했다. 유교 자본주의론은 90년대 중반 한국경제의 성장과 정치적 민주화로 인해 조성된 낙관적 분위기를 제대로 설명하는 지식체계가 부재한 틈새에서 더욱 사회적 관심을 끌 수 있었던 것이다[7].

2) 90년대 중반은 또한 문화와 전통에 대한 관심이 나타나게 되는데, 거대담론에 대한 거부감, 다양성에 대한 학문적 감각의 증대, 그리고 오리엔탈리즘적 문제의식과 함께 등장한 정체성에의 추구 경향 등이 반영된 것이라 할 수 있다. 이런 맥락에서 동아시아론은 철학·문학·역사학의 영역으로 확대되었는데, 인문학적 문제의식에서는 동아시아가

---

7) 한 가지 흥미있는 점은 정작 경제학계에서는 유교 자본주의에 대한 별다른 반응이 없었다는 사실이다. 송병락(1996)이 유사한 글을 쓴 바 있지만 주로 외국인 학자들의 논의를 소개하는 데 그쳤을 뿐이었다. 오히려 후일 IMF 사태에서 보듯 경제학자들은 전반적으로 유교 자본주의론에 대하여 비판적이었던 것으로 보인다.

과거부터 독자적인 문명적 가치를 공유하고 있는 지역이며 그 자원이 지금까지 이 지역에 중요한 영향을 미치고 있다는 관점이 특별히 강조되었다. 여기에는 특히 중국과의 관계개선이 적지 않은 영향을 미쳤으며 문화현상에 대한 사회적 수요증대가 반영된 부분도 적지 않다. 문화적인 부분들이 중시되고 전통이 상품화되는 시대에 중국을 포함하는 동양의 전통을 문화적으로 재해석하는 작업은 대중적으로도 흥미있는 일이었기 때문이다.

문화적 동질성을 바탕으로 동아시아를 탐구하는 논의는 대체로 서구의 근대성과 아시아의 근대성이 상이한 독자성을 지닌 것이라는 전제를 깔고 있다. 이런 논의들에서는 유학, 한자, 자연과 인간의 일체화, 유기체론적 시각, 공동체 윤리, 순환적 사고방식 등을 동아시아의 문화적 특징으로 지적하곤 한다. 문화론적 동아시아론은 엄밀한 지적 담론이 아닌, 유교 자본주의의 문제의식과 동일한 아시아적 경영문화론으로 등장하기도 하였지만[8] 대체로 유교적 가치체계, 사상으로서의 유교에 주목하는 연구들로 전개되었다. 이후 인문학 연구자들이 유교의 경제적 기능보다는 그 철학적, 사상적 함의에 주목하면서 서구의 자유주의, 개인주의에 대립되는 공동체주의, 도덕주의의 자원으로 유교를 부각시키려는 학술적 논의를 전개했고 일부 정치학자도 아시아적 권위주의의 재해석을 위해 이런 논의를 표방하였다[9].

물론 동양의 전통을 유교에서만 찾는 것은 아니었다. 예컨대 정재서(1997)는 동아시아 내부에 다양한 차이와 이질성들을 주목하고 유교보다는 도교의 정신에 관심을 쏟았다. 하지만 문화권역으로서의 동아시아론이 대부분 '동양문화론'으로 전환하며 그것은 다시 유교문화론으로 설

---

8) 『포럼 21』이라는 책자에 실린 글들의 성격은 이런 관점에서 이해될 수 있다.
9) 함재봉은 유교의 의의가 '냉전적 자유주의'의 극단적인 개인주의와 비공동체성을 극복하는 새로운 대안일 수 있다고 본다.

명되는 경향이 큰 것은 틀림없었고 그 때문에 인류학자들로부터 집중적인 비판을 받았다. 김광억(1997)은 동아시아 담론이 문화적 동일성, 역사적 필연성과 당위성을 바탕에 깔고 있으며 문화의 내적 다양성과 가변성을 무시한 채 문화를 화석화시키고 있다고 비판한다. 특히 유교의 긍정적 기능을 강조하는 담론은 정권의 문제점을 은폐하면서 동양 만들기의 신비화 작업으로 귀결될 가능성이 크다고 비판되었다. 한경구(1997) 역시 이들의 문화이해가 과거 소규모 원시사회를 대상으로 했던 문화론에 기초한 것으로 실상을 왜곡할 가능성이 크다고 비판하였다. 그러나 문화론을 둘러싼 동아시아론자들과 인류학자들의 논의도 좀더 깊이 있게 학술적인 논쟁으로 전개되지는 못하였다.

3) 변혁론의 연장선상에서 진보적인 동아시아론을 펼쳤던 『창비』의 문제의식은 최원식·백낙청·백영서 등에 의해 지속되었다. 진보진영의 분화와 진보운동의 약화 현상으로 인해 동아시아론은 실천적 영역에서 구체적으로 논의되기보다는 오히려 지식체계의 성격과 관련한 지식인들의 논의형태로 전개되었다. 최원식(1995)은 동아시아적 시각을 한국의 지식인 사회에 존재하는 인식론과 내재적 발전론의 극복과제와 연결시켰다. 그는 임진왜란, 병자호란이나 청일전쟁 등을 동아시아 지역사적 관점에서 재조명하면서 '동아시아의 일원으로서의 한국인 의식'의 중요성을 강조한다. 그는 자본주의 문명의 압도적 현실성을 인정하면서도 그것을 넘어설 '문명적 대안의 씨앗을 아시아의 전통적 지혜로부터 길어올리'는 과제를 강조하였다.

백영서(1997)는 한국의 동아시아론이 자칫 국가주의 내지 문화적 환원주의에로 빠지게 될 가능성을 지적하면서 '민족주의에의 열린 자세'를 강조하고 다양한 사회세력과 집단의 경험에 기초해 동아시아를 조망해야 한다는 점을 강조하였다. 특히 동아시아론이 문화적 동질성에 기대려 한다는 비판에 주목하면서 오히려 '동아시아 3국의 문화를 한 덩어리의 잘 통합된 존재로 보지 않고 여러 경향들이 경쟁하는 장으로 볼 필요'를 주장하였다. 또한 그는 '자본의 획일화 논리에 저항할 수 있는 거점으로, 일국공동체를 넘되 그렇다고 해서 전지구적 규모의 거대한 인류공동체 속에 쉽게 매몰되지 않는' 범주로서의 동아시아를 모색할 필요를 주장하였다.

창비의 논의는 유교 자본주의론이나 문화론적 동아시아론에 대한 비판적 입장을 표명하면서 동시에 동아시아적 사유의 적실성은 지켜나가려 한 것으로 볼 수 있다. 하지만 서로 다른 동아시아론 간에 본격적인 논쟁으로 전개되지는 않았다. 대신 창비의 동아시아론은 이전부터 주장해오던 이론적 쟁점들, 즉 분단체제론, 근대 극복의 이중과제론 등의 논의들과 결합되면서 더욱 논리적 세련화와 이론화가 진전되었다. 예컨대 백낙청(1994)은 동아시아를 지역체제의 일종으로 보는 것에 반대하면서 궁극적으로 분단체제를 극복하는 과정에 활용될 문명적 자산 탐색의 차원에서 동아시아론의 의의를 강조한다. 최원식(1996) 역시 '분단체제를 푸는 창조적인 작업에서 아시아 또는 동아시아라는 매개항'이 절대적으로 필요함을 강조한다. 창비 진영의 작업은 창조적인 지적 대응을 중시하면서 근대 극복의 문명론적 사고를 집요하게 추구하고 있다는 점에서 그 의의가 크지만 설정한 개념들과 문제의식이 매우 크고 본질적인 만큼 내부적인 논의를 넘어서 진보진영 내지 사회과학계 전반에 영향을 미치는 데에는 한계가 있었던 것으로 보인다.

4) 기업과 정부에서도 90년대 중반 이후에는 동아시아 지역에 대한 관심을 드러내기 시작하였다. 하지만 이들은 '동아시아'라는 범주보다 미국을 포함하는 아시아─태평양권이라는 범주에 더욱 주목한다. 이런 입장은 현실적인 질서를 옹호하고 그 바탕 위에서 대응하려는 보수적 관점

에서는 당연하다고 할 수 있는데 20세기 후반 한국과 동아시아 지역 국가들과의 관계는 미국의 중개 없이 이해될 수 없는 것이기 때문이다. 경제적으로 동아시아 지역 내 국가들 간의 무역의존도보다도 미국시장과의 관계가 더욱 중요한 것이 현실이고 정치군사적으로 볼 때 동아시아 내에서의 미국의 존재는 핵심적인 지위를 갖고 있다. 실제로 아시아 태평양 경제협력체(APEC)가 1993년 미국의 적극적인 태도 변화로 활발해지면서 한국정부는 줄곧 아시아 태평양 범주에 치중해왔다.

『계간 사상』이 '아시아 태평양' 지역에 대한 논의들을 소개한 것은 이런 흐름의 반영이라 할 수 있다. 다른 여러 매체들이 동아시아를 표방하던 96년, 이 잡지는 '아시아 태평양', 그리고 미국의 역할에 대한 논문들을 다수 게재하였다. 물론 미국의 아시아 태평양 지역 구상을 소개하는 연차보고서를 비롯하여 대부분의 글들이 번역논문이었던 데서도 알 수 있듯이 이 논의는 기본적으로 한국 지식인들의 담론은 아니었다. 아시아 태평양 범주가 미국의 전략구상과 맞물려 정치적으로 구성된 것이라는 아리프 딜릭(1993)의 지적을 생각해보면 이 시기의 아시아 태평양 범주에 대한 논의는 그 자체로 지식의 일방적인 수용사례를 드러낸다고 할 수 있다.

그런 만큼 아시아 태평양 지역에 대한 논의에서도 정작 지역주의에 대한 지향성도 뚜렷하지 않을 뿐 아니라 인문학계에서 논의되는 동아시아론에 대한 관심도 드러나 있지 않다. 아시아 태평양권에 대한 논의에서 보이는 문제의식은 근대의 극복을 모색하는 진보적 동아시아론은 차치하고라도 동양적 정체성을 강조하는 문화론적 동아시아론의 수준보다도 그 긴장도가 떨어지는 것으로 보인다. 그것은 아무래도 지배층 중심의 국가전략적 차원에서 논의되는 한계라고 할 수 있는데 세계화의 흐름을 불가피한 것으로 수용하면서도 일본 중심의 엔화 블록에 대한 거부감과 더불어 미국 중심의 양자관계를 더욱 중시하는 사고 때문이 아니었을

까 생각된다[10]

5) 90년대 중반에 들어서 동아시아 민중연대, 아래로부터의 연대주의를 표방하는 논의들도 나타났다. 시민운동의 다양성, 문화적 분화, 각종 NGO의 활동이 영향을 미친 것이라 볼 수 있는데 동아시아 각국에 있는 민중 및 진보적 세력들간의 자발적 연대를 통해 국가 및 자본 중심의 지역통합을 극복하고 새로운 지역질서를 구축해내자는 견해이다. 이런 논의는 최원식(1996)도 제기한 바 있다. 그는 분쟁과 갈등으로 점철된 아시아 여러 민족들 사이에 민중적 연대의 통로를 구축하는 작업을 강조하면서 '아시아는 하나'라는 언술 대신 다양성을 그대로 승인하고, 각 권역대로의 작은 연대를 착실히 다져나갈 것을 주장하였다. 한편 문화연구자들과 페미니스트, 환경론자, 탈민족주의적 시민운동가들이 이런 연대론을 적극적으로 주장하였다. 안병무는 '민의 연대와 동북아 평화'의 연관성을 강조하였고 김민웅은 '아시아 민중연대 모델'을 강조하면서 '아시아 전체 약자들의 권리를 중심으로 연대구축'을 할 것을 주장하고 미국에 대한 비판, 일본에 대한 경계를 강조하였다. 조한혜정은 아시아를 하나로 묶어 생각하려는 발상 자체를 그 주체가 자본이든 국가든 모두 거부되어야 한다고 강조한다. 즉 유교문명이라는 것 자체가 여성들을 억압하는 논리였기 때문에 이러한 과거를 전통으로 부활시키거나 미화하는 것은 철저히 비판해야 한다고 본다. 오히려 '아시아적 연대를 이야기하려면 가부장적 가족제도를 떠받치는 도구적 모성과 가족주의를 해체하는 데서 시작해야' 한다고 보고 다양한 실험정신과 문화게릴라전

---

10) 예컨대 한국 정부의 경제정책에 깊이 관여했던 강경식(1996)은 일본 중심의 기러기형 통합을 반대하면서 오픈 시스템적인 동아시아 정보공동체 구축이 필요함을 지적하였고 이를 위한 동북아 협력체 준비모임의 구성을 주장하였지만, 그 주도력은 각국의 정치지도자들로부터 나와야 한다고 보는 지배층 중심의 논리를 전개하였다.

을 주장한다. 1997년에는 동아시아 평화와 인권을 내세운 민간 차원의 심포지움이 광주·오키나와·대만 등지를 중심으로 하여 전개되기 시작하였다. 하지만 이들 논의는 대부분 동아시아의 지식인이나 운동단체들이 함께 연대하고 결속해야 한다는 것을 당위적으로 또는 구체적 행사의 차원에서 강조하는 이상의 지적 담론으로 발전하지 못하고 있다. 실천이 담론보다 중요하다는 논지를 내세울 수도 있지만, 왜 동아시아가 함께 논의되고 결집될 수 있는가, 무엇을 지향하는가에 대한 체계화된 지식체계는 실천의 강도와 복잡성이 증대할수록 더욱 요청될 것이 분명하다.

(3) 논쟁과 비판 : IMF 위기, 신자유주의와 동아시아론

20세기 말 동남아시아로부터 파급되어 동아시아 전역을 휩쓴 경제위기는 정치경제적으로는 물론이고 사상적, 지적 차원에서도 엄청난 영향을 남겼다. 한편으로는 아시아, 또는 동아시아라는 것이 밀접한 연관성을 갖고 있는 실체인 것처럼 여겨지게 된 계기이기도 했고 동시에 동아시아 발전을 내세우던 논리가 여지없이 무너지는 현실로 비쳐지기도 했다. 신자유주의의 위력이 엄청난 희생을 동반하면서 발휘되는 한편으로 세계화의 위험성이 드러나기 시작했고 사회의 공동체적 성격에 대한 성찰이 그 어느 때보다도 절실하게 요구되었다.

특히 지식인들에게 이 위기가 준 상처는 매우 크고 깊었다. 정체성의 상처도 컸고 90년대 중반의 낙관론에 편승했던 얕은 지식체계의 문제들도 드러났기 때문이었다. 이런 과정에서 동아시아론은 가장 영향을 많이 받은 담론의 하나였다.

1) 경제위기를 겪으면서 한국의 경제성장을 근거로 주장되던 낙관론적 동아시아론, 즉 유교 자본주의론은 심각한 혼란을 겪었다. 유교 자

본주의가 '정실 자본주의'로 폄하되고 '유교적'이라고 불리던 속성들이 전면적으로 비판의 대상으로 전락하였기 때문이다. 국가주도의 개발경제는 시장의 탄력성 앞에 부정되었고 서구적 기준에 입각한 투명성이 모든 행위영역에 강요되었다. 이런 비판조차 국내에서보다 해외에서 더욱 강하게 이루어졌고 급기야 달러의 위세를 앞세운 IMF의 논리가 보편성의 이름으로 일방적으로 강요되었다. 외국의 평가, 단순한 현실론에 기초한 논리들의 한계가 뚜렷하게 부각되면서 이들 이론의 재구성이 불가피해졌다. 김홍경은 한국의 유교 자본주의론에는 유교부흥, 전통계승, 탈근대기획 등 다양한 목적이 혼재되어 있음을 지적하고 유교 자본주의는 언제나 부제일 뿐 주제일 수 없다는 점을 강조함으로써 한국의 유교 자본주의의 진정한 주제가 무엇인지를 질문하고 있다. 가장 새로운 형태의 반응은 이승환(1999)에게서 발견되는데 그는 지금까지 유교 자본주의라고 불렸던 한국의 자본주의는 오히려 유사 유교를 내세운, 반유교적 자본주의였다고 본다. 그는 '유교적도 아니고 서구적도 아닌 어정쩡한 천민 자본주의를 유교적 언어로 포장하고 정당화하는 일은 그만두어야 한다'고 강조한다. 다만 그는 '국가와 시장간에 조정된 상호의존성'은 존중되어야 한다고 주장하고 유교정신을 성찰적 진보를 위한 잠재적 대안의 한 방향으로 재해석할 것을 강조하였다.

유교 자본주의론은 아시아 경제위기와 서구의 패권적 자본지배력 앞에서 아시아적 특성의 고수를 주장함으로써 신자유주의에 대한 저항담론으로 자신을 규정하려 한 시도도 보인다. 함재봉(2000)은 유교 자본주의론에 쏟아지는 비판을 일부 인정하면서도 미국식 자본주의를 수용하는 것이 과연 대안일 수 있는가 반문하고 있다. 하지만 자본주의체제에 대한 비판이 없고 한국경제의 파탄에 대해서 해명할 이론적 근거가 없음으로써 결과적으로 기존질서의 이데올로기적 역할을 담당할 가능성이 컸다. 실제로 재벌들의 논리가 유교 자본주의론적 수사를 동원하고 있는 데서 그런 현상이 드러난다. 이승환 식의 대응이 참신하지만, 유교를 더욱 본질화할 우려도 배제하기 어렵다. 현실을 사후적으로 설명하는 이데올로기적 역할이 아닌, 한국자본주의의 정신적 기반을 분석적으로 드러내고 그 문제점을 논의하는 담론으로 전개될 수 있는가의 문제가 유교 자본주의론이 해결해야 할 과제로 부각되었다.

2) 다른 한편 경제위기는 서구적 표준의 절대적 권위에 대한 강력한 반발감과 비판의식을 증폭시키기도 했다. 그 결과 상처입은 정체성을 회복하려는 정서가 대중적으로 더욱 확산되는 역설을 보이게 되는데 경제위기에서 여실히 드러난 미국중심주의에 대한 대중적 반감의 반영이었다고 할 수 있다. 국난 극복이라는 표현으로 논의되던 공동체적 대응논리나 민족주의적 수사들와 함께 21세기를 맞이한다는 시점과 관련한 성찰적 분위기도 한몫을 했다. 따라서 유교나 전통을 자본주의라는 경제적 영역으로부터 분리시켜 강조하는 아시아적 가치론, 또는 동양사상론은 오히려 강화되는 현상이 나타났다. 동양사상연구를 표방하는 학회들이 설립되고 아시아적 가치, 또는 유교사상의 근대적 재조명을 목표로 하는 학술지들이 경제위기의 기간 동안 나타났다[11]. 유교 내지 동양학을 전공하던 학자들이 중심이 된 한 학술지 창간사에 의하면 아시아적 가치가 패거리주의로 비판받고 있는 현실을 지적하면서도, '유교 자체에 담겨 있는 긍정적 요소와 문화적 성취들'의 재해석을 주장하였다[12]. 김인환(1998)은 '내용의 포괄성과 다양성에서 판단할 때 동아시아와 유럽은 현존하는 양대 문화권'이라고 주장하면서 동아시아 단위의 연구가 필요함을 강조하였다. 최민자는 '동아시아 문명은 서구 문명의 대체문명'임을 강조하면서 한국

---

11) 1998년 IMF 체제 하에서 동아시아 담론의 장을 표방하면서 『동아시아 문화와 사상』, 『동양사회사상』 등이 창간되었다.
12) 『동아시아 문화와 사상』 창간호, 1998. 참조.

민족이 서구적 보편주의에 빠지거나 피동적인 보조행위자로서 존재해서는 안된다는 것을 강조하였다. 함재봉(2000)은 유교 민주주의론을 내세우면서 서구식 자유민주주의의 한계를 극복할 사상적 기반을 찾고자 했고 최석만 역시 유교사상과 민주주의의 접합을 추구하려 했다. 이승환(2000)은 동아시아의 유교문화는 공동체 의식을 중시하는 문화적 특징을 공유하였음을 지적하면서 권력의 분산화, 시민의 권력화를 통한 진정한 공동체의 구축을 주장하였다. 이런 논리의 배후에는 오리엔탈리즘적 문제의식과 함께 경제위기로 인해 입은 자존심의 상처가 반영되어 있다고 할 수 있다. 나아가 점점 개별화하는 신자유주의적 흐름에 대응하는 공동체주의의 희구가 지적으로 반영되어 있다고도 볼 수 있다.

3) 백영서(1999)는 20세기의 역사를 조망하면서 동아시아론을 국민국가의 한계를 문제삼는 복합국가론으로 확장시켰다. 최원식·백낙청의 문제의식에 동의하면서 그는 20세기 동아시아의 문명론적 사고는 국민국가의 틀—그 자체가 서구적 논리의 수용이었던—에 의해 왜곡될 수밖에 없었다고 본다. 전통에 대한 태도의 차이, 서구문명에 대한 평가의 차이에도 불구하고 결국엔 국민국가적 논리가 관철된 역사는 지금까지도 지속되는데, 중국의 '사회주의 정신문명'은 물론이고 최근에 논의되는 '공식화된 탈중심화'나 화교공동체를 상정하는 '대중화론' 등도 중국의 대국주의적 경향을 극복할 대안이기 어렵다고 본다. 일본 혁신파 지식인들의 탈국민론 역시 정치공동체에 대한 대안모색을 포기함으로써 일반인의 실생활로부터 유리되고 있음을 비판한다. 한반도와 관련하여 그는 남북한의 상이한 집단과 다양한 디아스포라를 한데 묶기 위하여는 복합국가적 사고가 절실하게 요청된다고 본다. 그의 복합국가론은 궁극적으로는 분단체제의 극복을 통해 근대극복의 문명론을 추구하는 과제로 귀결되고 있는데 동아시아를 지역연대론이나 문명론으로 파악하던 논리의

한계를 지적하는 비판적 문제제기로 읽힐 수 있다.

최원식(2000)은 동아시아적 시각을 강조하면서도 여전히 한반도의 문제에 주목해야 함을 역설한다. '한반도를 풀면 동아시아가 풀리고 세계가 풀릴지 모른다'는 기대를 피력한다. 그는 동아시아 균형추로서 중형 국가로서의 역할을 내세우면서 '중화체제의 변방에서 일본을 경멸했던 예전이나, 역으로 일본이나 미국의 우산 아래 중국 및 러시아를 백안시하는 요즘'의 정신을 극복하고 중형 국가로서의 역할을 충실히 할 수 있는 '한국의 지적 성숙'이 긴요하다고 주장한다. 동시에 '자유시장의 방종을 공익적 차원에서 개입해 가는 민주적 통로를 확보하는 새로운 구상'을 강조하였다.

백영서·최원식의 동아시아론은 90년대 초반 제기한 문제의식의 연장선상에 있는 것으로 그간의 경제위기나 다양한 동아시아론의 출현을 반영하면서도 보다 이론적이고 문명론적인 지식체계의 구축을 지향하는 일관성을 보여준다. 한편 90년대 말에는 이들의 논의에 대한 비판도 여러 곳에서 나타나고 있는데 예컨대 백원담은 최원식·백영서 등의 작업이 '동아시아담론의 역사화 작업'이라는 가치가 있음을 인정하면서도 '아래로부터의 연대 맥락의 경로를 구체화하지 못하'는 추상적 담론이라고 비판하였다. 그는 동아시아론이 경제·정치적 차원에 대한 관심을 더욱 강화시켜줄 것을 요구하면서 논리의 폐쇄회로에 갇히지 않을 것을 주문하고 있다. 하지만 창비의 논의는 여전히 당대 현실을 비판적으로 바라보면서 인문학적 사유와 사회과학적 현실인식을 접맥시키려는 것으로 매우 중요한 문제를 제기하고 있다고 생각된다. 이러한 논의가 복합적 측면들을 충분히 감당하는 지식체계로서 보다 폭넓은 지적 영향력을 획득하기 위해서는 다양한 영역으로부터의 비판과 지적 논쟁이 필요할 것임은 두말할 필요도 없다.

4. 동아시아 담론의 현재와 과제

(1) 동아시아론의 현재

한국의 동아시아론은 1993년 제기된 이후 불과 수년 만에 학술로 중요한 화두의 하나가 되었다. '동아시아'를 기본 주제로 한 학술대회들이 최근까지도 개최되고 이와 관련된 글들이 지속적으로 발표되고 있어서 이제 동아시아론이라 부를 만한 연구물의 양도 적지 않은 수준에 도달했다. 서남재단의 지원으로 개최되었던 1999년도 '동아시아' 학술대회에는 수십 명의 연구자들이 참여하여 가히 동아시아론과 관련된 종합적 토론장이 구성되었고, 최근에는 역사학자들 중심으로 동아시아론을 비판적으로 검토하는 학술토론회가 개최되었다. 한국·일본·중국·대만 등지의 지식인들이 '동아시아 평화와 인권'을 내건 모임도 개최되고 있다.

최근의 논의들에서는 동아시아론에 대한 여전한 기대와 비판적 논의가 공존하고 있다. 지명관은 '21세기를 앞두고 동아시아의 지식인들도 동아시아의 정체성을 문제삼아야' 한다고 전제하고, 이는 결국 '내셔널한 것과 인터내셔널한 것 사이에서 자기 인식과 함께 자유와 해방을 문제삼는 일'이라고 주장한다. 이는 최원식·백영서 등의 문제의식과 비슷한 맥락에서 동아시아론이 새로운 지적·실천적 대안이 될 수 있으리라는 기대를 표명한 것이다. 아시아적 가치론을 중심으로 하는 문화론, 탈근대론 등은 문학·철학·역사 등 인문학 영역에서 지속적으로 토론될 것으로 보인다. 하지만 동아시아론에 대한 회의나 비판도 나타나고 있다.

동아시아론이 풍부해지면서 부각되는 쟁점들 가운데 한두 가지를 살펴보기로 하자. 첫째로 들 수 있는 쟁점으로는 동아시아론과 국민국가의 관계에 대한 것이다. 최원식은 한반도의 과제를 중심으로 하되 내재적 발전론의 한계를 넘어서자고 주장하였고 백영서는 복합국가론의 관점에서 기존의 국민국가적 발상으로부터 벗어날 필요가 있다는 점을 강조하였다. 백낙청의 분단체제론과 맞닿아 있는 이들 논의가 포스트주의자들에게서 주장되는 탈민족주의나 세계주의와 같은 것이 아님은 두말할 필요가 없지만 민족주의도 탈민족주의도 아닌, 동아시아적인 복합론의 실천적 함의가 뚜렷하게 이해되기에는 어려움이 따르는 것도 사실이다. 아시아적 가치론을 주장하는 논의에서도 기존의 질서를 넘어서는 탈근대적 공동체가 논의되지만 그것이 국민국가라는 정치공동체에 대하여 어떤 문제를 제기하는 것인지가 뚜렷하게 부각되지 않고 있다. 반면 민족논의의 억압성을 강조하는 페미니즘이나 다양한 집단의 정체성을 강조하는 포스트 담론들의 영향을 받은 글들은 오히려 동아시아 문화담론이 경제발전에 추동되어 나타난 서구적 이원론의 반영에 불과하며 결국은 국가주의와 강하게 연결되어 있는 담론이라고 비판한다(김은실). 이들은 탈중심성, 다양한 정체성, 혼성적 구성들을 강조하지만 이런 논의는 백영서가 지적한 대로 일반인의 생활감각으로부터 유리되지 않은 채 대안적 공동체의 상을 구축할 수 있을지가 관건이다. 다른 한편으로 국민국가를 중시해야 한다는 논의는 여전히 강고한데 김희교는 '지금은 국민국가를 초월한 연대를 모색하기 이전에 국민국가 내부에서 동조자를 형성하는 것이 시급한 단계'라고 지적하고 송주명도 진보적 대안으로서의 아시아주의는 '결코 건설적이지도 진보적이지도 않은 운동'이라고 주장한다. 동아시아 국가들의 상호 소원과 대립, 자본의 세계화, 미국의 패권전략에 대응할 필요성 등 여러 측면에서 국민국가와 동아시아론 사이에 보다 세밀한 논의가 이루어져야 할 것으로 보인다.

또 하나의 쟁점은 동아시아론의 문화적 중심성에 대한 것이다. 이 쟁점은 동아시아론을 유교와 관련시켜 이해하려는 문화론적 입장에 대하여 주로 제기되고 있다. 문화적인 측면을 강조하는 동아시아론은 종종 전통적인 요소를 유교 문화와 동일시하는 경향이 강하다. 실제로 많은 연구자들이 동아시아 문화를 유교문화 중심으로 파악하고 있다. 그럴 경우 동아시아는 문화적인 특성으로 범주화되는데, 이때 왜 과거의 전통, 그것도 유교적인 것이 오늘날 다시금 부각되어야 하는가, 과연 한두 문화적 특성으로 동아시아 지역이 포괄될 수 있는 것인가, 그것이 갖는 정치적 효과는 무엇인가 등이 주된 쟁점으로 부각된다. 조한혜정은 민족이나 가부장의 원리를 동반하는 동아시아론을 거부하며, 정재서 역시 동일성을 통해 동아시아를 구성하려는 노력을 비판하면서 동아시아론이 탈중심화하려는 노력을 통해서 새로운 글쓰기의 전략을 모색해야 한다고 주장한다. 아시아적 가치를 유교적인 것과 어느 정도 분리시킬 수 있을 것인가, 특히 가부장적 전통에 대한 페미니즘의 문제의식에 대하여 아시아적 가치론이 얼마나 진지하고 유연하게 대응할 수 있을 것인가가 중요한 실천적 과제의 하나가 될 것이다.

한국의 동아시아론이 구체적인 지역주의적 논의를 수반하지 않고 있다는 사실도 특기할 만한 현상의 하나다. 이는 현실적으로 구체화되는 지역주의 프로그램이 없다는 이유 때문이기도 하지만 중화주의나 대동아공영권의 역사에 대한 거부감이 여전히 강하게 자리잡고 있는 것이 보다 큰 요인으로 작용한다고 생각된다. 일본의 아시아통화권 주장, 아시아교역권론, 동아시아 경제통합론 등이 모두 신판 대동아공영권론으로 전개될 여지가 있는 만큼 이런 우려는 당연하다. 티베트 문제를 안고 있으면서도 홍콩과 마카오에 이어 대만에까지 민족주의적 통합의지를 강하게 표명하는 중국의 강국몽에 대하여도 선뜻 찬동하기는 어렵기 마찬가지다. 따라서 진보적인 형태의 지역연대론, 예컨대 와다 하루키 등이 주장하는 동북아시아 공동의 집 프로그램도 한국의 동아시아론으로부터는 그다지 주목받지 못하고 있다. APEC이나 KEDO에서 보이듯 미국이 지역 내 결합의 중심이 되지 않을 수 없는 현실적 상황, 한반도의 긴장과 북한의 고립문제가 해소되지 않는 상황에서 지역주의의 구체화는 쉽지 않을 전망이다. 이를 뒤집어 본다면 한반도 문제의 해결, 분단체제의 극복이라는 과제가 결국은 지역연대 및 지역주의의 새로운 지평을 열어주는 관건이 될 수 있음을 말해주는 것이기도 하다. 아시아 통화론, 한반도 평화와 관련한 동아시아 지역국가들의 안보협의, 권역별 공동개발계획 등을 통해 구체화되는 역내간 변화가 앞으로 동아시아론의 구체적 쟁점으로 부각될 가능성도 없지 않다.

(2) 실천적 과제

한국의 동아시아론은 서구적 문명의 극복을 주장하는 진보적 담론으로 출발하였지만 여러 유형의 논의들이 확산되면서 그 실천적 함의에는 다양한 성격들이 혼재되었다. 세계자본주의체제, 그리고 그것을 뒷받침하는 서구의 물질문명에 대한 극복을 주장하는 실천지향이 있는가 하면 현실 자본주의의 발전전략을 옹호하는 유교 자본주의적 관점도 동아시아론의 주요한 담론의 하나로 전개되고 있다. 문명론적 대안을 표방하는 동아시아론의 경우에도 서구 물질문명에 대한 비판적 함의를 강조하는 관점으로부터 서구 중심성에 대한 동양문명론을 대비시키는 입장까지 공존하고 있다.

동아시아론이 한국사회에서 갖는 실천적 의의는 서구 근대성의 전지구화에 대한 성찰과 그에 대한 독자적 대응양식을 가능케 하는 데서 찾아진다고 생각한다. 탈냉전 이후 자본의 세계화와 서구문명의 획일화는 레닌주의적 사회주의 실험의 실패를 증명한 것일지언정 자본주의의 역사적 승리를 보증해주는 것이라 보기는 어렵다. 어떤 논자의 말대로 사회주의의 몰락과 뒤이은 자본의 지구화는 이제야 비로소 자본주의 문명이 심대한 위기에 접어들었음을 의미한다고도 볼 수 있다. 동아시아론이 자본주의 세계체제와 그에 연관된 서구중심적 세계화 과정에 대한 비판적 관점을 잊게 될 때, 아류 발전론으로 전락하거나 그렇지 않으면 현실로부터 멀어지는 옥시덴탈리즘의 함정에 빠질 우려가 적지 않다.

다만 이때의 비판성이 이론적 보편성에 기대어 연역되어서는 곤란할 것이다. 마르크시즘이든, 유교적 이념이든, 또는 신자유주의적 시장논리든 어떤 보편적이고 고정적인 원리를 근거로 현실을 비판하거나 이해하는 것으로는 실질적인 실천성을 확보할 수 없다. 실천적 지향성을 강조하는 동아시아론이 그 자체로 새로운 지식담론일 수밖에 없는 이유도 여기에 있을 터인데 동아시아론은 곧 총체적 사고, 변증법적 사유로서 존재할 때 비로소 새로운 담론적 영향력을 확장할 수 있을 것이다. 즉 서구문명의 현실적 힘을 인정하면서도 그것을 절대화하지 않는 것, 자본주의체제의 막강한 규정력을 냉철하게 수용하면서도 그것을 변혁시킬 가능성을 탐색하는 것, 개별민족과 국가의 자율성을 부정하지 않으면서도 약육강식의 부국강병론을 비판하는 것 등이 모두 동아시아론의 주요한 실천적 항목인 셈이다. 이런 점에서 동아시아론은 현실에 대한 복합적 비판의식의 총체라고도 할 만하다.

그것은 또한 일차적으로 우리의 삶이 이루어지는 현실에 대한 실천의지에서 출발하는 것이며 그 실천이 한반도를 넘어서 동아시아 및 세계체제에까지 영향을 미칠 수 있을 가능성을 존중하는 것이어야 할 것이다. 동아시아론이 편협한 민족주의와는 다른 것이지만 그렇다고 한반도의 실천적 맥락으로부터 유리되어서도 결코 제대로 된 실천성을 확보할 수 없다. 이 점에서 모든 동아시아 담론은 그 담론의 정치적 함의, 실천적 지향성에 대하여 더욱 세심한 성찰이 필요하리라 본다. 아시아적 가치론도 한국의 현실과 관련한 실천적 함의가 무엇인지를 좀더 뚜렷하게 할 필요가 있다. 반서구적인 철학원리를 내세우는 새로운 공동체주의란 구체적으로 어떤 정치경제적 질서를 의미하는 것이며 그 실현을 위해 현실적으로 요구되는 실천적 항목이 무엇인가에 대한 논의가 더욱 필요하다. 또한 아시아적 가치를 고정된 것, 원리적인 것, 본질적인 것으로 상정함으로써 내부의 다양성과 민주적 차이들을 무시하는 결과를 낳을 가능성에 대해서도 토론이 심화될 필요가 있다.

특히 동아시아론은 이 지역이 공통적으로 경험한 역사적 경험, 민중적 과제 등에 대하여 좀더 깊은 관심을 쏟을 필요가 있으며 탈식민화의 쟁점에 더욱 주의를 기울일 필요가 있다고 생각한다. 동아시아의 현대사는 서구와의 조우 이후의 역사적 과정을 공유하고 있으며 탈식민화의 과제가 냉전체제 하에서 제대로 실현되지 못한 역사적 경험을 공통점으로 갖고 있다. 서구와의 접촉에서 시작된 타율적 근대화의 경험, 일본 제국주의와 그에 따른 식민지의 경험, 민족해방운동의 역사, 탈식민화 과정에서 경험한 문제 등을 동아시아적 맥락에서 사고하고 그 실천성을 확보해가는 일이 매우 중요할 것이다. 이런 역사적 경험은 미국의 전세계적 헤게모니와도 직결되어 있는 것으로 이 지역 최대의 과제인 한반도나 대만의 문제도 모두 이 미국 헤게모니하에서의 전후질서 재편과 직결된다. 식민지적 제도와 정신이 제대로 청산되지 못한 것, 가부장적 원리가 지배적인 지위를 그대로 유지한 것, 동아시아 민중들 간에 상호대립이 심화된 것, 지역 내 평화와 연대의 정신이 희박한 것 등 모두가 탈식민화의 불완전성과 결부되지 않은 것이 없다.

이를 위해 동아시아론은 사회과학, 특히 경제, 사회, 정치 영역의 연구들과도 좀더 연결되어야 할 것으로 본다. 21세기의 바람직한 정치공동체가 어떤 형태일 것인지, 신자유주의로 인해 나타나는 내부의 계급적 갈등은 어떻게 이해되어야 하는지가 보다 구체적으로 검토될 필요가 있다. 동아시아적 연대를 논의하는 것은 NGO, 경제통합을 둘러싼 자본과 노동간의 갈등, 국가간의 대립 등을 깊숙히 사고하게 만든다. 또 미국의 세계전략, 동아시아 지역 내에서의 정치군사적 변화, 현실적인 국가주의의 경향 등 우리들의 실제적 삶을 규정하는 많은 조건들에 대하여 보다

치밀한 대응이 필요하다. 이런 민중적인 경험에 기초한 탈식민화 과제에 더욱 민감해질 때 동아시아론의 실천적 지향이 보다 구체적이고 민주적인 성격을 드러낼 수 있다.

(3) 동아시아론의 지성사적 과제

동아시아론은 또한 그 출발 당시부터 새로운 지식체계를 구성하는 것을 그 목표로 내세웠다. 과연 서구의 오리엔탈리즘이나 우리 자신의 지적 식민성은 동아시아론의 전개를 통해 어느 정도 극복된 것인가?

이 문제와 관련해서도 동아시아론이 제기되던 처음 상황을 되새겨 볼 필요가 있다. 90년대의 지적 혼란의 와중에서 동아시아론은 협량한 민족주의를 넘어서고, 서구중심주의적 보편론에 대한 경사를 극복할 수 있는, 그래서 제3세계적이고 민중적인 차원에서의 진정한 보편성을 획득하는 지식체계를 지향하면서 등장한 담론이었다. 그것은 80년대 한국 사회의 지적 흐름을 그 배경으로 하는 것이었다. 하지만 이후 전개된 동아시아론은 한국의 지적 전통보다도 서구의 새로운 지식체계가 더욱 큰 영향을 미쳤음을 부인할 수 없다. 유교 자본주의론은 물론이고 아시아적 가치론에서도 서구학계의 자기반성이 낳은 지적 논의들의 영향을 발견하기란 어렵지 않다.

물론 '지식의 출처'를 가지고 문제삼는 것을 한국 학계의 콤플렉스로 평가하는 입장도 있을 수 있다(함재봉 2000: 148~167). 하지만 지식의 수용과 관련하여 그 문제의식의 내발성에 대하여 끊임없는 성찰을 요구하는 것은 결코 탓할 일이 아니다. 오히려 진정으로 한국 지식인의 자기 담론으로 전화하려면 그 논의가 갖는 인식론적·실천론적 함의에 대한 진지한 성찰과 비판을 거쳐야 할 것이며 그것은 우리의 논의가 얼마만큼 타자의 논의에 의해 영향받고 있는지를 정확하게 아는 데서 시작할 수 있다. 최근 동양학 분야의 참여로 동아시아론이 지적으로 더욱 풍부해지고 있는 것이 사실이지만 동아시아 담론에 내재해있는 문제의식이 과연 얼마나 우리 자신의 문제의식이었는지에 대한 성찰은 여전히 필요한 것으로 보인다. 동아시아에 대한 우리의 열망이 혹 밖으로부터 주어진 희망의 소산은 아닌지, 얼마나 '서구의 자기반성에서 비롯한 반사적 조명'으로부터 벗어나 있는지(정재서, 2000)에 대하여 냉정하게 심문할 필요가 절실하다.

한국의 동아시아 담론은 보다 한국의 지적 전통과의 연결성에 주목할 필요가 있다. 한말의 동도서기론, 위정척사론, 근대화론의 갈등이 진지한 지적 논쟁으로 발전하지 못한 채 근대화론의 정치적 승리로 귀결된 것은 매우 안타까운 일이 아닐 수 없다. 전통과 서구가, 보수와 진보가, 그리고 수구와 개방이 변증법적인 긴장을 통해 종합되지 못함으로써 힘의 논리에 의해 식민지성이 근대성을 전취하고 전통적 사유는 폐기되고 말았던 것이다. 일제 하에서 힘겹게 조선학을 구성하려던 노력 역시 보편적 이론과 특수적 자기의식 사이의 긴장을 끝까지 추구하지 못함으로써 30년대 이후 한국학의 보다 풍부한 발전가능성이 사장되고 말았다. 70년대 이래 성장했던 민주민중운동진영의 이론적 탐색도 또다시 세계화와 서구적 담론의 화려함 앞에 일방적으로 폐기당하고 지성사적 축적을 이루어내지 못한다면 한국 지식계의 정신적 탈식민화는 요원한 일이 될 뿐이다.

한국의 동아시아론은 무엇보다도 20세기 한국 지성사의 흐름을 숙고하면서 그 맥락 속에 자신을 위치시켜 보아야 할 것이다. 한국의 지성사가 자유와 평등, 평화와 공존의 가치를 지향해온 사고의 역사라고 볼 때, 동아시아론은 이런 문제의식으로부터 유리되지 않으려는 노력이 필요하다. 특히 한반도의 현실을 보다 총체적이고 복합적으로 사고할 수 있는 문명적 수준을 확보하려는 노력이 절실하다. 국가주의의 도구로 화

하기 쉬운 민족주의와 지배집단의 이데올로기로 화하기 쉬운 세계주의
의 양극단을 넘어서는 일, 자기 정체성을 고수하려는 옥시덴탈리즘과 서
구에 대한 편애와도 같은 오리엔탈리즘의 덫을 피하는 일, 중화주의나
아시아주의의 과거사가 보여준 역사적 과오를 냉정하게 인식하면서도
다시금 인근의 국가 민족들이 보편적 가치를 중심으로 연대하고 교류하
는 세상을 구상하는 일 등이 지속적인 문제의식으로 작동해야 할 것이
다. 이럴 때 동아시아론은 서구의 근대과학이 보여준 지식체계의 문제
들, 즉 서양과 동양의 이원론, 과학과 실천의 분리론을 넘어서는 지적
탐색을 가능케 할 것이고 한국학의 보편주의적 발전을 이루는 계기로 발
전할 수 있을 것이다.

5. 마무리

90년대 초반까지도 한국 지식인들에게 아시아 또는 동아시아는 본
격적인 사고의 대상이 아니었다. 이런 점에서 90년대 동아시아론의 대두
는 한국의 지성사에서 다시금 아시아를 사고하게 되었다는 점에서 매우
특기할 만한 일이다. 그것은 한국현대사에서 오랫동안 잊혀져 있던 시공
간에 대한 지적 관심의 회복이자 동시에 자신과 세계를 바라보는 시각의
변화를 의미하는 것이다. 국가간 관계라는 수준을 넘어서서 지역적 정체
성을 사고하게 된 것, 동아시아가 무엇인가가 인식되기 시작한 것, 이것
이 90년대의 새로운 변화이며 그런 점에서 한국의 동아시아 담론은 과거
의 전통을 새로이 불러내는 것과 함께 새로운 미래구상을 담고 있는 것
이다.

아리프 딜릭(2000)은 유산으로서의 동아시아와 프로젝트로서의 동
아시아를 구별할 것을 주장하면서 '동아시아라는 개념이 세계성이라는
오늘의 문제에 대하여 구체적으로 설명할 수 있을 때, 그리고 과거와 서

구 모두의 산물인 오늘의 현실을 출발점으로 하는 경제적 정치적 정의의 문제에 해결책을 제시할 수 있을 경우에만 유의미' 할 것이라고 주장한다. 한국의 동아시아론이 추구하는 세계성은 무엇인가, 어떤 정치경제적 정의를 그 목표로 설정할 것인가에 대한 논의는 여전히 우리에게 남겨진 과제인 셈이다. 동아시아론은 국가폭력·대량학살·소수민족문제·탈식민론·페미니즘 등 21세기에 부각되는 다양한 지구적 문제들로부터 결코 동떨어질 수 없다. 동아시아론이 손쉬운 이론으로 전락하거나 치환되지 않고 우리의 지적 긴장을 끊임없이 자극하는 화두로 작용할 때, 한국지성사에서 중대한 담론적 지위를 확보할 수 있을 것이다.

[참고문헌]

강경식 「동아시아 정보발전과 정보공동체」, 『포럼 21』, 1996 겨울.

강상중 「일본의 아시아와 지역통합」, 『발견으로서의 동아시아』, 문학과지성사, 2000.

고병익 「동아시아 나라들의 상호 소원과 통합」, 『창작과비평』 79, 1993.

김광억 「동아시아 담론의 실체: 분석과 해석」, 『상상』 1997 여름, 1997.

김경일 「동아시아와 세계체제이론」, 『정신문화연구』 21-1, 한국정신문화연구원, 1998.

______ 『지역연구의 역사와 이론』, 문화과학사, 2000.

김석근 「자유주의와 유교: 만남과 갈등 그리고 화해」, 『전통과 현대』 창간호, 1997.

______ 「유교윤리와 자본주의정신? -베버테제의 재음미」, 『동양사회사상』 2, 1999.

김민웅 「아시아의 새로운 길-밑으로부터의 연대와 그 대안」, 『당대비평』 5, 1998.

김성훈 「동북아 경제권과 통일한국」, 『역사비평』 94년 가을, 1994.

김영명 「동아시아의 정치경제의 미래상을 생각한다」, 『포럼 21』, 1996 겨울, 1996.

　「동아시아의 문화와 정치체제」, 『발견으로서의 동아시아』, 문학과지성사, 2000.

김용운 「동양문명의 기원과 특징」, 『포럼 21』 1995 여름, 1995.

김은실 「동아시아 담론의 문화정체성에 대한 문제제기」, 『발견으로서의 동아시아』, 문학과지성사, 2000.

김인환 「동아시아 문화연구의 반성과 전망」, 『동아시아 문화와 사상』 1, 열화당, 1998.

김일곤 「유교적 자본주의의 인간존중과 공생주의」, 『동아시아 문화와 사상』 2, 열화당, 1999.

김태만 「21세기 동아시아와 성찰적 중화주의」, 『중국현대문학』 18, 2000.

김홍경 「유교자본주의론의 형성과 전개」, 『동아시아 문화와 사상』 2, 열화당, 1999.

김희교 「한국의 동아시아론과 '상상된' 중국」, 역사문제연구소, 역사비평 주최 학술대토론회, 『21세기 동아시아의 새로운 전개와 한반도의 선택』, 발표문, 2000.

박혁순, 「일본의 아시아 교역권론에 대한 비판적 검토」, 『아시아문화연구』 2, 1998.

백광일, 윤영관 편, 『동아시아: 위기의 정치경제』, 서울대학교 출판부.

백낙청/고은 「대담」, 『창작과비평』 79, 1993.

　「분단시대의 최근정세와 분단체제론」, 『창작과비평』 85, 1994.

　『흔들리는 분단체제』, 창작과비평사, 1998.

백영서 「중국 인권문제를 보는 시각」, 『창작과비평』 86, 1994.

　「진정한 동아시아의 거처」, 『동아시아인의 동양인식』, 문학과지성사, 1997.

　「중국에 아시아가 있는가」, 『발견으로서의 동아시아』, 문학과지성사, 2000.

백원담 「동아시아 담론 비판: 왜 동아시아인가?」, 『실천문학』 56, 1999.

사사끼 이치로 「협력공동의 동아시아 세계형성」, 『당대비평』 5, 1998.

성민엽 「같은 것과 다른 것: 방법으로서의 동아시아」, 『상상』 1997 여름, 1997.

송병락 「신유교 윤리와 발해만 경제발전」, 『계간 사상』 96년 가을, 1996.

송주명 「탈냉전기 동아시아 경제,안보체제와 한반도」, 역사문제연구소, 역사비평 주최 학술대토론회, 『21세기 동아시아의 새로운 전개와 한반도의 선택』, 발표문, 2000.

신광영 「동아시아 체제의 재구조화」, 『동향과 전망』 25, 1995.

　　　　『동아시아의 산업화와 민주화』, 문학과지성사, 1999.

아리프 딜릭, 「아시아-태평양이라는 개념」, 『창작과비평』 1993년 봄, 1993.

　　　　「역사와 대립되는 문화인가--동아시아 정체성의 정치학」, 『발견으로서의 동아시아』, 문학과지성사, 2000.

안병무 「민의 연대와 동북아 평화」, 『신학사상』 96년 가을, 1996.

안병준 「아태지역의 지역주의」, 『계간 사상』 96년 여름, 1996.

양기웅 편저 『동아시아 협력의 역사, 이론, 전략』, 소화, 1999.

유석춘 「유교자본주의의 가능성과 한계」, 『전통과 현대』 창간호, 1997.

윤건차 「일본의 동아시아 인식--대동아 공영권에서 이시하라 발언까지」, 역사문제연구소, 역사비평 주최 학술대토론회, 『21세기 동아시아의 새로운 전개와 한반도의 선택』, 발표문, 2000.

이남주 「중국문제와 아시아 위기」, 『당대비평』 5, 1998.

이삼성 「탈냉전시대 동아시아에서 미국의 역할과 한국민족주의」, 『창작과비평』 79, 1993.

이승환 「아시아적 가치의 담론학적 분석」, 『열린지성』 1998 가을겨울 합본호, 1998.

　　　　「반유교적 자본주의에서 유교적 자본주의로」, 『동아시아 문화와 사상』 2, 열화당, 1999.

　　　　「동아시아의 공동체와 자유주의」, 『발견으로서의 동아시아』, 문학과지성사, 2000.

이종오 「동아시아의 평화와 민주주의, 연대운동」, 『신학사상』 96년 가을, 1996.

장인성 「자기로서의 아시아, 타자로서의 아시아」, 『신아세아』 17호, 신아
　　세아질서연구회, 1998.

정재걸 「유가 교육사상의 탈근대적 의미」, 『동양사회사상』 2, 1999.

정재서 「동양적인 것의 슬픔」, 『상상』 94년 여름, 1994.

　　「동아시아 문화: 그 초월적 기의로서의 가능성」, 『상상』 1997 여름, 1997.

　　＿＿＿편 『동아시아 연구』, 살림, 1999.

조병한 「90년대 동아시아 담론의 개관」, 『상상』 1997 여름, 1997.

조성원 「동아시아 경제와 유교」, 『동아시아 문화와 사상』 1, 열화당, 1998.

조한혜정 「아시아 지역의 페미니스트, 왜 그리고 어떻게 만날 것인가」, 『당
　　대비평』 5, 1998.

최민자 「정치학적 측면에서 본 동아시아론」, 『동아시아 문화와 사상』 1,
　　열화당, 1998.

최석만 「유교사상과 민주주의의 접합을 위한 이론 구성 및 방법론」, 『동양
　　사회사상』 2, 1999.

최봉영 「성리학적 인간관과 인본주의」, 『동양사회사상』 2, 1999.

최영진 「아시아적 가치에 대한 철학적 반성」, 『동아시아 문화와 사상』 2,
　　열화당, 1999.

최원식, 「탈냉전 시대와 동아시아적 시각의 모색」, 『창작과비평』 79, 1993.

　　「한국문학의 근대성을 다시 생각한다」, 『창작과비평』 86, 1994.

　　「동양학의 르네상스를 위하여」, 『동아시아, 문제와 시각』, 문학과지성
　　사, 1995.

　　「비서구 식민지 경험과 아시아 주의의 망령」, 『창작과비평』 94, 1996.

　　「한국발 또는 동아시아발 대안?」, 『발견으로서의 동아시아』, 문학과
　　지성사, 2000.

최장집 「2차대전 이후의 동아시아의 가능성」, 『신학사상』 94년 가을, 1994.

최종덕 「동아시아 담론의 철학적 해명」, 『상상』 1997 여름, 1997.

하세봉 「한국학계의 동아시아 만들기」, 『부대사학』 23, 1999.

한경구 「동아시아적인 것을 찾아서?」, 『문학과 사회』 36, 문학과지성사, 1996.

______ 「동아시아의 경영문화」, 『발견으로서의 동아시아』, 문학과지성사, 2000.

함재봉 「포스트모더니즘과 동양사상」, 『포럼 21』, 한백연구재단, 1995.

______ 「유교와 세계화」, 『전통과 현대』 창간호, 1997.

______ 『유교 자본주의 민주주의』, 전통과 현대, 2000.

홍승표 「유가의 예사상과 규범적 질서의 문제」, 『동양사회사상』 2, 1999.

황석영 「동아시아의 한마당을 위하여」, 『당대비평』 10, 2000.

일본 쇼와(昭和)시기 '동아'의 이념

고야스 노부쿠니(子安宣邦)

1. '동아東亞'라는 말

　　논제에 '동아東亞'라는 말을 사용하고 '동아시아'라 말하지 않는 것은 '동아'라는 표기가 갖고 있는 역사적 의미를 잃지 않기 위해서이다. 최근 일본에서 출판된 『동아東亞의 구상構想』이라는 제목의 책은, 표제 중의 '동아'를 그것이 일찍이 갖고 있던 역사적 이데올로기를 긍정하는 의미로서가 아니라, "단순히 동북아시아와 동남아시아 양자를 포함하는 동아시아라는 지리적 개념으로서 사용한다[1]"고 전제하고 있다. '동아'라는 말은 그 역사적인 의미에서 벗어나 '동아시아'라는 말과 호환 가능한 개념으로 사용한다고 그 책의 편자는 말하고 있다. 양자가 호환 가능하다는 것은 편자가 말하는 것처럼 '동아'가 갖는 역사적인 의미에서 일단 벗어나서 '동아시아'와 호환 가능한 지리적인 개념이 된다는 것이다. '동아'를 동아시아와 함께 지리적인 개념으로 처리해 버리는 데에 현재 일본의 아시아를 둘러싼 문제의 애매함이 집약되어 있는 듯이 보인다. '동아'라는 말을 그렇게 간단히 '동아시아'와 호환 가능한 지리적 개념으로 취급해도 좋을까?

---

1) 大沼保昭 편저 『東亞의 構想 ─ 21세기 동아시아의 규범질서』 筑摩書房, 2000년. '序'의 주.

　　상징적인 의미를 강하게 갖는 한자 표기는 그 표기를 변경함에 따라서 구래의 표기가 띠고 있던 역사적인 의미를 쉽게 없애왔다. 예를 들면 '지나支那'를 '중국中國'으로 바꿈으로써 일본에서 중국관의 전환으로 사람들에게 착각케 하였다. '지나', '지나인', '지나학'이라는 표기에는 근대 일본의 중국인식이 각인되어 있다. 그것은 '중국', '중국인', '중국학'이라고 바꾸어 쓰는 것만으로 그 말들이 갖고 있던 역사적인 의미를 없앴다고 생각하지 않는다. '동아'에 대해서도 사정은 똑같다. '동아'는 1945년에 이르기까지 제국일본의 역사 과정과 깊이 결부된 개념이다. '동아'만이 아니라 '아세아亞細亞'도 '동양東洋'도 마찬가지다. 그러한 말들과 더불어 20세기 전반기의 일본인은 동아시아에 대한, 혹은 아시아에 대한 시선을 확립했고, 자신들의 대외적 행동에 동기를 부여해온 것이다. '동아'란 다른 '동양' 등(의 말)과 똑같이 역사적인 개념이다. 결코 단순한 지리적인 개념은 아니다.

　　여기서 문제로 제기하는 것은 '동아'라는 개념과 함께 제기된 일본인의 아시아관이다. 이 점을 문제 삼음으로써 '동아'에서 '동아시아'로의 일본인의 전환이, 즉 1945년을 경계로 한 이 전환이 어떠한 의미에서의 아시아관의 전환이었는가, 무엇이 바뀌고 무엇이 변하지 않았는가, 무엇을 잃고 무엇을 얻었는가, 무엇에 눈을 감고 무엇에 눈을 향하려고 했는가를 밝히려고 생각하고 있는 것이다. 그리고 그렇게 함으로써 세계사적인 큰 전환점에 있는 현재의 일본에서 추구하는 동아시아에 대한 입장이 무엇이고, 또 그것이 어떻게 해서 가능한지를 탐색해보고자 한다.

　　다만 필자의 '동아'라는 말에 관한 문제구성은 어디까지나 이 말에 대한 일본인의 역사적 체험을 전제로 한 것이라는 점이다. 아시아의 문제는 일본인에게 20세기 일본의 역사적 체험을 벗어나서 논할 수 없고 논해서도 안된다고 생각한다. 일본인이 역사적으로 체험한 '동아'가 여기서의 필자의 문제인 것이다. 일본에서의 '동아' 개념을 둘러싼 역사적인 반성에 입각하면서 어떻게 동아시아 공통의 논의와 연계시켜 갈지가 본고에 부여된 문제라고 생각한다.

2. 문명론적 '동아'

제국 일본의 1930년 이후의 역사적 단계에서 '동아'의 개념은 강한 정치적인 의미를 띠면서 그 의미를 확대해갔다. 또한 그것과 병행하여 존재한 것은 문화사적인 혹은 문명론적인 개념으로서의 '동아'이다. 그것은 근대 일본에서 '동양'이 먼저 오카쿠라 덴신(岡倉天心)에 의한 문명론적인 동양상으로서 성립하는 것과 같은 일이라고 생각할 수 있다.[2] 동아미술사·동아문명사·동아고고학 등의 호칭을 갖고서 쇼와(昭和) 시기 일본의 학술적 세계에서는 문화사적인 언설을 전개한다. 쿄토(京都)제국대학의 총장이기도 했던 고고학자 하마다 게이사쿠(濱田耕作) 또는 세이조(靑陵)의 『동아문명의 여명』[3]이라는 동아고고학을 개관한 저서가 있다. 그 책의 서문에서 하마다는 '동아문명사'에 대한 관심을 이렇게 설명한다.

대저 지나(중국: 인용자 주)를 중심으로 해서 그 동방에 접하고 있는 조선반도와 일본군도는 그 천연의 지형상 고래로 하나의 친밀한 문화적 관계를 형성해온 것이라는 점은 새삼스럽게 말할 것도 없습니다만, 이 동아의 문명이 어떻게 해서 일어났는가, 또한 어떠한 경로에 의해서 그 단체의 각부에 문화가 파급되었는가, 또한 그 연대는 언제였는가 라는 문제는 우리들이 가장 통절하게 흥미를 느끼는 문제입니다. (중략) 나는 이제부터 주로 고고학상에서 지나를 중심으로 해서 조선·일본,

---

2) '아시아는 하나'라는 말로 알려진 岡倉天心의 『東洋の理想』(영문 원저는 The Ideas of East with Special Reference to the Art of Japan, London, 1903)은 인도·중국 문명을 포괄하는 문명 개념으로서의 '東洋'을 확립했다.
3) 濱田靑陵 『考古學上より見たる東亞文明の黎明』, 創元社, 1939년. 본서의 내용은 昭和 3년(1928) 11월에 京都帝國大學에서 행해진 3회의 특별 강연을 기초로 한 것이다.

즉 동아 문명의 원류에 대하여, …… 매우 간단히 그 대강을 설명해보
고 싶습니다.[4]

이 문화사적인 혹은 문명론적인 저술에서 '동아'는 분명하게 지역적
으로 구획되어 있다. 즉 이 문명의 기원으로서 중국과 동일 문명권을 구성
한 조선과 일본을 포괄하는 지역이다. 그것은 중국문명권이라고 부를 수
있는 지역이다. 그러나 하마다는 그 문명을 '동아문명'이라 불렀지 '지나문
명'이라고 부르려 하지 않았다. '동아문명사'란 그 때문에 중국을 중심으로
한 문명권에 포괄되어 있는 지역으로, 중국 이외의 나라·지역에서 제기
된 중국문명에 대한 새로운 학술적 관점에 의해 구성되는 개념이 된다.
그 새로운 학술적 관점이란 근대적인 역사학·고고학과 문화사·예술사
등에 의한 관점이다. 따라서 20세기 초기 이미 그러한 학술적 관점을 가진
일본은 우선 문명론적, 문화사적인 '동아' 개념을 구성하였다. '동아고고학'
을 말하는 하마다는 근대 고고학의 초석을 교토제국대학에 처음으로 세운
인물이다.

이 문명론적 '동아'의 개념은 몇 개의 중요한 문제를 우리들에게 시
사하고 있다. 먼저 '동아문명'이란 '중국문명'에 대한 대체적인 명칭이다.
분명히 그것은 탈아적인 일본에서 성립하는 '오리엔탈리즘'이 구성하는
개념이다. 그러나 '동아'란 중화주의적인 문명적 중심의 일원적인 진로(방
향성)를 변용시킨 데에서 생긴 지역적인 문화 개념이다. 따라서 새로운
문화개념으로서의 '동아'는 지역 내에서의 다원적인 문화적 발전을 예상
한 것이다. 이 문화개념으로서의 '동아'와의 관련 속에서 새로운 '동아학'
을 둘러싸고 전개되는 논의도[5], 또한 '동아유학'을 둘러싼 타이페이(臺

---

4) 위의 책, 서문, 2~3쪽.
5) 2000년 성균관대학교 동아시아학술원 개원 기념으로 개최된 동아시아학 국제학술회의
　『동아시아학의 摸索과 指向』에서 전개된 다양한 논의를 지칭한다.(편집자 주)

北) 연토회의 논의[6]도 생각하고 싶다. 이 점에 대해서는 본론의 마지막 부분에서 서술하고자 한다.

그러나 이 문화개념으로서의 '동아'는 제국 일본의 학술적 시점에서 생긴 것으로서, 이윽고 제국일본이 구성하는 정치적 개념, '동아' 혹은 '대동아大東亞'로 흡수되지 않을 수 없게 되었다.

3. '동아협동체東亞協同體'의 이념

'대동아전쟁'이라 일컬어진 전쟁의 수행이 어떻게 '동아'와 '대동아' 나아가 '동양'과 '대아시아'의 개념을 구성하였는지, 전전戰前·전중戰中·전후戰後로 구분한 뒤 상황에 따른 논설을 구성한 일본의 한 사회과학자의 말을 인용해보자.

> 일日·만滿·화華의 동아, 남양南洋을 포함한 대동아, 나아가 인도를 포함하는 동양 제민족을 결집, 단결하여 미米·영英의 동양 침략을 구축해서 대아시아의 일체적 기반을 공축工築해야 할 길은 무엇일까. 일본은 3천 년 동양문화의 정수를 체현하고, 또한 지나 인도의 대륙문명과 태평양〔그 부副 해양인 인도양, '남해'를 포함한〕의 해양문화의 중심점에 나라를 이루어, 근세에 이르러 서양의 문화·과학을 섭취하고 동서양의 문화를 융합하면서 동양의 중심세력이 된 것이기 때문에, 동양문화의 근대적 혼연일체적인 장래에 대하여 전망을 부여하고 길을 여는 데 극히 적임의 자격을 갖는다.[7]

---

6) 臺灣大學의 黃俊傑 교수를 중심으로 '近世東亞儒學'을 둘러싼 큰 연구계획이 추진되고 있다. 중국, 조선, 일본 유학을 포괄하는 '東亞儒學'이라는 개념은 문화 일원적인 유학 이해를 상대화하는 시점을 포함하고 있다. 이 연구계획은 '臺灣儒學'이라는 臺灣에서 추진되고 있는 또 다른 연구계획과 함께 나는 강한 관심을 갖고 있다.

7) 平野義太郎, 『大アジア主義の歷史的基礎』, 河出書房, 1945년, 6쪽. 히라노(平野)는 중국사회경제사에 대한 마르크스주의 계통 사회과학자로서 출발하여 戰中에 아시아주의의 기초적인 논설을 전개하였고 전후는 일본 공산당계의 평화운동가로서 활약했다.

여기에는 일본의 전쟁 수행이 제국주의적인 전략적 시야의 확대와 함께 어떻게 지역개념을 구성해 나갈지 잘 나타나 있다. 그리고 이 전략적인 아시아 개념은 오카쿠라 덴신에 의한 문명론적인 '동양' 개념 및 동양문명사에서의 일본의 위치를 정치적으로 대체하는 것으로 구성되어 있음을 나타내고 있다. 위의 인용이 밝히고 있는 것처럼 정치적인 지역개념 '동아'와 '대동아'는 1937년의 중일전쟁 개시와 중국대륙 내부에로의 전쟁의 확대, 그리고 1941년의 태평양전쟁 발발과 남방지역으로의 전선 확대와 함께 구성된 개념이다. 일본 근대사의 과정에서 전개되는 다양한 아시아주의적인 주장이 정치적 '동아' 개념을 가져오게 했다는 것처럼 생각하는 것은 옳지 않다. 오히려 사정은 반대이다. 일본의 중국, 그리고 아시아에서의 전쟁 수행이 기성의 많은 이데올로기를 불러 모으면서 새로운 '동아', '대동아' 개념을 만들어간 것이다. 새로운 '동아'란 '동아 신질서' 이념으로서, 나아가 '동아협동체' 구상으로서 전개되어 가는 개념이다.

"전쟁은 이전부터 있던 변화의 방향을 보여주고 이를 결정하는 역할을 연출하는 것으로 보는 것이 옳다. 전쟁이라고 말하는 것보다 전쟁의 진전에 의해서 그 사태가 명백해지게 됨으로써 저절로 역사의 진행은 분명한 인식이 가능하게 되는 것이다."[8] 이것은 한 사회학자가 쓴 『동아협동체의 이상』 중 한 구절이다. '동아협동체'론의 주장은 바로 전쟁이라는 상황의 사후적인, 말하자면 사건을 뒤쫓는 이론화의 주장이고, 종종 사건의 정당화를 위한 설명의 성격을 지닌 것이라는 점을 분명히 하고 있다. 중일전쟁이라는 예측을 넘는 사태의 진전이 학자·지식인들에게 다급하게 그 이론화를 요청한 것이다. '동아협동체'를 둘러싼 대단히 많은 저술의 거의 대부분은 이 국가의지의 행사로서 전쟁이라는 사태를 둘러싼 사

---

8) 神明正道, 『東亞協同體の理想』, 日本青年外交協會, 1939년, 7쪽.

후적인 주장으로 이루어진 것이다. 중국의 현상에 관해 뛰어난 인식자인 오자키 호쓰미(尾崎秀實)는 "현하現下의 상세狀勢에서 '신질서'의 실현 수단으로서 나타난 '동아협동체'는 바로 일지사변日支事變의 진행 과정이 만든 역사적 산물이다"[9]라고 말하는 대로이다.

여기서 오자키가 '신질서'라고 말하고 있는 것은 1938년 11월의 우한(武漢) 점령 후에 고노에(近衛) 수상이 발표한 성명, 즉 "제국이 희구하는 바는 동아 영원의 안정을 확보하기 위한 신질서의 건설에 있고, 이번 정전征戰의 궁극적인 목적 역시 여기에 있다"고 한 소위 '동아 신질서' 성명에 의거하고 있다. "동아 신질서 건설은 중국 병탄의 별명입니다"[10]라고 장제스(蔣介石)는 곧바로 비난했지만, 이 성명을 따르듯이 세계에서 '신질서'로서의 '동아협동체' 이념이 급속히 일본에서 구축되어갔다. '신질서'란 서구 선진제국주의 국가들에 의한 세계지배로서 존재하는 '세계 구질서'에 대한 것이며, 그 재편성을 요구하는 것이다. '세계 구질서'에 대하여 '동아'의 협동체적 세계를 새로운 세계사적 사명을 담당한 '신질서'로 구성하려고 하는 것이다. '동아협동체'론이란 이렇게 해서 탄생한다.

'동아협동체'론을 구성하는 '신질서'의 주장이란, 동아시아에서 일본의 제국주의적인 패권 확립의 의도와 행동을 영·미에 대한 '일·만·지' 공동의 '동아 신질서' 건설의 성전聖戰으로 대체시키는 것이다. '동아 신질서' 건설의 주장이란, 아시아에서 선진국이지만, 후진 제국주의 국가인 일본이 아시아 제민족의 자립 요구를 이념적으로 대표하는 것으로서, 말하자면 가장의 대표자라는 자격을 가지고 세계 기존질서의 재편성을 요

---

9) 尾崎秀實「'東亞協同體'の理念とその客觀的な基礎」, 『現代支那論』 所收, 勁草書房, 1964년, 194쪽. 오자키의 이 논문은 「中央公論」 1930년 11월호에 게재되었다. 1944년 11월에 조르그사건에 연좌되어 처형된 오자키는 이 논문에서 "기실의 東亞協同體는 지나민족의 마지못해서가 아닌 적극적 참가 없이는 성립될 수 없다(동상同上, 200쪽)"고 말하고 있다.

10) 1939년 4월 重慶에서 장제스가 내외 기자단과 가진 회견에서의 발언. 전게 尾崎『現代支那論』에서 인용, 190쪽.

구한다고 말할 수 있다. 중국 대륙에서 일본의 제국주의전쟁 그 자체가 만들어내고 요청한 이 대체 작업에 다양한 계층의 학자들이 참석하였다. 즉 '동아 신질서'의 이념화와 이론화 작업에 아시아주의적 논객은 물론이고 니시다(西田) 철학파의 역사철학자들, 아카데미즘 역사학자와 정치학자들, 일본 낭만주의를 중심으로 한 문학자들, 그리고 마르크스주의적인 중국·아시아 사회의 사회과학적 분석자에 이르는 쇼와 초기 일본의 학자·지식인 다수가 동원되고 또는 스스로 적극적으로 참가하였다. '동아협동체'론이란 분명히 일본의 중국·아시아에서의 제국주의전쟁이 만들어낸 이론적 산물이다. 그것은 당대 일본의 학자·지식인 다수가 처음으로 가담한 아시아 문제를 둘러싼 이론 구축의 역사적 체험이었다고도 말할 수 있는 것이다. 따라서 '동아협동체'론은 일본으로부터 아시아 문제를 생각하려는 우리들에게 그 반복 재생을 결코 허락하지 않기 위해서라도 피할 수 없는 검토의 과제를 제기하고 있다.[11] 그것은 우리들에게 중요하지만 어디까지나 '마이너스의 유산'으로 존재하는 것이다.

　　여기서는 '동아협동체'론을 구성하고 있는 논리가 극히 노골적인 형태로 표현되어 있는 논의의 일부를 인용하는 정도로 그치겠다. 제국일본의 패권 논리를 어떻게 세계 신질서로 향한 성전의 논리로 바꾸어 가는가를 정확히 할 필요가 있다.

> 만주를 동양의 중공업지대로 하고 지나를 동양의 경공업지대로 하며 일본을 고도 산업지대로 한 <u>동아협동체 건설의 가능성은 사변의 진행과 함께, 사변 그 자체가 갖는 역사적인 필연에 의해서 그려지게 된 것이다.</u> 『갖지 않은 나라』로서의 일본의 고뇌도 민족국가로서 민족산업에 의한 사회적 통일과 근대국가로 발전하려고 하는 지나의 초조도, 이 일본·지

---

11) '동아협동체'론은 '근대의 초극超克'으로서의 유럽적 근대의 비판과 세계사의 재구성, 세계의 다원적 재편성으로서의 '광역권'의 개념 구성, 나아가 동양적 사회에 대한 역사학적·사회학적 분석 등 재검토를 요구하는 많은 문제를 포함하고 있다.

나 협동의 유대가 건설됨으로써 해결의 방향으로 나아갈 수 있게 되는 것이다. 더구나 일본·지나 간에 이 협동체적 유대가 건설된다면 구세계의 자본주의 및 공산주의 질서는 동양에서는 이 새로운 민족국가와 민족국의 국제질서로 대체될 것이다.[12]

4. '동아'에서 '대동아'로

소위 '대동아전쟁'의 개시는 '동아'를 '대동아' 개념으로 확대시켰다. 이 '동아'에서 '대동아'로의 지역 개념의 확대는 전선이 남방 제지역으로 확대됨에 따른 것이지만, 그 확대는 식민지 본국인 영국·미국·네덜란드 등을 식민지모국으로 하는 여러 지역으로 전선을 확대하려는 일본의 대외적 인식에 새로운 요소로 작용하였다. '남방南方'이 일본의 전략적 관심과 함께 주요한 인식상의 관심대상 지역으로 등장한 것이다.[13] '남방' 이란 '일·만·지'처럼 일본과 일체시되고 내부시된 동북아시아와는 다른 일본에게는 소위 아시아 내의 외부로서의 동남아시아이다. '남방'에 대한 전략적이고 인식적 관심의 확대가 '대동아'라는 새로운 '아시아'관념을 구성하고, 거기에 '남방'을 포괄하려는 것이다. 이 새로운 '아시아' 개념이 야말로 '대동아'라는 호칭이 소멸한 뒤에도 '아시아' 혹은 '동남아시아'의 개념으로 전후의 일본에 살아남은 지역 개념이다.

'대동아공영권'이란 태평양전쟁을 통해 '남방'에 대한 일본의 전략적, 인식적 관심의 확대와 함께 만들어진 이상이다. 이 이상은 '동아 신질서'

---

12) 杉原正己, 『東亞協同體の原理』, モダン日本社, 1939년.
13) 일본에게 아시아 내內의 외부外部로서의 '남방'에의 지배적인 인식 시야권의 확대는 새로운 '아시아' 개념을 가져오게 할 뿐만 아니라, 다양한 인식상의 과제를 일본에 초래하게 된다. 제국일본의 국가내로 간주된 만주·조선·대만을 넘어선 새로운 지배권이 불러일으키는 문제이다. '국어' 교육 이외에 '일본어' 교육이 요청되는 등, 전후 일본의 대외인식에 영향을 남기는 문제가 생겨난다.

건설의 이념을 새롭게 확대된 '대동아'에 적용하는 데에서 이루진다. 그러나 '남방'에 대한 확대는 '동아 신질서'의 이념이 내포하는 가장의 논리를 한층 강하게 드러낸다. 즉 영·미 등에 의한 식민지 지배로부터의 아시아 제민족의 해방과 독립, 나아가 민족간의 상호 호혜적인 협력관계의 수립 요구를 이념으로 반영시켜, '공영권'의 이상으로서 표명하였다. 1943년 동경에서 개최된 대동아 회의의 '대동아공동선언'은 이렇게 설명하고 있다.

"원래 세계 각국이 각자 그 자리를 얻고, 서로 의지하고 서로 도와서 만방萬邦 공영의 낙樂을 같이 하는 것은 세계 평화 확립의 근본 요소이다. 그런데 영미英美는 자국의 번영을 위해서는 타국가 타민족을 억압하고, 특히 대동아에 대해서는 끊임없이 침략 착취를 행하여 대동아 예속화의 야망을 드러내어 끝내는 대동아의 안정을 근저에서 뒤집어엎으려 한다. 대동아전쟁의 원인은 여기에 있다. 대동아 각국은 서로 제휴하여 대동아전쟁을 완수하여 대동아를 영·미의 질곡에서 해방하여 그 자존자위를 지키고, 위의 강령에 기초해서 대동아를 건설하고, 그로써 세계평화의 확립에 기여할 것을 기한다"라고 하며 다섯 개의 강령을 들고 있다. 두 번째 강령에서 "대동아 각국은 상호 자주독립을 존중하고, 호조돈목互助敦睦의 결실을 거두어 대동아의 친화를 확립한다"고 말하고, 마지막 다섯 번째 강령은 "대동아 각국은 만방과의 교의를 두텁게 하고, 인종적 차별을 철폐하고, 문화를 교류하고, 나아가 자원을 개방하고, 그로써 세계의 진전에 공헌한다"[14]고 되어 있다.

일본에게 아시아 내內의 외부인 '남방'을 포함한 대동아 회의는 이미 전쟁 수행에 곤란을 느끼고 있는 일본이 소집한 전쟁협력회의였다고 하더라도, 그 대동아회의는 '자주독립'과 '인종차별 철폐'를 선언하지 않

---

14) 大日本言論報國會編, 『大東亞共同宣言』, 同盟通信社, 1943년.

을 수 없었다. 이 선언은 영英·미美에 대한 아시아로부터 일본의 전쟁이 던진 아이러니라고 말할 수 있을 것이다.

그러나 '대동아공영권'이라는 가장의 이상도 제국주의전쟁의 현실을 덮어 숨길 수는 없다.[15] 아시아 제민족의 억지 가장된 대표 논리의 제국 일본의 전쟁, '대동아전쟁'은 아시아 제지역·제민족의 일본에 대한 큰 불신을 남길 뿐이다.

5. '동아'는 죽고 '동아시아'는 태어났는가?

1945년의 패전은 제국일본이 제기한 '동아 신질서'의 이념, '대동아 공영권'이라는 이상의 와해였다. 제국일본의 정치적인 지역개념 '동아'는 죽은 것이다. 그 죽음과 함께 거기에 대신하는 '동아시아' 개념이 일본에 새롭게 생긴 것일까?

일본은 전후 과정에서 아시아에 대한, 특히 동아시아에 대한 관점을 갖는 것을 스스로 억제했다고 하기보다는 아시아문제에 대한 국가적 판단을 정지한 채로 지내왔다고 말할 수 있다. 일본의 판단정지 상태를 동아시아에서 전후 곧바로 시작된 냉전구조가 허락하게 되었다. 동아시아에 대하여 일본이 취할 수 있는 국가적 관점은 미국의 전략적인 관점에 따르는 것밖에 없었다. 국제질서에 복귀한 뒤에도 일본은 점진적인 국가관계 수복 이상의 것을 아시아제국과의 사이에서 실현하려고 하지 않았다. 일본의 근현대사가 가장 큰 상흔을 남긴 동아시아, 특히 중국, 한반도와의 사이도 마찬가지이다. 일본은 분명한 국가적 의사로서 과거의 청산과 새로운 관계의 수립을 아시아제국에 표명하려고 하지 않았다.

---

15) '대동아전쟁'이 동남아시아에 초래한 傷跡에 대해서는 後藤乾一, 『近代日本と東南アジア ─ 南進の'衝撃'と'遺産'』, 岩波書店, 1995년 참조.

그것은 거듭되는 역사문제의 재연이 보여주고 있는 대로이다.

'동아시아'란 전후 일본이 적극적인 관계의 재구축을 유보해온 아시아 지역이다. 전후 일본에게 '동아시아'란 새롭게 구축되지 못하고 상실된 지역개념이라고 해야 할 것이다. '동아시아' 개념이 전후 일본에서 상실된 데에 반해, '동남아시아(남방)'를 중요한 지역으로 하는 새로운 '아시아' 개념은 일본의 경제부흥과 세계에서 다시 강국화와 더불어 부활하여 지역연구에 큰 성황(발전)을 가져오게 했다.[16]

그러나 1980년대가 끝날 무렵부터 시작된 냉전구조의 붕괴는 세계질서의 재편성 움직임을 초래하였다. 세계질서의 새로운 블록화에 의한 재편성의 움직임이 태어났다. 이 세계질서의 재편성 움직임 속에서 스스로의 위치 부여를 둘러싸고 '아시아'는 다시 일본에서 중요한 문제 영역을 구성하고 있다.[17] 그런데 이 세기의 전환점에서 일어나고 있는 세계질서 재편성의 움직임은 국가간 관계의 재편성에 의해서 종언을 고하는 것 같은 움직임은 아니다. 20세기의 국제시스템을 이루어 온 국가간 관계의 동요야말로 지금 발생하고 있는 세계 재편성의 움직임이다. 그러나 이 국제시스템의 동요는 한편에서는 내셔날리즘을 깨우면서, 다른 한편

---

16) 아시아연구소를 중심으로 한 동남아시아의 사회경제적 연구는 국책적 배경을 가지면서 큰 축적을 이루어왔다. 근래 교토대학의 동남아시아연구소를 중심으로 '동남아시아학'이 제창되어 『강좌동남아시아학』 전10권(弘文堂)이 출판되기에 이르렀다.

17) 1990년대에 들어 '아시아'는 일본의 言說上 중요한 주제가 되었다. 관견管見의 범위 안에서 현대아시아론 및 근대일본과 아시아관계사를 들어 두기로 한다. 岩波書店編輯部 編『新しい世界秩序とアジア』, 同時代ライブラリー, 岩波書店, 1991, 溝口・浜下・平石・宮島 編,『アジアから考える』全7권, 東大出版會, 1993~94, 後藤乾一,『近代日本と東南アジア』, 岩波書店, 1995, 萩原宜之・後藤乾一 編,『東南アジア史のなかの近代日本』, みすず書店, 1995, 齋藤次郎・石井米雄 編,『アジアをめぐる知の冒険』, 讀賣新聞社, 1996, 功力達朗監修,『歴史の共有 アジアと日本』, 明石書店, 1997, 青木保・佐白啓思編 著,『アジア的價值'とは何か』, TBS ブリタニカ, 1998, 岡本幸治編 著,『近代日本のアジア觀』, ミネルブア書房, 1998, 日本政治學會 編,『日本外交におけるアジア主義』, 年報政治學, 岩波書店, 1998, ピーター・ドウス・小林英夫編 著,『帝國という幻想 ― '大東亞共榮圏'の思想と現實』, 青木書店, 1998, 青木保,『アジア・ジレンマ』, 中央公論社, 1999, 石井米雄 編,『アジアのアイデンテイテイー』, 山川出版社, 2000. 前揭・大沼保昭 編著『東亞の構想』.

으로는 '아시아'와 '동아시아'를 자국을 중심으로 한 새로운 국가간적 블록으로 재구축하려고 하는 움직임을 가져오고 있다. 현대 일본에서 내셔널리즘과 함께 '아시아'의 재再 주제화는 이러한 동향을 반영하는 것이다. 그러나 역사에서 '동아'의 죽음을 지켜보아온 자가 그 죽음을 애매하게 다루면서 '동아시아' 개념의 새로운 재구축을 받아들일 수는 없다.

제국일본의 정치적인 지역개념, '동아'의 죽음을 확인한 위에서 '동아시아' 개념을 우리들의 손으로 만들어내는 것이 지금 문제인 것이다. 여기서 필자는 앞서 시사해 둔 문화개념으로서의 '동아'를 다시 환기하고 싶다. 문화개념 '동아'란 중화주의적인 문명의 일원적인 지향을 상대화하는 형태로 구성되었다. 문화개념 '동아'란 중국을 기원으로 하는 문명이라는 넓은 공통성의 기반에 입각하면서, 지역 내의 다원적인 문화의 발전을 도우려고 하는 문화사적인 지역개념이었다. 그러나 문화적인 지역개념뿐 아니라 보통의 광역적인 개념, 그것이 정치적인 광역개념에서도 그 개념을 원칙적으로 전제함으로써 이념적상이라고는 하지만 자민족·자국중심주의를 어느 정도 유보해야만 한다.[18] 이것은 '동아시아'를 우리들의 지역개념으로서 구성하는 일에도 하나의 방법을 시사하고 있다.

그것은 '동아시아'라는 지역개념을 지역의 생활자에 의한 다층다중 多層多重한 교류를 가능한 관계틀로 만들어가는 방법이다. '동아시아'를 넓은 의미의 문화적 공통성에 입각한 지역개념으로서 여겨야 한다. 그

---

18) 土佐昌樹가 시사적인 것을 말하고 있다. "통상은 다양한 현실적 제약에서 그러한 틀에 자민족중심주의가 노골적으로 작용하는 것은 주의 깊이 피할 수 있는 것이다. 예를 들면 전전戰前의 일본에서도 현실로 자신의 판도에 속하는 이민족의 존재라는 이유로 원칙적인 다민족 공존에의 배려가 작용하고 있었고, 혹은 이란의 '반세속주의'적인 자기 주장의 경우에 있어서도 이슬람이라는 국가를 넘는 틀에 대한 배려 때문에 자국의 네이션만을 독선적으로 칭찬하는 경향은 억누르지 않을 수 없다. '아시아'란 그런 의미에서 자민족중심주의에의 경향과 세계의 시류에 따를 필요와의 타협이, 다원적 사회에서 현실정치와 복잡한 상호작용과의 사이에서 만들어내는 수사법이라고도 말할 수 있다."(「韓國의 反アジア 的パラダイム」 『アジア的價値とは何か』 所收).

개념의 광역성에 의해 자국·자민족 중심주의를 상대화시키면서 경제에서 문화에 이르는 다양한 생활영역에서, 그리고 공간적으로도 다층다중한 상호 교류의 관계로 만들어가는 길이다. 그것은 '동아시아'를 국가간 관계로 실체화하지 않고 생활자의 상호적인 교류를 가능하게 하는 관계틀로서, 즉 방법적인 지역개념으로 만들어가는 길이다. 그것이 제국일본의 패권주의에 의해 더럽혀진 '동아'로부터 새로운 '동아시아'를 우리들의 손으로 만들어가는 길이다.

유학에 대한 인식 방향

03

예교 연구의 현대적 의의

고지마 쓰요시(小島毅)

1. 방법

필자가 전문으로 연구하고 있는 분야는 중국 '근세'의 유교사이다 (여기서 말하는 '근세'에 대해서는 후술하기로 한다). 필자는 유학자가 아니기 때문에 유교를 찬양하기 위해서 연구하고 있는 것도 아니며, 그렇다고 근대문명을 예찬하기 위해서 유교를 비판하는 데 본의가 있는 것도 아니다. 본고에서는 우선 필자의 연구방법과 입장을 명확히 하고, 그 동안의 연구 성과를 요약 설명한 뒤, 그러한 방법이 가질 수 있는 현대적인 의의에 대해서 사적인 의견을 피력하고자 한다.

19세기 후반부터 서양의 학술체제가 동아시아 각국에서 대학교육의 규범이 되었다. '철학哲學'이라고 하는 학문분야도 이렇게 탄생하였다. 물론 그 이전부터 과거의 사상을 검토하여 그 위에 자기자신의 사색을 깊게 한 연구태도는 존재하였으며, 그런 방법으로 학술적인 성과도 축적되어왔다. 그러나 '철학'이라는 용어가 '서양 철학을 연구하기 위해서 일본 학자에 의해 발명되었다'라는 것은 당시 이 분야가 새로운 방법으로서 자각적으로 구축되었다는 것을 나타낸다.

이렇게 하여, 유교에 대한 연구도 많은 부분이 '철학'이라고 하는 틀 안에서 수행되었다. 그럼으로써 종래와는 다른 시각에서 접근한 수많은 연구성과가 나오게 되었다. '철학'이라고 하는 학문분야의 공적을 부정하는 것이 아니다. 다만 그것에 의해 유교 연구에 커다란 왜곡이 초래되었다고 생각한다. 이러한 점에 대해서는 십여 년 전에 논문을 발표한 적이 있는데, 그 후의 생각도 포함시켜 요점을 제시한다면 다음과 같다[1].

(1) 일본의 유교사 연구자들 사이에는, 이른바 당송 변혁기를 경계로 하여 연구대상의 폭에 질적인 차이가 있다. 당대 이전을 연구하는 학자들은 예禮나 풍속에도 강한 관심을 가지고 있으나, 송대 이후를 연구하는 학자들은 '철학'에 관심을 집중시키고 있다.

(2) 과거에는 정통한 학술을 계승하였는가 하는 점이 중시되었는데, 현재의 '철학'사적 연구에서는 독창성이 중시된다. 그 때문에 과거에 동시대의 다수파로부터 이단으로 배척되었던 인물이 현대 연구자들에게서는 높은 평가를 얻는다.

(3) 학술의 계승은 일부 독창적인 거인들에 의해서만 행해지는 것은 아니다. 선인들의 교설敎說을 충실히 지키는 것을 신조로 삼았던 많은 인사들에 의해서 교설이 전달되어 왔던 것이다. 거인들 상호간을 직접 연결시키는 것으로만 형성된 사상사는 당시 사람들 전체의 정신사가 될 수 없다.

(4) 경학사經學史에서 종전의 경전 해석에 이의를 제기하는 조류가 발생한 것은, 그들이 그러한 주장을 할 정도의 변화가, 사상적·사회적으로도 이미 발생하였기 때문이다. 경학자와 같은 시점에 서서 적절한 경전 해석을 가하는 행위와는 별도로, 경학의 사상문화사라고도 불러야 할 방법이 가능할 것이다.

---

1) 小島毅, 「中國儒教史の新たな研究視角について」, 『思想』 805號, 東京, 岩波書店, 1991年.

(5) 현재 연구자들이 사용하고 있는 사료는 당시 사람들이 무엇인가 필요
해서 일부러 적어 놓은 문장이지, 그들이 생각한 것을 모두 망라해
놓은 것은 아니다. 따라서 이런 사료들을 빠짐없이 나열하더라도 그
들의 사색이나 표상의 전체상을 재구성할 수 있는 것은 아니다. 특히,
상식은 기록되기 어렵다.

물론 필자도 주희朱熹와 같은 대사상가의 전체상에 관심이 없는 것
은 아니다. 그러나 '주희의 사상'이라고 하는 형태로 정형화해서 주희를
말하는 것은, 한편으로는 주희라고 하는 사상가의 사물에 대한 사고 방식
을 그가 생존한 시대나 환경으로부터 독립시켜서 말하는 것이기도 하다.

예를 들어 도학道學의 전개의 경우, 종래 '사상사'의 논법은 다음과
같은 것이었다. 우선 주돈이周敦頤, 장재張載, 정호程顥, 정이程頤라고
하는 도학 창시자들의 학설을 각각 소개하고, 정이 문하의 학자들을 사
이에 끼워서 주희에 대해 설명한다. 주희와 같은 시대 사람들을 보자면,
예를 들면 논적으로서 육구연陸九淵, 동지로서 여조겸呂祖謙이나 장식張
栻을 소개한다. 주희 이후에 대해서는, 그의 계승자들 몇 명을 소개하거
나 명대에 양명학陽明學이 발흥하는 것까지 설명하는 경우도 있다.

이런 식의 이야기 전개는 이른바 학안學案의 격식을 답습하고 있는
데, 말하자면 '학안 형태의 사상사'라고 할 수 있을 것이다. 여기에서는
대사상가들의 교설이 소개되고, 차이점이 학파별로 검토된다. 사실 그렇
게 함으로써 도학의 교설상의 전개를 조감할 수 있을 것이다. 그러나,
왜 도학이 침투하였나, 그리고 당시 보통 사인士人들에게 도학은 과연
어떤 것이었나 하는 점은 거의 고찰 대상이 되어 있지 않다.

필자가 진행해온 연구는 이들과는 다른 형태의 사상사 연구이다. 이
하 간단히 그 개요를 언급하고자 한다.

2. 교사郊祀

필자가 십수·년 동안 중시하고 있는 문제로 교제郊祭를 둘러싼 논의가 있다[2]. 교사郊祀는 황제가 천제天帝에 제사를 지냄으로써 자신이 '천자'로서 자격을 갖추고 있음을 드러내는 의례이다. 유교적 논리에 의해 교제를 창조한 것은 전한前漢의 경학자들이었으며, 왕망王莽에 의해 후세의 규범이 만들어졌다. 이후 청 멸망까지, 중국풍의 황제를 둔 왕조는 반드시 이것을 실시해왔다. 바꿔 말하면 교제를 지낸다는 것은 그 왕조가 유교의 정치사상에서 말하는 '황제'를 군주로 삼고 있는지 아닌지 하는 상징이 되었다. 따라서 교제에 대해서는 지난 이천 년 동안 방대한 분량의 언급이 있었다. 중국 본토뿐 아니라, 한국이나 일본의 유학자도 황제가 행하는 교제에 대해서 말해 왔다. 그리고 위에서 말한 근대적인 학술연구에서도 교제가 연구 테마로 취급되고 있다. 그런데 일본에서의 교제 연구는 대부분 한대漢代 교제제도의 확립과정이었다. 근년에 들어서 겨우 당송의 교제가 논문의 주제로 취급되었다. 필자 역시 이들 선행연구의 은혜를 입고 있다. 그 중 몇 가지를 소개해본다.

가네코 슈이치(金子修一)는 한에서 당까지의 교제제도의 변천에 대해서 정력적인 해명을 시도하였다[3]. 그의 연구는 이것 말고도 황제의 즉위 의례나 중국황제와 주변 여러나라 왕과의 관계 등, 황제제도를 둘러

---

2) 小島毅,「郊祀制度の變遷」,『東洋文化硏究所紀要』108冊, 東京, 東京大學, 1989年.『宋學の形成と展開』, 東京, 創文社, 1999年의 제1장도 참조 바람. 이것과 관련된 연구로서,「宋代天譴論の政治理念」, (『東洋文化硏究所紀要』107冊, 東京, 東京大學, 1988年)에서 천인상관설天人相關說에 보이는 변질을 논하고,「宋代の樂律論」(『東洋文化硏究所紀要』110冊, 東京, 東京大學, 1989년)에서는 음악 연주의 기준 음높이를 어떻게 결정하였나를 둘러싼 논의를 분석하였다. 이 논문들을 통해서, '이치(理)'에 근거를 둔 우주론이 형성되었다는 것을 명백히 하였다. 또,『中國近世における禮の言說』(東京, 東京大學出版會, 1996년) 참조.

3) 가네코 슈이치의 교사郊祀에 관한 연구논문은 다수에 달한다. 여기에서는 그 중에서도 비교적 알기 쉽게 개관한 다음의 하나만을 소개해둔다.「漢唐間における皇帝祭祀の推移―國家と祭祀―」(水林彪ほか 編『比較歷史學大系1・王權のコスモロジー』, 東京 : 弘文堂, 1998년).

싼 다각적인 문제를 검토하고 있다. 그리고 교제가 정치적으로 중요한 의의를 가진 의례라는 것을 명확히 하였다. 야마우치 고이치(山內弘一)는, 북송에서의 천제나 황제의 조상에 대한 제사를 검토하고, 이 시기에 도교가 국가 제사에 침투하는 양상을 분명히 하였다[4]. 또 근년에는 조선 왕조의 사상사 연구에 몰두하고 있다.

우메하라 가오루(梅原郁)는 도시연구의 입장에서 송대 교제가 국도 國都라는 무대에서 어떻게 연출되었는가를 소개하였다[5]. 교제가 권력 집단 내부의 비밀스러운 의식이 아니라 수도의 주민과 함께 하는 큰 행사가 되었는데, 거기에서 당과 송의 황제 권력의 성격 차이를 찾아보려고 한 것이다. 세노오 다쓰히코(妹尾達彦)도 가네코나 우메하라의 관점을 계승해, 당의 장안에서 교제가 어떻게 실시되었나, 그리고 당의 후반에는 어떻게 변질되었나를 고찰하였다[6].

다만 위의 연구는 모두 '동양사학(중국사)'출신의 연구자에 의해서 진행되었다는 한계가 있다. 교제제도는 해명되었지만 교제에 대한 당시 사람들의 의미 부여에 관해서는 언급이 없었다. 예를 들면 우메하라나 세노오는 도시 공간에서의 교제가 갖는 역할에 관심을 가지고 있었다. 그러나 그것은 현대 연구자의 시점에서 본 것으로 당시 유학자들이 교제에 대해 어떤 생각을 가졌는지는 분석하지 않았다. 야마우치의 경우, 앞으로 언급할 교제의 방식에 관련한 논쟁도 다루었으나, 그의 해석에 의하면, 그것은 당쟁黨爭이라고 하는 정치적 상황의 반영에 지나지 않는다. 그는 그 논쟁 자체가 지닌 사상사적 의미에는 무관심하였다. 필자의

---

4) 山內弘一, 「北宋時代の郊祀」(『史學雜誌』92編 1號, 東京 : 史學會, 1983년).

5) 梅原郁, 「皇帝・國都・祭祀」(中村賢二郎 編, 『歷史のなかの都市―續都市の社會史―』, 京都 : ミネルヴァ, 1986년).

6) 妹尾達彦, 「唐長安城の儀禮空間―皇帝儀禮の舞臺を中心に―」(『東洋文化』72號, 東京 : 東京大學東洋文化研究所, 1992년).

연구는, 이러한 선행연구가 멀리해 온, 교제에 대한 경학적 논의를 분석 대상으로 한 것이다.

물론 '동양사학'뿐 아니라, '중국철학' 분야에서도 교제는 관심의 대상이며 지금부터 언급하는 것도 연구자들 사이에는 일반적인 정보로서 잘 알려져 있는 것이다. 그러나 지금까지의 연구에서는, 교제를 둘러싼 경학상 논의의 예로서, 연구자들이 목표로 하고 있는 '바른 경전해석'을 위한 참고 자료로 그런 논의가 사용되었다. 이른바 사료 가운데 전개되어 있는 논의와, 현대의 경학 연구자는 같은 기반에 서 있는 것이다. 따라서 다음에 설명할 논쟁이 전체적으로 하나의 사건으로서 연구대상으로 설정된 적은 없었다. 경학적인 연구와, 야마우치와 같이 정치사적 시각에서 출발한 연구는 서로 교섭이 없었다.

본 논문의 요점은 다음과 같다. 11세기 후반에서 12세기 초기에 걸쳐, 교제를 어떻게 지내야 할까 하는 것에 대하여, 일대 논쟁이 일어났다. 표면적으로는 야마우치가 말한 것처럼, 하늘과 땅을 나누어서 제사지내야 한다고 주장하는 자(천지분제론天地分祭論)와, 하늘과 땅을 함께 제사지내도 상관없다고 주장하는 자(천지합제론天地合祭論)의 대립이었다. 신법당新法黨에는 전자를, 구법당舊法黨에는 후자를 주장한 자가 많았다. 그러나 사실은 논자의 의견이 다양해서 각각 경학적인 근거에 따라 자기의 논리를 전개하였다. 그리고 그 논리 구성을 중시해본다면, 초점은 단순히 분제分祭인가 합제合祭인가 하는 형식에 있었던 것이 아니다. 문제는 왜 분제로 해야 하는가, 왜 합제라도 괜찮은가라는 이유에 있었다. 그리고 그 점에서 신법당과 도학자들은 동일한 견해를 가지고 있었다는 것이 명백하다.

본 논문에서는 사상가로서의 인물 개개인보다도, 사상적인 쟁점이 연구의 주제이다. 위에서 말한 것처럼, 예를 들면 주희라고 하는 개인을 주인공으로 삼는 것이 아니라, 그가 교제에 대해서 어떻게 말했나 하는 것이 필자의 중심적인 관심사였다. 그때 주희는 다른 논자들과 동일한 자격으로 취급되었다. 물론 주희의 발언이 '주희가 한 말'이라는 이유로 후세에 특별히 중시되어, 그 때문에 다른 사람들의 발언과는 다른 무게를 가진 것도 사실이다. 그러나 그 점을 고려하면서도 우선은 많은 논자 중의 한 사람으로서 주희라고 하는 인물을 위치 부여해본 것이다. 그렇게 함으로써, 많은 논자들의 교제를 둘러싼 여러 가지 논의 가운데, 주희의 설이 어디에 위치하는가가 분명해진다. 그러면 그가 정이의 계승자라는 것은 당연하다고 하더라도, 그 외에 왕안석王安石의 설명에 대해 주희가 높이 평가하였다는 점이 떠오르게 된다.

그 다음으로, 주희의 사상 체계 자체가 아니라, 그의 후학들이 그것을 어떻게 계승하여 다음 세대에 전달하였는가 하는 점이 문제이다. 교제의 예를 든다면, 필자의 분석으로는, 주희는 분명히 천지분제설에 찬성하고 있었으나, 후세의 논자들 중에는 주희가 천지합제설을 찬성하였다고 보는 자도 있었다. 예를 들면 구준邱濬이 그렇다. 그러면 그는 왜 그 같은 오해를 하였을까? 분명히 그가 인용한 주희의 발언은, 그것 자체로서는 합제를 권장하고 있는 것처럼 해석이 가능하다[7]. 그것으로 그가 합제가 좋다고 주장한 것은 아니지만, 그 문구는 주희의 발언이었기 때문에 그 자체로 권위를 가지게 된 것이다. 한편, 구준과 같은 시대의 사람 중에는, 분제설의 입장에서 주희의 문구를 자기 학설의 근거로 이용한 사람도 있었다. 즉, 구준과 같은 이해와 그렇지 않은 이해가, 표면적으로는 모순됨에도 불구하

---

7) 朱熹曰, (中略) 本朝初分南北郊, 後復爲一. 周禮亦只說祀昊天上帝,不說祀后土. 故先儒言無北郊, 祭社只是祭地(邱濬 『大學衍義補』 卷57 「郊祀天地之禮下」). 주희의 이런 발언은, 구준도 말한 것처럼 호굉이 천지분제天地分祭를 필요 없는 것으로 본 논거로서, 사직社稷이 땅에 대한 제사라고 한 것에 대해, 이것을 평한 것이다. 구준은 이하에서 마치 주희가 호굉에 찬성한 것처럼 해석하고 있다. 다만, 주희의 발언에는 '야자환유방택지제也自還有方澤之祭'라고 천지분제를 명확히 주장한 문구도 기록되어 있어, 구준이 이것을 언급하지 않았던 것은 공평치 못하다. 주희의 교제 문제에 관한 발언은 『주자어류朱子語類』 권卷90 등에 보인다.

고 양립되어, 어느 쪽도 자신의 해석이 주희의 원뜻에 맞는다고 역설하고 있었던 것이다. 16세기에는, 역시 주희의 설에 따른다고 하는 명목으로 분제로의 제도개혁이 이루어지고, 그것이 청말까지 계속되었다.

이러한 현상은 단순히 교제 문제에 국한되지 않고, '이치(理)'나 '마음(心)'의 의미내용에 대한 이해라고 하는 보다 철학적인 측면에서도 많이 보인다. 그런 경우 일반적으로 현대의 연구자들은 자주 자신의 판단으로 올바른 주희 이해와 다른 한편으로는 잘못된 주희 이해를 한다. 위의 교제 문제에 대해서 말한다면, 구준은 주희의 문장을 오해하고 있었다고 생각한다. 그러나 구준은 자신의 해석으로 주희를 설명하고 있다. 그가 주희 사상을 어떻게 보았느냐 하는 문제 설정에서 그것이 잘못되었다고 비판하는 것은 사상사 연구에서는 거의 의미가 없다. 본 논문은 구준에 대해서, 주희의 설에 대한 해석의 시비를 가지고 논쟁을 전개한 것이 아니다. 구준이라는 인물도 연구대상에 포함해, 교제를 둘러싼 논의가 어떻게 전개하였나를 알고자 한 것이다. 따라서 '구준은 틀렸다'라는 결론으로 끝난 것이 아니라 '왜 틀렸나' 하는 질문을 새롭게 던진 것이다.

원래 교제가 유학자들에게 주목된 까닭은, 교제라는 제사가 황제의 정통성을 보장하는 목적을 가지고 있었기 때문이다. 보통 때라면 교제의 방식은 논쟁의 대상이 되지 않는다. 위에서 말한 시기〔및 16세기, 명나라 세종 가정제(世宗 嘉靖帝)의 시기〕에 정부 내부에서 논의된 것은, 그 당시 그런 논의가 활발하게 일어날 만한 배경이 있었기 때문이다. 필자는 그런 사상적 배경으로, 하늘에 대한 의미부여 방법에 동요가 있었다고 해석하였다. 천지분제天地分祭 방식이라는 것은, 하늘은 양의 기질(氣)을, 땅은 음의 기질을 대표하는 존재로 보고, 자연계의 운행이 법칙대로 계속되지 않으면서도 진행된다는 것을, 황제가 행하는 의례로서의 교제를 보는 입장에서 주장하였던 것이다. 바꿔 말하면, '이치(理)'에 지내는 제사였다. 그 점에서 천지를 의인화해서 생각하는 합제설과 기반이 달랐다.

구준의 시대, 즉 15세기에 조정의 제도로 합제설이 채택되었다. 이 것이 주희와 다른 점인데, 구준은 합제合祭가 좋다고 판단하였다. 그 이 유는 11세기의 합제론자들과는 다르다. 이때쯤에는 '하늘이라는 것은 이 치(理)다'라는 주자학적 사고가 이미 상식화되어 있었으며, 다시금 하늘 의 성격 부여를 분제에 의해 가시화해야 할 필요성이 없어졌다. '하늘'에 대한 관념을 둘러싼 동요는, 이미 '이치(理)'개념을 이용한 설명에 의해 서 수습되었으며, 새롭게 제도 개정을 실행할 필요성을 구준은 느끼지 못했다. 그는 당시의 제도를 주희의 문구로 뒷받침하기 위해 앞서 기술 한 것과 같은 인용을 한 것이다. 즉, 주희의 문구는 주희 본래의 발언 의 도를 떠나 이용되는 소재가 되었던 것이다. 한편 16세기의 개혁론자들은 새로운 사회적 동요를 봉쇄하기 위해, 다시 주희의 권위를 내세워 분제 로의 제도 개정을 실현시켰다[8].

필자가 의도한 것은 이들 현상 그 자체를 대상화하려고 한 것이다. 주희의 발언이 그 자체로 힘을 지니게 된 시기, 바꿔 말하면 주자학朱子 學이 패권을 쥔 시기는 어떤 시기일까. 그것을, 주희 자신이 고생하면서 패권을 잡기 위해 싸웠던 시기의 연장선에서, 역사적인 관점으로부터 보 아야 한다고 생각한 것이다.

3. 주자학

주자학이 수백 년에 걸쳐서 동아시아 전역에 압도적인 영향력을 가 졌다는 것은 말할 필요도 없다. 그렇지만 이것도 중국문명사의 역사적

---

8) 이 시기의 제도 개정은 단지 교제에 머물지 않고, 공자묘나 종묘 등, 다른 많은 제사까 지 미쳤다. 그 의의에 대해서는, 小島毅,「嘉靖の禮制改革について」(『東洋文化研究所紀要』11 7冊, 東京 : 東京大學, 1992년)에서 검토하였다.

산물이기 때문에 초창기부터 꼭 후세의 번영이 약속되었던 것은 아니었다. 역사의 필연을 믿는 입장에서 주자학은 체계적으로 완비된 사상이고 내용적으로도 우수한 사상인 이상, 초창기의 불우한 쪽이 오히려 우연한 사건이기 때문에 주자학의 본질을 논할 때는 고려할 가치도 없다고 여기는 것도 가능할 것이다. 그러나 서기 11~13세기의 주자학 형성기에 중국의 사상 문화적 상황을 고려한다면, 수많은 경쟁 상대와 싸워 주자학이 승리해가는 과정 그 자체가 주자학의 특성을 해명하기 위한 중요한 판단자료를 제공하고 있다고 생각한다.

주자학이 사상계의 주류가 되기 위해서는, 다음에 열거한 4단계의 탈권奪權 투쟁이 필요하였다.

우선 첫 번째로, 유교의 불교·도교에 대한 탈권 투쟁이다. 3세기 이후 사상계에서는 유불도 삼교의 정립상황이 계속되었다.

'철학'으로서의 독창성을 중시한 연구방법에 의하면, 이 시기의 유교사상은 불모 상태였으며, 불교·도교 쪽으로 사상사의 주류가 이행된 것처럼 서술된 경우도 있다. 그러나 그것은 지나친 말일 것이다. 유교는 이른바 육조六朝 귀족들에 의해서 학습되고 있었으며, 실제의 생활지침이었다. 유교에서 말하는 예禮를 일탈한 인사들의 행위가 당시 사료에 특기되었다는 것은 사실이다. 그리고 그들은 근대에 들어서 서양적인 시각에 의해 '개성적이며 자유스러운 인물'로 높은 평가를 받지만, 그들의 행동이 사료에 특기되었다는 사실로도 분명한 것처럼, 그들의 유교의 예를 벗어난 행위는 상식을 일탈한 것으로 간주되었던 것이다. 그러한 파격적인 사람들을 '근대의 선구자'로 평가하는 것은 어디까지나 근대인의 믿음이며, 당시의 사회통념으로 보면 그런 사람들은 이단이었다. 말하자면 일반적으로는 유교적인 가치관이 통용되고 있었던 것이다[9]. 다만 그

---

9) 林登順, 『魏晋南北朝儒學流變之省察』, 臺北 : 文津出版社, 1996년. 木島史雄, 「六朝前期の孝と喪

것이 어떤 사회계층에 적용되는 규범인가 하는 점에서 후세와는 커다란 차이가 있다. 그 점에 대해서는 다음에 설명하기로 하자.

어쨌든 유교도 그 이전과 비교해서 결코 약체화된 것은 아니었으나, 상대적으로 불교·도교와 치열한 패권 투쟁을 하고 있었다. 보다 직접적으로 표현한다면, 대다수 사람들에게 세 종교의 공존은 당연한 것으로 받아들여져 있었다. 11세기에 있었던 유교의 개혁운동은, 불교·도교를 이단 사설이라고 간주하고, 그것들을 사회 풍속으로부터 배척함으로써 스스로의 패권을 확립하려는 데 중점을 두고 있었다.

두 번째로, 유교 내부에서의 신흥 학파에 의한, 옛 학풍에 대한 탈권 투쟁이다. 무엇보다도 이 투쟁은 위에 말한 첫 번째 사항과 밀접히 연계되어 있어 엄격히 구별하기가 곤란하다. 종래 강조되어온 것은, 소위 주소注疏 훈고학訓詁學에 대한 반성과 비판의 풍조가 11세기에 활발히 일어나 경문에 대한 자유로운 해석이 나타난 점이다. 물론 그런 측면도 중요하지만 그 외에 정현鄭玄이 참위사상讖緯思想을 자기 학설의 근거로 자주 이용하였다. 당의 『오경정의五經正義』도 많이 이용했던 그 사상에 대한 비판도 이 시기의 특징으로 극히 중요할 것이다. 이와 함께 참위사상을 사용해 왕조 정통성의 근거를 제시한 오덕종시설五德終始說이 유명무실해지고, 천제天帝의 하나인 감생제感生帝 제사의 중요성이 상실된 것도 앞서 이야기한 교제제도 개혁 논의의 배경을 이루고 있다. 구양수歐陽修로 대표되는 신흥 유학자들은 자신들이 구상한 순수 유교(그런 것이 있다고 하며)의 부흥을 목표로 세워, 유교 내부의 불순물로 참위사상을 제거하려고 한 것이다. 그런 의미에서, 유교를 굳이 불교·도교로부터 구별하여, (아마도 그 이전에는 삼자의 구별이 명료하게 의식되지

服─禮學の目的·機能·手法─」, 小南一郎 編, 『中國古代禮制研究』所收, 京都 : 京都大學人文科學研究所, 1995년.

않은 점이 많았다) 유교 속에 들어가 있는 이교적인 요소를 내쫓는다고 하는 첫 번째 사항과 비슷한 발상에 의한 탈권 투쟁이었다.

세 번째로, 신흥 학파 내부에서의 도학에 의한 탈권 투쟁이다. 이 경우의 적대 세력으로 대표적인 것이 왕안석에 의한 신학新學과 소식蘇軾에 의한 촉학蜀學이었다. 11세기 후반에 거의 동시에 형성된 이들 유파는, 약 백 년간에 걸쳐 각축을 벌렸다. 처음에는 정권을 장악한 신학이 제도적인 뒷받침으로 압도적인 세력을 지녔지만, 북송 멸망에 의해 사태는 급전하여, 지역 밀착형의 도학이 재지사인들의 지지를 획득해갔다. 한편, 과거시험을 위한 문장 표현력을 닦기 위해, 소식의 시문詩文이 널리 애호되어 그의 경학을 수용한 자도 많았다. 주희가 살아 있을 때 도학의 패권은 아직 확립되지 않았었다. 그 자신이 과거제도의 개혁안(「학교공거사의學校貢擧私議」) 속에서, 경학에서 왕안석이나 소식의 주석서에 대한 지위를 인정하고 있다.

네 번째로, 도학 내부에서의 주희에 의한 탈권 투쟁이다. 주희가 이정二程 계통이라는 말은, 주희 자신 및 그 후학들이 만들어낸 신화에 지나지 않는다[10]. 주희가 도학자였다는 것은 사실이지만, 도학에는 그 당시 많은 분파가 있었다. 주희가 젊었을 때 중심적인 존재는, 이정에게 배운 양시楊時의 뛰어난 제자 장구성張九成과 호안국胡安國의 아들 호굉胡宏이었다. 주희가 그들의 설을 심하게 비판한 것은, 그들을 타도하지 않는 한 자기 학설이 주류가 될 수 없었기 때문이었다. 또 『근사록近思錄』의 공동 편집자였던 여조겸은, 명문 출신이라는 점도 있어서, 그가 살아 있을 때에는 주희보다 훨씬 높은 평판을 얻고 있었다. 또 동지였던 장식張栻도, 호굉의 훌륭한 제자로 도학파에서 중심인물이었다. 주희가

---

10) 土田健次郎,「宋代思想史上における周敦 の位置」,『東方學會創立五十周年記念東方學論集』, 東京 : 東方學會, 1997년. 大島晃,「宋學における道統論について」,『東大中哲文學會報』 6號, 東京 : 東大中哲文學會, 1981년.

생전에는 그들과 교류하고, 그들이 죽은 뒤에는 비판적 언사를 흘린 것은 주희 본인의 의도는 어떠했거나, 그의 탈권 투쟁의 전략이었다고 위치시킬 수 있을 것이다. 육구연과의 논쟁에 대해서는 말할 필요도 없다.

그리고 주희의 사후에는, 그의 문인과 사숙의 학자들이 스승의 학설을 세상에 알리기 위해 여러 가지 수단을 통해서 탈권투쟁을 계속하였다[11]. 주자학의 패권은 이러한 활동 끝에 확립된 것이며, 결코 처음부터 그랬던 것은 아니다.

그리고 그 패권이 언제까지 지속되었나 하는 것이 문제가 된다. 주지한 바와 같이, 16세기가 되면 양명학이, 그리고 18세기에는 고증학考證學이 등장해, 정확히 반대되는 관점에서 주자학을 공격하였다. 일반적으로 사상사에서 주자학의 시대는 양명학이 탄생함으로써 끝나는 것으로 되어 있다.

사실 사상가의 독창성을 중시해 역사를 기술하면 그렇게 될 것이다. 왜냐하면 16세기의 주자학자는 주자학자인 이상, 주희의 체계에서 벗어난다는 것은 상정할 수 없었기 때문이다. 엄밀히 말한다면, 뒤집어 이야기해서 어떤 인물이 양명학 등의 학설을 배운 결과로서 주희의 학설에 이의를 제기한다면, 그 사람은 이미 주자학자가 아니다. 즉, 16세기 이후도 주자학을 여전히 신봉하고 있던 사람은, 12세기의 인물이 말한 교설을 그저 따라 읽기만 해도 사상가로서 실격인 것이다.

그러나 그것과 사회 전체적으로는 어떠했나 하는 것과는 다른 문제이다. 16세기 이후도, 혹은 18세기가 되어서도 주자학은 계속 상식이었다. 그것이 상식일 수 있었던 것은, 과거 시험에서 주자학적 해석이 정통 교설의 지위를 계속 지니고 있었다는 것이 큰 의미를 지닌다. 그리고 그 자

---

11) 小島毅, 「思想傳達媒體としての書物―朱子學の「文化の歷史學」序說―」, 宋代史研究會 編『宋代社會のネットワーク』所收, 東京 : 汲古書院, 1998년. 小島毅 「朱子學の傳播・定着と書物」, 『アジア遊學』 7號, 東京 : 勉誠出版, 1999년.

체가 주자학의 보수성을 나타낸 것으로서 규탄받기도 했다. 그저 단순히 과거라는 제도적 보장이 있었던 것뿐만 아니라, 사람들의 사고 방식이 양명학이나 고증학의 발흥에 의해서도 기본적으로는 변화하지 않았다는 점이 중요하다. 만약 근본적인 변화가 있었다면, 11세기에 그랬던 것처럼 과거 자체가 변화했어도 이상할 것은 없다. 주자학의 형성과 양명학이나 고증학의 흥성을 구별하는 질적인 차이는 어디에 있을까.

4. 근세

주자학의 패권 확립이라고 하는 역사적 현상은 '당송변혁'이라고 하는 동아시아 문명전체에 관련된 큰 변동의 일부를 구성하고 있다. 일본에서 최초로 당대와 송대 사이에 역사상의 단층이 있다고 보고 당송 변혁론을 주장한 것은 일본 동양 사학의 기초를 쌓은 나이토 도라지로(內藤虎次郎, 또는 고난[湖南])였다. 그는 『지나근세사支那近世史』에서 다음과 같이 말했다.

송 초기의 문화는 오대五代 말기의 것을 그대로 받고, 주로 중원지방 혹은 남당 및 촉蜀 등의 문화를 계승하였으며, 학자·예술가들도 오대 이래의 사람들이 남북조로부터 인계되었다. 송에 이르러 태종太宗·진종眞宗 시대에는 대체로 당대의 귀족적인 문화를 부흥시키는 것이 목적이었지만, 그 다음의 인종仁宗 이후에 나타난 결과는 목적과 다른 것이 되었다. 어쨌든 조정의 업무는, 당대의 문화를 계속해서 보존하려는 경향이 있었다[12].

---

12) 『內藤湖南全集』 10卷, 東京 : 筑摩書房, 1969년の426頁. 1969년에 수록됨. 『支那史學史』는, 원래 1925년에 京都帝國大學에서 행한 강의 기록으로, 나이토 자신이 저술한 것은 아니다.

보는 바와 같이, 그는 송조宋朝의 성립과 동시에 문화적 단절이 발생했다고는 말하지 않았다. 오히려 송의 조정은 당 문화의 모방에 열심이었다. 그러나 부흥이라고 하는 목적과는 상반되게, 생각치도 않았던 결과로서 당과는 이질적인 문화가 형성 되었다는 것이다.

여기서 말하는 '목적과는 다른 것' 중의 하나가 송학宋學, 즉 유교의 신흥 여러 학파였으며 그 중에서 주자학이 탄생한 것이다. 그는 이 새로운 문화 형태를 중국역사상의 '근세'라고 보았다. 이후 '근대'가 시작될 때까지, 중국에서는 '근세'가 계속되었다는 것이다.

나이토는 일본사에 대해서도 15~16세기를 하나의 획기라는 견해를 제시하였다. 근년 일본사상사 연구자인 비토 마사히데(尾藤正英)가, '두 개의 근대'라는 개념으로 이 방식을 계승·발전시키고 있다[13]. 즉, 15~16세기에 '근세'라고 하는 이름의 첫 번째 근대가 시작되고, 19세기에는 '근대'라고 하는 이름의 두 번째 근대가 시작된 것이다. 두 번째 근대가 '서양화'였던 것에 대해, 첫 번째 근대는 자생적으로 보다 중요하였다는 것이다.

나이토는 문화면에서의 변혁에만 정신이 팔려 '근세'를 정의한 것은 아니다. 정치에 있어서 군주독재와 과거관료제의 확립, 그리고 경제에 있어서 화폐 유통을 획기적인 현상으로 보고 있다. 그래서 당대까지의 '중세'사회와는 이질적인 사회가 송대에 형성되었다고 논하고 있다. 다만 사회경제사적인 측면은 그후 미야자키 이치사다(宮崎市定) 등이 그의 학설을 보강하였다.[14] 그러나 그러한 보강이 결과적으로 서양에서의 사회경제사의 전개와 비교할 경우, 송대 사회는 '중세'라고 불러야 하지 않는가라

---

13) 內藤湖南, 「應仁の亂に就て」, 『內藤湖南全集』 9卷 所收, 1969년. 尾藤正英, 『江戸時代とは何か』, 東京 : 岩波書店, 1992년.

14) 미야자키 이치사다(宮崎市定)의 설명이 간결하게 기술된 것으로, 1950년의 『東洋的近世』가 있다. 현재, 『宮崎市定全集』 2卷(東京 : 岩波書店, 1992년)에 수록된 것 외에, 中公文庫에도 다른 5편의 논문과 함께 수록되어 있다.

는 비판을 초래하였다[15]. 또는 사상사적으로도 주자학은 서양의 '근세'에는 대응하지 않는 것이며, 스콜라 철학에 대표되는 '중세'의 사상과 같은 성격을 가지고 있다고 하는 논의도 있었다[16]. 그 위에 근년에 들어서는, 원래 서양사를 기준으로 한 시대구분 논쟁 자체에 생산적인 의미가 있는 것인가 하는 의문이 공유되면서, 정면에서 논의되는 경우는 거의 없어지고 있다.

　그렇지만 필자의 견해로 사상문화사적으로 '근세'의 문제를 검토하는 것은 아직도 중요하다. 더욱이 문명사적인 대전환기에 서서, 지금까지의 문명 본연의 모습을 반성할 때, 이 문제가 지닌 중요성은 오히려 한층 뚜렷이 부각되는 것이다. 그것은 '근세' 다음 시기로 상정되는 '근대'를 어떠한 성격으로 부각시킬까 하는 문제와도 깊이 관련되기 때문이다. 중국에서 언제 '근대'가 시작되었나 하는 것은, 여러 학설이 있지만, 사상문화사적으로는, 그 동안의 상식에 대한 의문과 수정이 서양 사상의 영향에 의해 본격적으로 시작되었다 라는 의미에서, 역시 5·4신문화운동五·四新文化運動을 그 구분점으로 보아야 한다[17].

　5·4신문화운동에서 구래의 사상문화를 대표한 단어가 '예교禮敎'이다. 예교야말로 루쉰(魯迅)이나 우위(吳虞)가 단죄한 것처럼, 20세기에 있어서 중국의 악의 근원으로 여겨져 왔다. 만약 그렇다면 송대 이후의 중국사상사는 악이 힘을 얻어 가는 과정이라고 간주할 수밖에 없다. 때때로 이탁오李卓吾와 같이 예교를 비판한 인물이 나타났다고 해도, 그것은 어쩌다 나타나는 산발적인 현상에 지나지 않았다. 서양에서 '개인'의

---

15) 송대 중세설은 前田直典이 제창하여, 仁井田陞·周藤吉之·西嶋定生 등 도쿄대학에서 교편을 잡은 학자들에 의해서 계승, 발전되었다.

16) 守本順一郎, 『東洋政治思想史研究』, 東京 : 未來社, 1967년.

17) 이하의 삼강 오륜에 관한 기술은, 1999년 11월 1일에 연세대학교에서 행한 강연 「중국사상을 연구하는 의의에 대한 사견」과 중복된다.

자유와 평등의 문제가 중요하였던 것과 마찬가지로 중국에서는 '예교'가 중요하게 간주되고 있었다. 그것은 왜 그럴까? 그리고 그것의 의의는 어디에 있을까?

현재는 루쉰이나 우위를 이어 받아, 유교는 봉건적으로 억압적인 사상이라고 하는 평가가 다수파이다. 그 이유는 삼강오륜이 인간의 본성(本來性)에 반한다고 보기 때문이다. 그러나 유교 본래의 사고방식으로는 이것과는 반대로 삼강오륜이 인간의 본성에 근거하고 있다고 본다. 여기에서 인간관의 대립을 볼 수 있다. 개인이라는 것을 절대시하고, 개인의 자유를 침해하는 사상은 나쁜 사상이라는 입장에서 생각한다면, 삼강오륜은 사람들을 얽매기 위해 지배자측이 생각해낸 올가미라고 할 수 있다. 그러나 유교는 개인이 아니라 무엇인가 다른 쪽에 보다 중요한 가치를 두었기 때문에 그런 발상을 한 것이므로, 그것을 서양의 기준으로 단죄한다는 것은 이상하지 않는가?

그 다른 쪽의 것을 어떤 사람들은 '국가'나 '사회'라고 간주한다. 그러나 그것도 또한 서양적인 것의 시각에 지나지 않는다. 개인과 국가, 개인과 사회가 본래부터 대립한다고 생각하는 발상 자체가 서양의 것이다. 그 때문에 개인을 중요하게 여기려고 하는 판단이 나오게 되는 것이다. 원래 '개인'·'국가'·'사회'라는 용어가 현재 보통 사용되고 있는 것과 같은 의미로는, 당초부터 중국어에 없었다라고 하는 언어적 사실이, 이러한 견해의 한계를 보여준다. 유교는, 개인과 국가, 혹은 개인과 사회를 대립시킨 다음에, 전자보다는 후자를 중요하게 판단한 것은 아니다. 이런 것과는 다른 대립축을 세운 뒤에 그 일방을 선택하였던 것이다. 혹은 원래부터 이러한 이항대립二項對立의 축을 세운다는 생각 자체가 서양적인 이원론에서 유래한 것이라고 할 수 있다. 수신修身, 제가齊家, 치국治國, 평천하平天下라고 하는 일련의 단어들에서, 필자는 원래 유교에 내재하고 있는 발상의 특색을 찾아내야 한다고 생각한다. 그리고 그러한 사고방식을 확립하여, 사람들의 규범으로 작용하도록 한 것이 주자학이었던 것이다.

'수신제가 치국평천하'는, 『예기』 대학편에 보이는 말로 늦어도 기원전 1세기에는 씌어진 문장이다. 이러한 일련의 단어들을 대서특필하여 질서 의식의 근간으로 설정한 것은 다름 아닌 주희였다. 보다 정확하게는 그가 등장한 시기의, 도학의 공유재산이었다. 그들이 이 문장을 금과옥조로 여긴 것은, 인재등용에서는 실무 능력을 중시하며, 질서 유지에서는 법과 제도를 절대시한다는 신학新學에 대항하기 위해서였다. 도학에서는 위정자의 자질로서, '재才'보다도 '덕德'을 존중한 것이다.

그렇지만 '덕'이라는 것은, 종래의 육조 귀족과 같이 태어난 혈통에 의해서 선천적으로 결정되는 것은 아니다. 어떠한 명문에 태어난 사람도 각각 수양에 힘써, 그 결과 완성된 인격으로 성장할 것을 요구하였다. 과거에서의 합격은 인격자로서 완성한 인물을 증명하는 훈장이었다. 자기수양을 성취한 인격자에 의한 통치, 그것을 주희는 '수기치인修己治人'이라고 표현하였다. 물론 수신의 전 단계로서 격물格物, 치지致知, 성의誠意, 정심正心이 요구된다.

양명학은 주자학의 수양론에 이의를 제기해 『대학』에 대해 다른 해석을 제시하였다. 고증학이 『대학』 자체에 대해 경전으로서의 권위를 의문시한 것은, 틀림없이 주자학에 대한 도전이었다. 그러나 '수신제가 치국평천하'라고 하는 구조 그 자체를 파괴하려는 의도는, 극히 일부의 과격한 사상가를 제외하고는, 주자학 비판자들에게도 없었다. 그들도 이 점에 있어서는 주자학자와 같은 질서 구상을 지니고 있었다. 그것은 예교에 의한 질서였다.

정이나 장재와 같은 도학의 창설자가 왕안석 풍의 통치술을 비판하는 가운데 착안하였던 장치로 종족宗族 조직의 재건이 있다. 종족 형성 운동은 과거시험을 지망하는 계층의 실제적인 수요에도 합치되었기 때문에, 도학의 침투와 함께 널리 퍼져 주희가 『가례家禮』를 제시함에 따라 주자학자의 생활규범이 되었다[18]. 일부의 양명학자가 종족 질서에 반항하거나, 고증학자가 한대의 경학을 가지고 나와 『가례』를 비판한 적은 있었다. 그러나 사회 전체로 보면, 종족 질서를 부정한다는 것은 비상식적인 것이었다. 그것은 위에서도 진술한 것처럼, 종족이라고 하는 것이 인간의 본성에 합치된다고 생각하고 있었기 때문이다. 종족에 의한 속박을 "사람 잡는다(끽인喫人)"고 느낀 것은 20세기 근대인의 감성에 의한 것이다.

여기에서, "그렇다면 당송 변혁이라는 것을 들고 나오지 않더라도, 유교 성립 이래 줄곧 그랬던 것은 아닌가"라는 반론이 예상된다. 그러나 송대의 종족 형성 운동은, 그 이전의 유교와는 이질적인 성격을 가지고 있었다.

그것이 현재 '종족 형성 운동'이라고 표현되는 것으로도 알 수 있는 것처럼, 정이나 장재가 종족에 대해서 말하고 있던 당시 종족은 존재하지 않았던 것이다. 그들은 지금은 잃어버린 태고의 좋은 풍속으로서 종족에 대해서 말하고 있다. 구양수歐陽修가 족보를 편찬하거나 범중엄范仲淹이 의장義莊을 설치한 것도 선례를 만들기 위해서였다. 족보나 의장이 당연한 것이 되어버린 18세기의 시점에서 되돌아보면, 그들은 당연한 일을 한 것뿐으로 보이지만, 당시로서는 전례가 드문 사업이었던 것이다.

게다가 그러한 질서 구상의 자세가, 당 이전의 유학자들의 사고방식과는 크게 다른 것이었다. 그것은 예禮가 어떤 계층에까지 적용 가능한가 하는 점이었다. "예는 서민에게 내려가지 못한다"고 『예기』에 씌어 있는 것처럼, 본래 예라는 것은 '선비(士)' 이상의 계층 사이에서만 통용되는 규범으로서 구상되었다. '백성(民)'은 예의 세계에서 배제되어 있었다. 그러나 송대 이후, 백성도 포함한 형태의 질서 구상이 나타났다. 종

---

18) 井上徹, 『中國の宗族と國家の禮制―宗法主義の視點からの分析―』, 東京 : 研文出版, 2000년.

족형성운동도 차츰 그 일익을 담당하게 되었다. 그것에 선행한 것으로써 향약운동이나 음사淫祠의 파괴를 지적할 수가 있다. 교화라고 하는 수단에 의해서 백성에게도 유교적 가치관을 침투시켜, 예교질서를 안정시키려고 하는 의도가 전면에 등장한 것이다. '수기치인'이라고 하는 말은 교화의 사상을 간결하게 표현하고 있다.

간단히 말하면 그때까지의 선비는 선비, 백성은 백성이라고 분리된 사회에서 선비와 백성이 동일 규범을 공유하는 사회로 변화된 것이다. 필자는 '근세'의 내용을 그와 같이 보고 싶다. 필자는 한국의 역사 사정에 어둡기 때문에 언급을 피하나, 아마도 일본의 15~16세기에 시작한 사태도 이것과 동질적인 것이었으리라고 생각한다. 그리고 계속되는 17~18세기에 주자학이 침투해 가는 사회적 조건을 정비한 것은 아니겠는가.

이와 같이 보면 예교는 당송 변혁 후의 '근세'를 특징짓는 질서 구상이었음을 알 수 있다. 그렇다면 다음과 같은 의문이 생길 것이 틀림없다. "그런 이야기는, 사회가 '근대화'됨으로써 결말이 났을 것이 틀림없다. 과거의 역사적 사실로서 말하는 것은 알겠지만, 예교에 현대성이 있는 것인가?"라는. 이미 말한 바와 같이 필자 자신은 유교를 신봉하고 있는 것이 아니다. 따라서 여기서 말하는 현대성이라는 것은, "앞으로의 사회는 유교에서 설명하는 예교가 필요하다"는 선교적인 의미가 아니다. 마지막으로 이 점에 대해서 언급하고자 한다.

5. 맺음말

서양 문명과의 본격적인 만남에 의해서, 동아시아 여러 나라도 19세기 후반 이후 '근대화'의 길을 밟게 되었다. 20세기의 백 년간은 '근대사회', '근대국가'로 변화되기 위한 고뇌의 시기였다고도 말할 수 있다. 그 성과로, 제도적으로는 '근대'가 정착한 것 같은 양상을 보이고 있다.

그러나 동아시아 주민은 정신적인 면까지 완전히 '근대인'이 되었을까.

거기에는 '근대인'이라는 것은 무엇인가를 엄밀히 논하지 않으면 안 되지만, 문제가 너무 크기 때문에 지금은 잠시 언급을 피한다. 아마도 동아시아가 근대화하는 과정에서, 서양 근대에 대한 지나친 믿음 때문에 그 허상을 모범으로 삼아 서양을 너무 우러러 본 경향이 강하다. '근대인'이라는 것도 '실제로는 어느 곳에도 없는 인종'이었을 가능성이 높다. 그렇지만 여기에서는 정신적으로 근세에서 근대로의 변질이 어떻게 실현된 것인가 하는 물음에 한정해두고자 한다.

위에서 말한 것처럼 인생의 가치관에서는 커다란 변질이 있었다. '수기치인'을 이상으로 한 것이 아니라, 자유·평등한 개인의 자기실현이 주장되게 되었다. 그러나 사회의 구조나 인간관계에서도 그 같은 원칙은 관철되고 있는 것일까?

일본에서는 이념으로서의 개인주의가 현실에서는 철저하지 못하다. 그것을 저해하는 사회 자체에 문제가 있다는 논조가 많다. 즉, 사회의 '근대화'가 늦어져 있다고 하는 것이다. 그래서 법률에 의한 규제나 보장을 이용해 사회의 구조를 바꿔서 제도상의 저해요인을 없애는 것이 모색되었다. 그것은 근대라고 하는 이념을 추구하는 데 있어, 하나의 전술임에 틀림없다. 그러나 그러한 논의를 보면서 필자가 종종 느끼는 두려움은, 역사적 과거를 이미 지나버린 시대로서 등한시하고 '전통'이라는 말 한마디로 잘라버리는 안이함이다. '낡은 것은 모두 나쁘다'라는 말처럼 단순한 역사관밖에 지니지 못한 사람이 정말로 사회를 알 수 있을까?

사회학자도 아닌 비전문가가 현대사회에 대해 상황판단을 한다는 것은 주제 넘는 이야기이므로 구체적인 문제는 언급하지 않는다. 전반적인 경향으로서 '근대화'가 진행되면 될수록, 그때까지의 모습을 진지하게 묻는 자세가 사회 전체로 보면 약해져 가는 것 같다. 특히 컴퓨터 기술의 비약적이고도 가속적인 진전과 함께, 인간관계도 미증유의 변화가 진행

중인 현재, 근대화 이전의 시대는 급속히 무대 뒤로 멀어지고 있다[19].

그러면 그럴수록 학술적으로 '근세'의 모습을 탐구할 필요성은 늘고 있는 것은 아닐까. 자신이 그것을 전문으로 하고 있기 때문에 자기 변호나 보신을 위한 언표로 보일지도 모른다. 부분적으로는 틀림없이 그럴 것이다. 다만 너무도 급변한 사회적 변화와 변화 자체를 선善으로 보는 풍조에 대해서, 변화보다도 안정을 추구해 사색한 문명의 모습을, 대항적인 언설로서 제시하는 것이 약간이나마 사회적 의의가 있는 것이 아닐까 하고 생각한다. 중국에 있어서 '근세'를 열어간 사람들은, 실제로 어쩔 수 없이 사회변동의 와중에 말려들면서도 변화의 영속화에는 반대하였다. 정태적으로 안정된 사회를 재구축하기 위해서는 어떻게 하면 좋을까. 그 물음에 대한 응답이, 구체적으로는 황제를 정점으로 한 교사郊祀의 재정비이고, 종족 형성 운동이었으며, 그것들을 포괄한 예교질서의 구축이었다. 그것은 한편으로, '근대인'에게는 숨막힐 정도 답답한 것이지만, 또 한편으로는 사회를 안정시키는 효과를 분명히 가지고 있었던 것이다.

몇 번이나 말한 것 같지만, 필자는 그러한 사회를 부활시킬 것을 희구하는 사람은 아니다. '근대인'의 감각으로 그것을 비판해, 불길한 과거라고 경멸하는 것만으로는, 우리들이 살고 있는 지금 현재의 상황을 충분히 파악할 수 없을 것이다. '예교연구의 현대적 의의'라고 필자가 정한 제목은 구체적인 현상에 있어 예교가 지금도 의의가 있다라는 것을 말하고자 하는 것이 아니다. 예교질서가 어떠한 구조였나, 그 전체 구조를 해명함으로써, 현대의 상황을 상대적으로 볼 수 있게 하는 비교자료를 제공하고 싶다는 의도이다. 제공된 소재를 어떻게 요리할까 하는 것은, 이 연구방법과는 별개로 각자가 판단할 사항일 것이다.

---

19) 근년의 사회변동, 특히 생활습관의 전환에 대해서는, 1999년 10월 29일에 전남대학교에서 개최되었던 국제심포지엄에 제출한 논문에서도 논했다.

중국 유학의 미래 발전에 관한 몇 가지의 사고

쉬캉성(許抗生)

최근 몇 년간 학술계는 중국 유학의 발전 방향 문제에 관해 비교적 많은 관심을 가져왔다. 필자 또한 이 문제를 지금까지 생각해왔는데, 이는 대체로 세 가지 정도로 정리할 수 있다. (1) 유가는 20세기에 왜 여러 차례의 비판과 공격을 받았음에도 쓰러지지 않고 여전히 강한 생명력을 가지고 있는가? 지금 유학이 존속하고 발전할 수 있는 근본 이유는 무엇인가? (2) 전통 유학 중에는 현대 사회의 필요에 적응할 만한 사상적 요인과 성분도 있고 또한 적응하지 못한 면도 있다. 그렇다면 전통유학에 대해 어떠한 개조와 새로운 해석을 가해야만 하는가? (3) 미래 유학은 어떻게 구성하고 건설해야 하는가? 미래 유학의 주요 사상 내용은 무엇을 포괄하여야만 하는가? 이러한 문제들에 대해서는 장시간의 연구와 광범위한 사회적 실천이 수행되어야 해결의 실마리를 얻을 수 있다. 여기에서 필자는 몇 가지 소견을 밝히고자 한다.

1. 회고와 전망

지금은 20세기가 이제 막 지나가고 새로운 세기가 시작하는 두 세기의 교차 시점이다. 우선 20세기 중국에서 유학 발전의 상황을 회고해

보고 새로운 세기의 유학 발전의 방향을 전망해보자. 이는 아주 중요한 의의를 가지고 있다. 이 회고와 전망을 통해 몇 가지 중요한 문제들을 볼 수 있는데, 예컨대 현대사회에서 발전해 나가는 중국유학이 도중에 나타나는 우여곡절과 유학의 완강한 생명력, 그리고 중국유학의 부흥에 따른 오늘날 중국 사회발전의 필요성 등이다. 그러므로 이러한 회고와 전망은 매우 필요하다.

20세기 중국유학은 매우 불운한 과정을 겪었다. 상반세기 10~20년대의 중국유학은 '5·4신문화운동'의 충격을 겪었고, 하반세기 60~70년대에 이르러서는 또한 일찍이 없었던 '문화대혁명'에 의한 대규모의 포위와 토벌과 공격을 겪어야 했다. 그러나 끊임없는 비판과 공격 뒤에도 유학은 소멸되지 않았을 뿐만 아니라 오히려 맹렬히 부흥하였다. 5·4신문화운동은 새로운 사상과 새로운 도덕을 제창했다. '과학科學'과 '민주民主'를 제창했으며 "공자의 학설을 타도하자(타도공자점打倒孔子店)"고 소리 높이 외쳤다. 신문화운동의 대표적 인물에는 천두슈(陳獨秀)·후스(胡適) 등이 있다. 그들은 신·구문화의 절대적 대립을 설정하고 유학을 구문화의 대표로 삼았다. 그들에게 신문화는 바로 서양의 민주·자유·과학 사상이었으며, 그것은 바로 서양화였던 것이다. 비록 5·4신문화운동은 계몽적·혁명적 의의를 가지고 있었지만, 그것은 전통문화인 유학을 대하는 데에는 잘못된 것이며 역사를 끊어버리는 것이었다. 이러한 잘못된 방법에 대하여 당시의 량쉬밍(梁漱溟)은 다른 의견을 가지고 있었다. 그는 5·4의 조류를 역행하여 유학을 제창했다. 그는 1921년에 『동서문화 및 그 철학』이라는 책을 출판하여 문화의 연원과 인생철학 측면에서 유가를 긍정하며 아주 가까운 미래에 전 세계적으로 중국문화가 부흥할 것이라고 예견했다. 또한 중국인은 유가의 정신으로 생활해야 한다고 주장하였는데, 이 때문에 그는 사람들에게 문화 보수주의자라고 불려졌다. 5·4 이후의 20~30년대에는 '신유학新儒學'을 선양하는 사상이 나타났는데, 량쉬밍(梁漱溟)·슝스리(熊十力)·허린(賀麟)·펑유란(馮友蘭) 등이 대표적 인물이다. 그들은 유가의 철학 사상을 새롭고 상세하게 해석해서 새로운 심학心學, 새로운 이학理學의 학설을 형성했다. 이 때문에 중국의 유가철학은 다시 한번 새로운 발전을 할 수 있게 된다.

중국이 20세기의 60~70년대에 진입하였을 때, 극좌사상의 영향으로 이른바 '문화대혁명'이 시작되었다. 이것은 문화의 대재난이었는데, 이로 인해 구사상과 구문화를 철저히 끊어버려야 한다는 혁명의 구호 아래 유가와 공자에 대한 엄청난 토벌 및 비판이 전개되었다. 즉 유학을 철저히 땅바닥에 내팽개치고자 한 것이다. 이 운동은 그 사유방식이 역사를 끊는 것이라는 점으로 보면, 5·4신문화운동과 비슷한 면을 가지고 있으나 사실상 둘은 전혀 다르다. 5·4신문화운동은 계몽적 의의를 가지고 있으나, 문화대혁명은 결코 계몽성이 없으며 다만 문화에 대한 엄청난 파괴일 뿐이었다. 그러나 공자와 유학은 결코 타도되지 않았다. 문화대혁명이 끝난 뒤 유가는 아주 빨리 새로운 평가를 받았다. 당시의 문화대혁명이 공자를 짓밟고, 공자의 사상을 왜곡시킨 데에 대해서 "어지러운 세상을 바로잡아 정상을 회복한다(撥亂返正)"는 기치 아래 "공자의 본래 모습을 돌려주자(還孔子以本來面目)"는 움직임이 일어나 공자에 대한 진정한 역사적 연구가 시작되었다. 또한 "사물의 운동·발전에서 대립과 분열은 불가피하다(一分爲二)"는 사상방법을 사용하여 공자의 사상이 역사에 적극적인 작용을 했음을 긍정하면서 동시에 유학의 일련의 소극적 요소를 지적하였다. 이때부터 공자와 유학에 관한 연구는 본격적인 궤도에 올랐다. 이후에는 중국의 개혁개방운동이 가일층 발전함에 따라 "공자의 본래 모습을 돌려주자(還孔子以本來面目)"는 정도의 역사연구로는 사회의 요구에 부응할 수가 없었다. 특히 90년대에 이르러 사람들의 사상이 역사상의 전통유학을 어떻게 개조하고 새롭게 해석하여 현대화에 봉사하게끔 할 것인가의 문제에 주목하기 시작하였다. 이 때문에 학자들은 유가의 윤리범주에 대해 구체적인 분석을 하기 시작하였으며, 또한 그것에 대해 새로운 해석을 가하여 현대화에 부응하게 하였다. 아울러 일련의 학자들은 미래 유가의 윤리적 사상체계의 건설을 탐색하기 시작하였다. 이것은 중국 현시점에서의 유학발전의 하나의 새로운 동향이다. 특히 청장년학자들이 이 방향을 향해 노력하고 있는 중이다. 이는 축하할 만하다. 그들은 더 이상 유학에 대한 역사적 고찰에만 만족하지 않고, 유학을 현대화하고자 한다. 청년학자 쉬커첸(徐克謙)은 말하였다. "돌리지 않고 말하자면, …… 유가 사상에 대해 현대화된 해석과 개혁 작업의 진행은 순수한 수도원식(純粹經院)의 학술연구와 다르며, 어느 정도의 실용성과 조작성을 띤 작업이다. 이 작업의 목적은 유가 사상의 역사적 가치에 대한 전면적인 평가가 아니라 그 현대적 가치에 대한 충분한 발굴이다. 이 작업의 의의는 '공자의 본래 모습을 돌려주자(還孔子以本來面目)'는 데에 있는 것이 아니라 공자에게 현대적인 새로운 모습을 주자는 데에 있다. 이 작업의 가치는 유가 사상의 어떤 명제의 특정한 역사적 의미가 본래 무엇이었나를 분명히 밝히는 데 있는 것이 아니라, 오늘날 우리가 그것을 어떻게 해석하여 발전시키고 발휘할 수 있는가에 있다. 필자는 이러한 청장년학자들이 반드시 풍성한 성과를 거둘 수 있으리라 확신한다. 21세기 중국의 미래 신유학新儒學은 반드시 중국의 지평선상에서 떠오를 것이다.

2. 현재의 유학의 흥기는 중국의 현재 사회발전의 필요에 의한 것이다.

80~90년대 중국에서 일어난 '유학儒學 붐'과 '미래 신유학新儒學'에 관한 탐색은 결코 몇몇 사람들의 주관적인 생각에서 나온 산물이 아니라 두터운 사회적 기반이 있었다. 이것은 사실상 현재의 사회발전에서 필요한 것이고, 개방개혁의 심층적 발전으로 인해 필요한 것이며, 중국의 사

회주의 시장경제가 발전하면서 필요하게 된 것이다. 그러므로 유학의 흥기는 역사적인 필연성을 가지고 있는 것이지 결코 한때, 한 지역의 우연적인 현상이 아니다. ·

최근 10~20년 동안의 중국유학의 흥기는 완전히 중국 개혁개방의 큰 조류에 따라 일어난 것이다. 중국의 개혁개방과 현대사회 시장경제의 발전은 한편으로는 중국 생산력의 제고와 사람들의 물질생활의 개선을 크게 촉진했으며, 다른 한편으로는 시장경제라는 커다란 시류時流의 충격으로 인해 각종 낙후되고 부패한 현상들이 나타났다. 금전의 유혹 아래 일부 사람들의 눈이 돈만을 향했으며, 돈을 벌기 위해 그들은 "이익추구만 꾀하며(唯利是圖)", "속임수를 써서 사기를 쳤다(弄虛作假)." 또한 사람을 괴롭히고 나라를 곤경에 빠뜨렸으며 양심을 다 잃어버려 사회의 도덕수준이 보편적으로 낮아지게 되었다. 어떤 사람들은 심지어 가장 최소의 사회적 공덕심까지 잃어버렸다. 이러한 사회도덕의 보편적 하락 현상에 대해 일련의 지식인들이 분연히 일어나 중화민족의 전통적인 우수한 도덕의 발휘를 호소했다. 이 우수한 전통도덕의 집중적인 반영이 바로 중국 역사에서 공자로 대표되는 유가사상이다. 학자들의 이러한 호소는 동시에 사회 각계의 반향을 불러 일으켰는데, 여기에는 공평하고 합리적인 경쟁을 원하는 기업가들의 호응도 포함되어 있었다. 기업가들과 학자들은 함께 유학을 제창했으며, 유가의 정신으로 정당한 상업활동에 종사하고자 했다. 또한 여러 차례 '유학학술토론회(儒商學術討論會)'를 개최했다. 이러한 모든 활동은 마침내 정부의 지지를 얻어냈다. 여기에서 볼 수 있듯이 최근 10~20년의 유학의 흥기는 그 사회적 원인도 있는 것이다.

그렇다면 유가의 윤리사상이 정말 현대 시장경제의 건강한 발전을 촉진시킬 수 있는가? 유가 윤리에서 정말로 현대화에 부합하는 가치와 이념을 발굴해내고 발전시키며, 나아가 또 더 많은 것을 창조해 낼 수 있을 것인가? 이것은 이론의 문제이면서 또한 실천의 문제이기도 하다. 이 문제에 대해서는 학자들이 이미 많은 대화를 했기 때문에 여기에서는 그 내용에 대해 더 이상 전면적인 지적은 하고 싶지 않다. 다만 필자의 간략한 견해를 덧붙이자면, 유가윤리와 시장경제의 관계는 비교적 복잡한 문제를 내포하고 있다고 말해야 할 것이다. 유가윤리는 시장경제의 발전을 촉진하는 것인가, 아니면 시장경제의 발전을 방해하는 것인가? 이 문제 또한 간단한 결론을 내릴 수가 없다. 유가는 내부가 복잡한 학파이다. 시대가 달라짐에 따라 유가 내부의 사상도 변화가 있었다.

유가는 춘추 말년에 처음 생겨났다. 유가는 중국 고대의 종법 등급제도과 농업경제의 기초 위에 건립되었기 때문에 유가와 상공업 중심의 시장경제와는 관계가 먼 것이 분명하다. 진한秦漢부터는 또한 중앙 군주집권의 정치적 전제주의 제도를 건립하여, 한대漢代에는 동중서董仲舒의 독존적 지위의 유학을 얻었으니, 유학은 바로 이 정치적·경제적 제도의 산물인 것이다. 이것은 동중서의 '삼강三綱' 학설에 특히 분명하게 표현되고 있다. 이른바 "군위신강君爲臣綱, 부위자강父爲子綱, 부위부강夫爲婦綱"이라는 삼강은 실제로 정치상 군주전제주의와 종법제도의 가부장적 전제주의의 통치를 확립하는 것이다. 이러한 모든 것은 시장경제가 요구하는 평등, 자유, 민주의 관념과는 전혀 맞지 않는 것이다. 이후 송명 이학이 또한 '존천리存天理, 멸인욕滅人欲'의 사상을 제시하여 봉건사회 후기의 질서를 공고히 하는 작용을 하였다. 그러나 송宋·명明·청淸의 시기에 봉건사회 후기의 상품경제의 발전에 따라 시민계층이 출현하였고 유가 내부에도 변화가 나타난다. 당시 일련의 유가학파와 유가학자들에게서 이미 다소간 새로운 시민계층의 요구가 반영되었다. 이 방면에서 비교적 특출한 대표로는 남송南宋의 진량陳亮, 섭적葉適의 공리학파功利學派, 명 중엽 이지李贄의 반봉건사상과 남녀평등의 사상, 그리고 명청시기 황종희黃宗羲의 반군주전제주의 등 일정한 정도의 민주화를 요구하는 사상, 아울러 대진戴震 등이 내세운 '이존어욕理存於欲'의 사상 등이 있다.

이러한 새로운 유가사상은 각각 차이는 있지만 자본주의의 시장경제가 싹트면서 나오게 되는 요구를 반영하고 있다. 이러한 사상을 발전시키고 발휘하여 현대 사회를 위해 봉사하도록 할 수 있을 것이다.

그렇다면 역사적 전통의 유학은 시장경제와 절대적인 대립관계일 뿐 시장경제를 위해 이용될 수는 없는 것인가, 혹은 개조한 뒤 새롭게 이용할 수는 없는 것인가? 이 문제에 대한 대답 역시 긍정이다. 전통유가는 모두 공맹의 원시유학에서 직접적으로 발전되어온 것이다. 거기에는 공맹유학의 인도仁道(=人道)정신이 일관되어 있다. 이 정신은 한대 유학으로부터 '오상五常(인仁·의義·예禮·지智·신信)'의 사상으로 귀결되어 왔다. '오상' 사상은 봉건적 등급제도의 기초 위에 건립된 것이다. 그러나 이러한 고대의 인도정신의 전통은 현대의 시장경제사회의 요구에 맞추어 새롭게 해석할 수 있다. 따라서 그 봉건적 등급성을 버리고 시장경제에서 필요로 하는 새로운 인도주의 평등관념의 기초 위에 건립할 수 있다. 이렇게 새로운 해석과 개조를 거친 오상五常관념은 곧 시장경제와 더불어 서로 적응하고 시장경제의 건강한 발전을 촉진할 수 있다. 예를 들면 '인仁'은 과거에 존비와 귀천의 등급이라는 기초 위에 건립된 사람과 사람간이 서로 사랑함〔"사랑에는 차등이 있다(愛有差等)"〕이다. 현재는 사람과 사람이 평등하다는 기초 위에서 피차간에 서로 사랑하는 것을 건립해야만 한다. 중국은 사회주의시장경제를 건설하는 데 있어 더욱 마땅히 서로를 돕고 지원하며 사랑하고 보호하여 진정으로 "자신이 서고자 하면 남을 세워주고, 자신이 도달하고자 하면 남을 도달하게 해준다(己欲立而立人, 己欲達而達人)", "자신이 하고 싶지 않는 것은 남에게 베풀지 말라(己所不欲, 勿施於人)"는 것을 실천해야 한다. 부유해진 사람은, 경제적으로 여전히 낙후한 지역과 사람들을 도와서 함께 부유한 길을 갈 수 있도록 노력해야 할 책임이 있다. '예禮'를 보자. 과거에 예를 얘기할 때에는 엄격한 등급적 구별이 있어서 봉건적 등급제도를 옹호하는 것이었다. 지금 우리들이 예를 얘기하는 데에는 결코 귀천의 등급구별이 없다. 우리가 교양 있고 예의바르다, 혹은 예로써 사람을 대한다고 말하면 사람을 존중하는 것에 중점이 있으니, 한 사람의 교양 있는 절차와 인도 정신을 구체적으로 표현하는 것이다. '의義', '신信'에 대해서도 지금 사회에 부합하는 해석을 할 수 있다. 이러한 것은 아래에서도 논술할 것이므로 여기에서는 간략히 말하겠다. 이는 우리가 '오상'의 사상에 대해서 새로운 해석을 하기만 하면 유가윤리는 바로 현대사회와 서로 적응될 수 있고, 시장경제사회의 건강한 발전을 촉진시킬 수 있다는 것을 충분히 납득시킬 수 있을 것이다[1]. 지금의 문제는 몇몇 사람들이 유가윤리를 선양하는 것이 사회주의 원리에 저촉된다고 걱정하는 것이다. 필자는 이러한 걱정은 불필요한 것이라고 생각한다. 사실 사회주의 원칙의 근본은 사회적 생산력을 힘써 발전시키고, 사람들의 물질과 정신생활의 수준을 높이고자 노력하며, 함께 잘 사는 길로 나아가고자 하는 것이다. 이러한 점에서 유가윤리는 바로 사회주의 원칙과 서로 부응하기 때문에 이 두 가지는 "같이 해나가도 사리에 어그러짐이 없는(並行而不悖)" 것이다.

3. 미래 신유학新儒學의 발전방향

위의 논술에서 미래의 신유학이 결코 원래 모습 그대로의 전통유학이 아니며 현대적 해석과 개조를 거친 뒤 현 시대의 필요에 부합하는 것임을 확인할 수 있었을 것이다. 이 때문에 미래의 신유학은 강렬한 시대성을 가지고 있으며 새 시대의 산물이 될 것이다. 그렇다면 우리가 처해 있는 지금은 어떠한 시대인가? 지금은 고도의 과학기술이 빠르고 맹렬

---

1) 유가윤리와 시장경제의 관계에 대한 문제는 졸작인 「儒家倫理與市場經濟的關係」를 참고해 주기 바란다. 『人民政協報』 1999년 4월 21일자에 실려 있다.

하게 발전하는 시대이며 현대화된 시장경제사회이다. 이러한 시대에는 과학기술이 아주 중요한 지위를 차지하고 있는 것이 분명하다. 과학과 기술의 발전이 사회 현대화의 발전을 추진하고 있으며, 전 세계경제의 일체화를 추진하고 있다. 그러나 과학기술이 신속하게 발전하여 부르는 승리의 노래가락은 인류에게 전면적인 생존 위기도 가져왔다. 산동대학 철학과 카오천양(高晨陽) 교수는 말하였다. "20세기에 과학기술의 효용은 충분히 구현되었다. 그러나 이와 동시에 인류는 또한 전면적인 생존의 위기에 직면하였다. 그것은 자연환경과 사회환경의 악화, 대인관계의 부조화, 심리적 불균형으로 나타났다. 그 원인을 살펴볼 때, 간단히 과학기술 혹은 이성 자체의 문제로 귀결시킬 수는 없다. 근본적인 원인은 사람들이 과학기술을 대하는 태도에서 기인하였으며, 이것은 수단과 목적, 도구와 가치관계를 처리할 때 오류가 비롯된 것이다. 사람들은 과학기술이 만능이며 이성이 지고지상至高至上이라 말하면서 오히려 인생의 목적과 의의를 소홀히 하거나 잊었다."[2] 확실히 과학기술은 분명 만능이 아니다. 과학기술은 물질적 부를 극대로 창조하여 사람들이 누릴 수 있도록 제공했다. 그리하여 물욕의 무한한 팽창을 자극하여 인간성을 잃어버리게 하였다. 과학기술은 인류에게 일련의 부정적 영향을 가져와 자연환경과 사회환경이 균형을 잃게 했으며, 인류의 생존위기가 발생하도록 만들었다. 이것은 분명 사람들이 목적과 수단, 도구와 사회가치를 처리하는 데에 오류가 생겨 진정한 의의와 가치를 망각한 결과이다. 또 탕이난(唐亦男) 교수는 대만사회의 폐단을 분석하면서 "비록 현대적 과학기술은 갖추었으나 인문학을 소홀히 여겨 현대 서양사회와 같은 불균형의 위기가 발생했다"[3]고 말했다. 여기에서 볼 수 있듯이 현대의 고도로 발

---

2) 高晨陽, 「儒家的仁道思想與知識經濟時代」, 『紀念孔子誕生2550周年國際學術討論會論文集』 p.706
3) 唐亦男, 「儒家的價値觀念對現代社會的意義」, 『紀念孔子誕生2550周年國際學術討論會論文集』 p.460

전한 과학기술은 인문과학의 부름에 응답하고 있다. 과학 기술의 발전은 반드시 인문정신의 건설과 동시에 진행되어야 한다. 다시 말해서 현대사회는 고도로 발달한 과학기술의 지식이 있어야 할 뿐만 아니라, 정확한 인생관과 가치관의 지도가 있어야만 한다. 그럼으로써 과학기술 지식도 갖추었으며 또한 고상한 도덕과 이상을 가지고 있으며, 전면적으로 발전한 진정한 현대인이 될 것을 요구하는 것이다. 여기에서 이른바 "현대의 새로운 인간학(現代新人學)"을 건립하는 문제가 생겨난다.

그렇다면 현대인은 어떠한 도덕적 가치관념을 구비해야 하는가? 현대 사회가 고도로 발달한 시장경제사회이라면 이 사회의 건강한 발전과 서로 부응하는 사상관념에는 몇 가지 원칙이 포함되어야 할 것으로 보인다. 즉, (1)평등사상, (2)자유관념, (3)민주정신, (4)공평경쟁사상, (5)인애仁愛사상, 인도정신, (6)화합협조和合協助의 사상, (7)적극적이고 진취적인 정신 및 창조정신 등이 이것이다. 필자는 이러한 사상 혹은 원칙은 반드시 구비해야 하는 것들이라고 생각한다. 이런 까닭에 우리는 전통유학을 개조하고 새로운 해석을 할 때에 반드시 현대사회와 현대인의 입장에서 출발해야만 한다.

현대인과 전통인, 현대 인간학과 전통 인간학, 이 두 가지에는 연관이 있는 동시에 또한 서로 다른 특징이 있다. 중국의 전통유학은 중국의 전통 인간학의 집중적인 반영이다. 전통 인간학과 현대 인간학 사이에는 공통적인 것들이 많다. 이는 윤리의 보편성이 결정한 것이다. 인간은 사회에서 생활해야 하며 사회를 형성해야 한다. 사람들은 반드시 일련의 공통된 행위규범을 준수해야 하는데 — 예를 들면 서로 사랑하고 아끼기, 서로 협조하고 화합하기, 서로 신뢰하기 등 — 그래야 공동생활을 할 수 있기 때문이다. 그러므로 전통유학에서 "인자仁者는 사람을 사랑한다(仁者愛人)", "사람은 신뢰가 없으면 서지 못한다(人無信不立)", "조화로움을 귀하게 여긴다(和爲貴)" 등등을 말하는 것은 모두 현대사회가 인도주의, 신용, 대인관계의 화합 등을 말하는 것과 서로 통한다. 그러나 전통유학은 역사적 조건의 제한을 받았는데, 예를 들어 유가에서 말하는 인애사상은 결코 현대의 인도주의 사상이 될 수는 없다. 그러므로 유가의 이러한 사상은 역시 현대사회와 현대인의 입장에 서서 발전과 발휘를 하여 새로운 해석을 진행해야 하는 것이다. 당대의 자유, 평등, 민주, 경쟁 등의 관념은 고대에서는 많아 보더라도 단지 사상의 초기적 요인과 성분일 따름이다. 이것이 바로 우리가 찾아내고 갈고 닦아 당대 사회와 서로 부응하게 해야 하는 것이다.

요컨대 미래의 신유학은 반드시 전통유학에 현대적 개조와 새로운 해석을 가한 유학사상이어야 하며, 강렬한 시대적 기운을 마땅히 가지고 있는 시대정신의 반영이어야 한다.

미래의 유학은 우선 강렬한 시대성을 가져야 하는 것 이외에 동시에 반드시 실천성, 조작성操作性을 가지고 있어야 한다. 만약 실천할 수 없다면 이론을 방치해두어 사용할 수 없게 되는 것이니, 현실에 영향을 미칠 수 없다. 미래의 신유학은 반드시 우리의 사회생활을 실질적으로 지도하여 시장경제와 전체사회에 광범위한 영향을 미칠 수 있어야 한다. 이 때문에 미래의 신유학은 20세기에 형성된 신유학과는 달라야만 한다. 20세기의 신유학은 '심성心性' 문제의 추상적 철학문제에 대한 토론에 치우쳐 민중과 멀어졌기에 사회에 광범위한 영향을 발휘할 수 없었다. 류수셴(劉述先) 교수는 다음과 같이 말하였다. "당대 신유학의 철학에서 가장 성과가 높은 것은 의심할 여지없이 형이상학 경지의 새로운 해석과 체험적 증명이다. 정치, 경제, 사회 철학의 범위에서는 다만 극히 대략적인 강령만이 있었다." 이 때문에 신유학에 "매우 아이러니컬한 현상이 생겨났는데, 그것은 전통유학에서 가장 중요한 지위를 차지했던 강점이 오늘날 신유학에서는 가장 약한 부분이 되었다는 것이다"[4]라고 류수셴은 말하고 있다. 전통유학이 가장 강한 점은 바로 사회실천과 밀접하게 연관되어 사람들의 생활을 지도할 수 있었던 윤리가치의 학설이었다. 그러므로 전통유학은 광범위한 사회적 영향력이 있다. 만약 전통유학이 심성론과 본체론의 토론과 연구에 국한되었다면 많은 사람은 받아들이지 못했을 것이다. 이에 비추어 볼 때, 미래의 신유학은 마땅히 20세기 신유학의 결점을 극복하여 우선적으로 전통유학의 가장 강한 부분 즉 전통유학의 핵심사상인 윤리도덕가치의 학설을 연구하여 새로운 해석을 거친 윤리도덕규범과 가치사상체계를 건립해야 할 것이다. 이는 중국 현 사회의 절박한 요구이며 또한 미래 신유학사상의 핵심적 문제이기도 하다. 우리는 전통유학의 도덕규범에 대해 구체적인 분석과 평가를 내려 낡은 과거의 것은 버리고 그 적극적인 내용은 계승하고 받아들여야 한다. 옛 규범의 형식 하에서 새로운 내용을 추가하고 새로운 도덕적 행위규범을 건립하고 이러한 사상적 기초 위에 윤리적 가치와 사상체계를 건립할 것을 요구한다. 이렇게 해야만 미래의 신유학을 오늘의 사회를 위해 봉사하게 할 수 있을 것이다.

　　마지막으로 미래의 신유학은 반드시 광범위한 보급작업을 해야 한다. 그래야만 많은 사람들이 이해하고 받아들여 광범위한 사회영향력을 발휘할 수 있다. 이러한 이유로 미래의 신유학은 반드시 통속적이고 쉽게 이해할 수 있는 교재(예를 들면, 과거의 "삼자경三字經"류의 교재)를 활용하여 도덕교육을 대중화하여야 한다. 이 보급교육은 처음에는 마땅히 어린아이부터 그리고 가정교육에서부터 시작하여야 하며, 그 다음에는 초등학교, 중학교, 대학교 순으로 확대되어야 한다. 그리고 사회의 서로 다른 문화수준의 사람들에게 각각 수준이 다른 교육을 실시하여 사람들의 마음속에 뿌리내릴 수 있도록 해야 한다.

---

4) 劉述先, 『中國哲學與現代化』, 臺北, 時報文化出版公司, 1980년, 75쪽.

4. 미래 신유학의 사상 건립에 관한 일련의 구상

마지막으로 미래 신유학의 사상체계의 건립에 대한 일련의 구상에 대해 이야기하고자 한다. 완전한 미래 신유학의 사상체계를 건립하자면, 최소한 세 가지 내용이 포함되어야 한다고 생각한다. 첫째, 미래 신유학의 윤리가치학설. 이는 미래 신유학의 핵심 내용이다. 둘째, 미래 신유학의 도덕수양학설. 이는 미래 신유학의 윤리도덕의 방법과 절차를 실현하는 문제이다. 이 문제에 대해 요즘 사람들은 소홀히 하는 경향이 있는데, 사실 도덕수양학설은 전통유학에서 매우 중요한 위치를 차지하고 있다. 고상한 도덕적 정조情操에 도달하려면 수양 노력이 없으면 실현하기 어렵다. 이런 까닭으로 도덕수양학설에 대해서는 미래 신유학 또한 조금의 소홀함도 있어서는 안 된다. 셋째, 인성론학설이다. 전통유가의 윤리 가치학설은 인성론 철학의 기초 위에 세워진 것이다. 미래 신유학의 철학적 기초는 마땅히 전통유학의 인성론 사상을 비판하고 계승하는 것이 되어야 한다. 새로운 인성론 학설을 건립하고 이를 자신의 윤리가치학설의 철학적 기초로 삼아야 할 것이다.

전통유학은 윤리가치학설에 있어서 매우 풍부한 내용을 가지고 있는데, 도덕행위의 규범학에서 특히 두드러지게 나타난다. 군신君臣, 부자父子, 부부夫婦, 붕우朋友, …… 거의 모든 사회생활의 관계를 포함하고 있으며, 모두 도덕의 행위규범에 대한 요구를 포함하고 있다. 가장 대표적인 도덕 규범은 인, 의, 예, 지, 신, 이른바 '오상'이다. 위에서 우리는 이미 '오상'이 공맹유학의 인도仁道(人道)정신의 구체적인 체현이라 말한 바 있다. 그러므로 미래 신유학의 윤리가치학설 또한 마땅히 전통의 '오상'사상의 비판과 계승에서부터 시작하는 것이 자신의 현대 신인도新仁(人)道주의의 윤리사상을 세우는 것보다 편리할 것이다. 사실 고대와 현대를 막론하고 인류사회가 존재하는 곳이라면 '인자애인仁者愛人'

의 인도정신은 모두 보편적인 "사람다움"의 원칙이다. 사람과 사람간의 서로에 대한 관심, 서로에 대한 사랑과 보호가 없다면 인류사회의 존재란 있을 수가 없다. 그러므로 "인仁"은 가장 기본적인 행위규범이라 할 것이다. 전통유학의 인애사상仁愛思想은 등급제로서 "사랑은 차등이 있다"는 낙인烙印을 가지고 있다. 현대 사회에서는 보편적이며 평등한 사랑을 실현해야만 한다. '의義'에 대해서는 '의자의야義者宜也', '의자리야義者理也'라 하여, '의'는 행위가 적합해야 하며 도리에 합당해야 한다고 말한다. 전통유가는 '이의위상以義爲上', '이의제이以義制利'를 주장하며 "의義를 보면 용맹히 행해야 한다(見義爲勇)"를 제창한다. 이처럼 '의義'를 모든 행위를 판단하는 표준으로 보았다. 이 원칙 또한 지금의 사회가 매우 필요로 하는 것이 분명한데, 다만 고대의 '의義'와 현대사회의 '의義'에 관한 구체적 내용 이해에 있어서 약간의 차이점이 있을 뿐이다. '예禮'를 보자. 『예기禮記』「방기坊記」: "禮者, 因人之情而爲之節文, 以爲民坊(防)者也." 『예기禮記』「예기禮器」: "經禮三百, 曲禮三千." 고대의 중국은 유명한 예의의 나라였다. 고대 '예'의 내용은 매우 풍부하다. 즉 모든 사회적 법률제도와 예의규범을 포괄한다. 중화민족은 교양과 예의를 말하는 민족이다. 예는 사회질서를 유지하고 문명의 수준을 드러내는 것이다. 고대의 예제禮制는 엄격한 등급제도가 있다. 물론 이는 우리가 버려야만 하는 것이다. 그러나 사회제도를 준수하고 교양을 갖추며 예의를 알아야한다는 측면에서 보면 오늘날에도 소중히 여겨야 한다. '지智'는 도덕실천에서 매우 중요하다고 말하지만 궁극적으로는 도덕 행위 규범이 아니므로 덕목에 넣을 수는 없다. 우리는 지智를 도덕의 인지에 놓고 토론할 수 있다. 마지막으로 '신信'은 신망, 신용을 말하는 것으로서 현대의 시장경제사회에서 특히 중요하므로 마땅히 힘써 제창해야 한다. 이렇게 본다면 인, 의, 예, 신은 모두 새로운 설명을 통해 발전시킬 수 있다. 이밖에도 전통유학에는 몇 가지 중요한 도덕규범이 있는데 현대사회에서도 새롭게 해석하여 제창할 수 있다. 예를 들면 충서忠恕, 중용中庸, 효제孝悌, 성誠 등이 그것이다. 충서라는 도리의 사상 또한 인도정신의 구체화이다. 이른바 충서란 바로 "자신이 서고자 하면 남을 세워주고, 자신이 도달하고자 하면 남을 도달하게 해준다(己欲立而立人, 己欲達而達人)." 그리고 "자신이 하고 싶지 않는 것을 남에게 베풀지 말라(己所不欲, 勿施於人)"는 것이다. 이심전심의 동정심, 즉 사랑하는 마음인 것이다. 그러므로 충서의 도는 이미 '인仁'이라는 한 글자에 모두 포함되어 있는 것이다. '중용'은 사유방식에 중점을 두고 있다. 극단을 달리지 않으며 일을 하는 데 아주 적절하게 하는 것이니, 도덕학의 방법론에 속하는 문제로서 방법론으로 정리할 수 있을 것이다. 효제孝悌, 효경孝敬은 『논어論語』「학이學而」에서 아주 중요한 지위에 놓고 있는데, "효제라는 것은 인을 행하는 근본이다(孝悌也者, 其爲仁之本與)"라고 했다. 효제는 인을 행하는 근본으로서 인을 행하는 출발점인 것이다. 이는 종법사회의 사상이다. 그러나 현대사회에서 가정은 여전히 사회생활의 기본단위이며, 사람은 어려서부터 가정에서 자란다. 어려서부터 부모에 대한 사랑과 효孝를 키우니 바로 한 인간의 인덕仁德을 배양하는 시발점이며 출발점인 것이다. 그러므로 효는 여전히 "인을 행하는 근본(爲仁之本)"이 될 수 있는 것이다. 우리는 '효도'를 제창해야 하지만 맹목적으로 어리석은 효孝를 행하는 것으로써 부모에게 절대적으로 복종하는 것을 주장하는 것은 아니다. 즉 결코 봉건적 가부장제의 통치를 주장함이 아닌 것이다. '성誠'을 보자. "성은 진실된 것이다(誠者實也)" 성실이라는 이 도덕규범은 매우 중요하다. 지금의 시장경제사회에서는 특히 중요하다. 신용을 말하자면 남에게 성실하게 대해야 한다. 성실한 인품과 덕성을 갖추고 있어야만 비로소 진정으로 신망과 신용을 지킨다고 할 것이다. 그러므로 필자는 '성誠'이라는 도덕규범을 마땅히 인, 의, 예, 신 네 가지 덕과 함께 두어 새로운 '오상' 개념을 형성해야 한다고 생각한다.

이를 새로운 '오행五行(다섯 가지 덕행)'이라 불러도 되겠다. 이 새로운 오상(혹은 오행)은 미래 유학의 윤리가치학설의 기본 내용이 될 수 있을 것이다. 이 새로운 오상의 관계에서는 '인애'를 도덕적 기초로 삼고, '의'를 도덕적 행위의 최고 표준으로 삼으며, '예'를 '인'의 외재적인 표현으로 삼고, 성과 신을 '인'의 내재적 요구로 삼는다. '충서'는 곧 인덕의 구체적 표현이고, '중용'은 인덕을 실현하는 사상 방법이다. '효경'은 여전히 '위인지본爲仁之本'이다. 이것이 바로 나의 미래 신유학의 신인도(仁道;人道) 사상에 대한 기본 구상이다.

미래 신유학의 철학기초는 여전히 인성론학설이어야만 한다. 우리는 마땅히 맹자의 인성론학설이 합리적인 성분이 있다는 것을 인정해야만 한다. 맹자는 사람이 되어서는 모두 "사람을 차마 해치지 못하는 마음(不忍人之心)", 즉 "측은지심惻隱之心"이 있다 하였다. 이는 바로 인간은 맨 처음 타고난 그 동정심을 가지고 있음을 말하는 것이다. 이러한 감정은 사람의 본능(良能)이 가지고 있는 것이다. 맹자가 논증하여 말하기를, 만약 한 어린아이가 우물 안으로 빠지려 할 때, 그냥 길을 지나가던 사람이라 할지라도 이것을 보게 된다면 이해관계를 떠나 앞으로 나아가 아이를 구할 것이라고 하였다. 이것이 바로 사람의 본능이 가지고 있는 동정심이다. 확실히 이러한 상황에 부딪힌다면 일반적이고 정상적인 사람이라면 모두 그렇게 할 것이다. 이는 인류의 본능적 양심이다. 주지하다시피 모성애는 타고나는 것이며, 인류만 그러한 것이 아니라 동물들도 가지고 있다. 마찬가지로 동류同類에 대한 사랑은 사람에게만 있는 것이 아니라 군집생활을 하는 다른 고등동물에게도 있다. 이는 이미 동물학 연구에서 실증되었다. 이러한 인류의 본능적 동정심은 아마도 원시시대에 장시간 동안 군거사회에서 생활하면서 점차 누적되고 쌓여 생긴 것일 터이다. 집단사회생활에서는 "모든 사람의 생사존망이 서로 밀접하게 연관되어 있었으며, 자신과 타인의 연계성이 수족과도 같았다. 무리 중 누구 한사람의 죽음은 다른 사람의 마음에 지극한 연민과 두려움을 불러일으켰다. 이 모든 것은 인류가 조상 대대로 그 기억 속에 깊이 그 흔적들을 남겨두고 있어서 자신과 동류의 생명에 대해 본능적인 직관과 관심을 형성하게 되었다."[5] 이리하여 인류의 본능적 측은지심(동정심)이 형성된 것이다. 이러한 측은지심은 인덕仁德을 형성하는 기초 혹은 발단일 수 있다. 그러므로 맹자는 말하고 있다. "측은지심은 인의 단서이다(惻隱之心, 仁之端也)", 이것은 사람이면 모두 가지고 있는 것이다. 그러나 이러한 본능은 일정한 주관, 객관적 조건 하에서 확대되고 넓혀져 "친친이인민親親而仁民, 인민이애물仁民而愛物"하여 사람의 선성善性을 완성시킬 수도 있고 반면 타고난 양심을 다 잃어버리고 악인惡人이 되도록 할 수도 있다. 그러므로 후천의 작용은 매우 중요하다. 한 사람의 선성善性이 온전하게 되어 선한 사람이 되느냐 악성惡性이 온전하게 되어 악인惡人이 되느냐 하는 것은 후천이 관건적인 역할을 하게 된다. 이에 왕부지王夫之는 '습여성성習與性成'의 사상, 즉 '습習이 변하면 성性도 따라서 변한다'는 것을 인정했다. 이처럼 인성은 결코 고정불변하는 것이 아니라 바뀔 수 있다는 것을 알 수가 있다. 이 때문에 왕부지는 또 '성일생이일성性日生而日成'의 사상을 제시하는데, 이러한 사상은 옳은 것이며 인성人性 변화의 실제에 부합한다. '습여성성習與性成'이고 '성일생이일성性日生而日成'이라면, 도덕의 배양은 후천적 사회실천, 사회환경 그리고 도덕교육의 중요성을 매우 중시하여야 한다. 이는 말하지 않아도 알 수 있는 것이다.

전통유가의 도덕수양학설은 매우 풍부하다. 이는 역사적으로 유학자들이 오랜 시간 동안 도덕수양에 대해 경험해 온 것의 총결산이다. 그러므로 미래 신유학은 마땅히 이 소중한 역사 유산을 잘 섭취하고 발휘

---

5) 徐克謙, 『先秦儒學及其現代闡釋』, 南京, 南京師範大學 1999년, 191쪽.

하여야 한다. 도덕수양학설에서 개인이 우선적으로 해결해야 하는 것은 도덕지식의 학습이다. 배운 다음에는 반드시 실천해야만 하는데 여기에 또한 어떻게 배우며 어떻게 행해야 하는가의 문제가 있다. 전통유학은 이 측면에서 배움과 사고, 앎과 행위의 관계에 관한 학설을 도출해 내었다. 도덕의 함양涵養(혹은 존양存養이라고도 함)측면에서 전통유학은 더욱 많은 가치 있는 사상을 제시하였다. 예를 들면 반성내구反省內求, 신독愼獨, 지경주정持敬主靜, 양심막선어과욕養心莫善於寡欲의 사상 등등. 요컨대 전통유학은 이 방면에서 아주 많은 효과적인 사상을 가지고서 우리들이 찾아내어 발휘하기를 기다리고 있다. 여기에 대해서는 전문적인 연구가 필요하다고 생각한다.

20세기말 '중국'의 '유학관'
유형과 패러다임 및 그 방법

왕중쟝(王中江)

1. 머리말

본고에서는 중국 유학 연구 상황의 일반적 특성으로서 '중국의 유학
관'을 살펴보고자 한다. 그 시간적 범위는 '20세기 말'(혹은 '1990년대')로
한정하였다. 구체적으로 말하자면, 바로 20세기의 마지막 10년 또는 마
지막 5년이라는 엄격하지 않은 시간 범위를 의미한다. 본고는 크게 네
부분으로 구성되어 있다. 첫째는 세기말 중국 유학 연구의 번영하는 모
습을 간요簡要하게 얘기하고, 둘째와 셋째는 본고의 중점 부분으로, 중
국 유학관의 두 가지 유형과 패러다임 그리고 방법을 집중적으로 고찰한
다. 끝으로 중국 유학 연구의 문제 및 이후의 가능성에 대한 견해를 언
급하고자 한다.

직관적으로 볼 때 20세기 말 중국의 유학 연구는 '중국학'의 다른 영
역에 비하여 상당한 연구 성과를 올렸다[1]. 지난 10년 동안 중국 학자가
유학을 중심으로 진행한 연구성과는 양적으로 매우 놀랍다. 90년대 전반
기에 출판된 학술 저작은 거의 300권에 이르기 때문에[2] 그 후반기 역시
이 정도에 이른다고 가정한다면, 이 10년 동안 대략 600권의 학술서적이

---

1) 90년대 중국유학연구에 대한 유익한 회고와 전망에 대해서는 郭齊勇, 「中國大陸地區五十來
   (1993~1997)的儒學硏究」, 『儒家思想在現代東亞』, 1999 참조.
2) 鄭家棟, 「九十年代儒學發展與硏究中的幾個問題」, 『孔子硏究』, 1999-1.

출판되었으니, 평균적으로 매년 60권이 나온 셈이다. 발표된 논문의 수량은 말할 필요조차 없다. 10년 동안 약 7,000여 편에 이른다. 20세기 말 중국 유학 연구가 이와 같은 대대적으로 활기를 띤 것은 10년 전 특히 20년 전에는 상상할 수조차 없었다. 그리하여 세기말(90년대) 중국 학술 사상계과 문화계의 전체적 동향을 '국학붐' 또는 '유학붐'이라고 부르는 것도 무리가 아니다. '붐'이라는 단어는 지나치게 '현상화現象化'한 것이라 볼 수 있다. 그러나 이는 확실히 과거에 '현학顯學'이었던 '유학'이 세기말에 이르러 보편적 관심의 대상이 되었고 연구되는 일반적 상황을 반영하고 있다. '유학' 연구가 어째서 세기말에 다시 각광을 받아 '현학'의 지위를 되찾게 되었는지는 여기에서 토론할 문제가 아니다.

세기말 중국의 유학 연구가 흥성하였던 현상과 이러한 현상에 영향을 준 객관요인들을 열거한 뒤에 '중국'의 '유학관'에 대하여 살펴보고자 한다.[3]

2. 두 개의 유형

20세기 말 중국 유학 연구의 학술동향, 입장과 방식은 예전과 달리 다양성과 풍부함을 가지고 있다. 기본적이지만 주요한 학술목표와 가치 입장에서 보면, 복잡다단하고 어지러울 정도인 중국의 유학 연구를 두 가지 유형으로 나눌 수 있다. 하나는 역사성의 유형이고 다른 하나는 가치성의 유형이다. 먼저 역사성의 유형부터 보도록 하자.

역사성의 유형은 전체적으로는 유학을 하나의 객관화 또는 대상화된 역사존재로 여겨, 유학에 대해 다방면의 연구를 진행하는 것이다. 이

---

3) 중국 대륙 유학의 쇠락과 부흥에 관한 원인에 대해서는 牟鍾鑒, 「二十世紀儒學的衰落與復蘇」, 『孔子研究』, 1998-3・4 참조.

러한 성격의 연구가 세기말 중국 유학연구의 대부분을 차지하고 있다. 또한 세기말 중국의 유학 연구가 부흥한 하나의 상징이기도 하다.

먼저 이 방면의 구체적인 현상을 살펴보자. 중국의 대학과 연구원에 설치된 학과를 살펴보면, 유학과 관련된 연구와 교육은 전공에 따라 많은 대학의 학과와 연구원을 중심으로 한 연구소에서 이루어지고 있다. 철학과와 철학연구소에서는 다른 곳에 비해 비교적 두드러진 면이 있다. 전공에 따라 다시 나뉘어 전체로서의 유학에 대하여 각각 필요한 만큼을 분화시키기 시작한 것이다.

객관화된 역사적 대상으로서 또한 서로 다른 전공에 분포된 유학 연구에서 90년대에 성과가 가장 밀집된 것은 각종 주제 연구, 인물 연구, 그리고 각종 범위 연구 등이었다. 이 가운데 특히 현대 신유학의 연구, 곽점초간郭店楚簡 유가간儒家簡의 연구, 중국 경학사상사의 연구, 그리고 동아시아 유학의 비교 연구이다. 이 몇 가지 주제 연구는 전체적으로 공동연구의 우세가 집중되는 특징을 보이며 광범위한 영향력을 보여주었다. 중국의 일부 학자들은 유학의 전체적 형상을 보존하려는 의욕이 아주 강했다. 또한 일부 학자들은 거시적인 것을 좋아했는데 거시적인 유학은 여전히 불충분했다. 이런 까닭에 통사적인 유학사가 주의를 끌었다. 90년대에 여러 권으로 구성된 유학사를 쓰려고 북경대 철학과에는 중국철학사 교수연구실, 중국 사회과학원에는 종교연구소의 유교연구실이 연이어 만들어졌다. 북경대의 '중국유학사'는 정식으로 연구 작업에 들어갔으나 아직 완성되지는 않았다. 그러나 통사적인 유학사의 성과물이 잇달아 출간되었다. 류위화(劉蔚華)·자오중정(趙宗正) 선생이 주편한『중국유학학술사상사』, 리선(李申) 선생이 혼자서 완성한 세 권의『중국유교사』, 많은 사람의 공동작품인 일곱 권의『중국유학사』가 그것이다. 또 팡푸(龐樸)·류종셴(劉宗賢) 선생이 나누어 편집을 주관한 두 권의『중국유학』도 있다.

이러한 연구의 성격을 살펴보자. 위에서 말한 것처럼 유학에 대하여 부문별로 나눈 연구와 전체적 또는 종합적인 연구이다. 이런 연구는 대체로 유학을 대상화 그리고 객관화한 역사성의 연구라고 할 수 있다. 역사적 존재로서의 유학 연구의 중요한 관심은 "유학은 무엇인가?" 그리고 "왜 그런가?"이다. 그리고 유학과 관련된 모든 사실과 이러한 사실들의 상호관계이다. 이것은 묘사적이며 또한 해석적이다. 이러한 연구는 대상과 연구자를 구분하고, 가치중립자의 입장에서 유학을 대면하는(我注六經) 것이다. 이 연구는 유학 연구를 필요한 가치를 보급하는 수단으로 삼지 않는다. 또한 유학을 직접적으로 절대적인 가치와 마땅히 해야하는 주해(六經注我)가 되도록 하지도 않는다. 이점은 우리로 하여금 중국 고대의 학술중의 '고문경학古文經學'과 '고증학考證學'을 연상하게 한다. 또한 우리들은 후스(胡適)가 일찍이 고증학을 증거와 사실 근거를 중시하는 과학적 방법에 견주어 논하였던 것을 연상하게 한다. 현대의 학술은 이른바 '신고信古(전통적傳統的)'에서 '의고疑古(고사변파古史辨派)'로 다시 '석고釋古(펑유란〔馮友蘭〕이 제창)'의 순서대로 변해 왔다. 그러나 믿음을 버리고 사실에 근거한 '신고'와 '석고'라면 아무런 문제가 없을 것이다. 그런데 문제는 사실이 결핍되고 다만 '가치'적 믿음만을 따라서 시작된 신이호실信而好實과 회이의지懷而疑之에 있다. '석고'는 늘 그랬던 것처럼 사실과 문헌을 기초로 해야 한다. 일련의 새로운 고고학의 발견에 근거하여 지하 문물을 주요 근거로 하는 '옛것의 증명(証古)'이 이미 중국 역사 연구의 새로운 경향이 되었음을 믿는다. 나는 '역사방법론'의 논쟁에 휘말리고 싶지는 않다. 어떤 이는 아마도 역사주의를 반대하고, 심지어 역사학의 객관성을 부인할 것이다. 그러나 유학의 연구가 만약 '역사적 사실'과 문헌적 근거를 중시하지 않는다면, 유학 연구가 하나의 '학문'으로 성립할 수 있는지 문제로 될 것이다. 다행히도 90년대 중국 유학 연구는 엄격한 의미로서의 '학문성'을 가지고 있다.

여기에서 유학을 역사적 존재로 삼았던 연구의 배후 동기에 관한 문제를 제기할 수 있다. 그렇다면 왜 유학을 연구해야 하는가? '역사적' 유학을 연구하는 것은·근본적으로 '유학을 위한 유학'이지, 다른 비非학술적인 요구를 통괄하는 것은 아니다.[4] 이는 학술의 기본규범으로서의 학술 자율에 부합할 뿐만 아니라, 또한 하나의 학술 상식이다. 그러나 상당한 기간 동안 중국 학자들에게 있어 이러한 학술 자율은 오히려 학술의 지나친 욕망이었다. 이 학술 상식이 오히려 극히 비정상적으로 생각되었던 것이다. 흥미로운 점은 비정상적으로 여기는 척도가 계급성뿐만 아니라 과학성과 계급성의 '통일'에까지 이르렀다는 것이다. 이렇게 해서 객관성을 특징으로 하는 과학이 바로 학술의 객관성을 말살하는 조수가 되었다. 90년대 중국의 유학연구는 학술의 일반적 의의에서 본다면 80년대 이전의 '비학술'적 학술〔공자 비판(批孔)〕에 작별을 고하였다. 뿐만 아니라 80년대('문화붐'이라고 표현하는) 문화주의文化主義를 배경으로 하는 대이화지大而化之의 학술과도 달랐다. 80년대와 비교해볼 때 90년대의 중국 학술은 더욱 깊이가 있고 정밀해졌다. 왕궈웨이(王國維)·천인커(陳寅恪) 등 국학의 대가들이 숭배되고, '학술사'가 관심의 대상이 되었고, '학술규범'이 토론되는 것 등이 모두가 이러한 경향의 표출이다. 의심할 것도 없이 '비非학술'에서 '학술'로 가는 과정에서 80년대는 중요한 과도기였다. 이 과도기의 주요 특징 중 하나는 '정치와 학술의 합일(政學合一)'을 벗어나 '학술의 자율'을 확립하고 계급성과 정치적 의식형태로부터 벗어난 과학성을 강조한 점이다.[5] 차이상스(蔡尙思)는 자신의 글에서 '진짜와 가짜' 공자[6]를 구별할 것을 주장했다. 그 목적은 바로 역사 사실에 부합하

---

4) 이것은 '價値'와 '興趣'가 우리들이 선택한 연구의 문제와 대상에 대하여 관계가 없는 것을 말하는 것이 아니라 '가치'와 '흥취'를 '대상' 속으로 전입할 수 없음을 말하는 것이다.
5) 일부 연구자들은 80·90년대의 학술변천을 '사상가'에서 '학문가'로의 전환이라고도 본다.
6) 蔡尙思, 「關于眞假孔子 —孔學硏究的幾个主要問題(上)」, 『人民日報』(海外版), 1987. 9. 22 참조.

는 진실된 공자 또는 '본래 모습으로서의' 공자로써 '비학술적'이며 '정치'에 의해 이용당하는 공자를 대체하고자 함이었다. 80년대 이래로 학술계에는 '학술을 위한 학술'을 강조하며 줄곧 '정치적 의식형태'를 경계하고 억제하며 학술로 나아가게 하고자 하는 의도가 있었다. 다시 말해 90년대 순수한 학문연구 안에는 여전히 학술의 순수화라는 동기가 지속적으로 존재한 것이다. 90년대에 '학술'의 내부법칙과 내부규범의 문제들이 돌출되었다. 이로 인해 90년대 중국의 학술 중심의 하나였던 유학연구는 학술을 목적으로 하는 '학술동기'와 '학술규범'의 지지와 촉구를 받게 된다. 동시에 '학술동기'와 '학술규범'을 보호하고 정착시키는 작용도 발휘하였다. 여기에서 특별히 이러한 학술 '상식'을 강조하는 이유는 이런 '상식'이 중국에서는 특별한 의미를 가지고 있기 때문이다. 그러므로 여기에서 출발하여 진행된 중국의 유학연구와 그 역사성 유형은 더욱 의미심장한 기조를 갖게 되었다.

　20세기 말 중국의 유학연구에서 '가치성'의 유형은 '역사성'의 유형과 다른 취향을 갖은 상대성을 가지고 있다. '가치성' 유형은 유학 중의 '가치價値', '선善' 그리고 '마땅함'에 주의를 기울였다. 이로 인해 '역사성' 유형의 상대성은 대체적으로 사실과 가치, 진실함과 선함, 옳음과 마땅함 등의 상대성을 이용하여 구분할 수 있다. 유학 연구의 '가치성' 유형은 우선 일종의 가치 경향인데 가치, 선 그리고 마땅함을 추구하는 출발점이다. 다음으로 '가치성' 유형은 유학을 일종의 잠재적 가치 자원으로 보았고, 또한 그 안에서 가치를 새로이 발견하는 것을 직접적인 동기와 의도로 삼았다. 이것은 혼동을 일으킬 수 있을 것이다. 유학의 역사에서 가치를 발견한다고 할 때 여기에서의 가치는 여전히 '역사 사실'일 수 있으며 그것은 역사 속에서도 이미 일종의 가치였다. 다시 말해 역사상의 '가치'는 여전히 '역사'일 수 있으며 또한 역사의 서사를 통하여 드러나는 것이다. 만약 "이것 뿐"이라는 것도 여전히 "역사성"적인 연구 유형이라고 말할 수 있다. 그러나 가치성의 유형은 근본적으로 이러한 의미가 아니다. "가치성"의 유형은 역사상에서 가치를 발견하는 것이다. 뿐만 아니라 그 것이 가치있다는 것이 틀림없으며 계속해서 가치가 있다고 믿는다. 이런 까닭에 가치성의 유형이 유학 역사에서 발견하는 것은 옛사람들의 '마땅 함'뿐만 아니라 또한 우리들 현대의 '마땅함'이기도 하다. 이 밖에도 가치 성의 유형은 원래는 가치가 아니었던 '역사 사실'을 현재 또는 미래 우리 들의 필요에 근거하여 직접적으로 가치로 변화시키기를 희망한다.

이 방면의 상황을 좀더 살펴보기로 하자. 90년대 우리가 유학에서 발견한 또는 바꾸어 내고자 시도했던 '가치'를 그 주요 내용만 열거해본 다. 사회이상에서는 화和와 합合을 중심으로 한 천인합일天人合一, 화협 和協, 중화中和, 화이부동和而不同, 화합和合, 화평和平, 정의正義, 공 평公平, 만방협화萬邦協和 등의 가치가 있다. 정치적으로는 자유, 민주, 인권, 평등, 공정, 정치유학政治儒學, 덕치德治 등의 가치가 있다. 경제 측면에서는 유상儒商, 관리管理, 의리통일론義理統一論 등의 가치가 있 다. 윤리도덕 측면에서는 인애仁愛, 예禮, 성신誠信, 경계境界, 후덕재 물厚德載物, 효경孝敬 등의 가치가 있다. 이러한 가치가 유학 전통의 본 래 고유한 것에 상관없이 모두 현대 또는 미래의 '마땅함'에 속하며 우리 가 실현하여 정착시키고자 하는 규범과 이상이다. 가치성 유형의 연구에 의하면 유학은 '중국성中國性'의 문제를 해결하는 데 도움을 줄 뿐만 아 니라 '세계성'의 문제를 해결하는 데에도 도움이 된다. 유학의 가치는 현 대에 효력을 가지고 있을 뿐만 아니라 미래에 대해서도 보편성을 가지고 있다. 이러한 가치의 인식을 예측에 근거하여, 유학이 이미 한 세기 동 안 최고의 명성과 명예를 획득했고 동시에 한 세기 동안 예전에 담당하 지 않았던 중임을 담당했다. 비록 대부분의 유학 가치성 유형 연구가 학 술상 엄숙하고 진지하지만 그러나 확실히 과장하는 부분도 있었다. 그러 나 이 모든 것을 가치성 유형으로 귀납시킬 수 있다. 이 가치성 유형은 유학이 부여한 가치로서 모든 것을 포함하는 '정체성整體性'을 가지고 있다. 국부적인 범위를 벗어났기 때문에 이러한 가치성 유형의 유학관을 '유가구속론儒家救贖論'이라고 칭할 수 있는 이유가 충분하다. 이런 의미에서 유학을 '신념信念유학'이라 부를 수 있다.

5·4운동 때부터 지식인은 자유롭게 전통과 유학을 비판했다. 문혁文革 때에 와서는 부자유스럽게 유학에 대해 비판을 가했다. 80년대 사상해금思想解禁의 과정에서 지식인들은 조금 자유스럽게 전통문화를 비판하고 공자와 결별했다. 비록 정도는 다르고 방식도 차별이 있지만 유학은 마치 원죄原罪를 가지고 있는 듯 줄곧 가치 상의 부정과 멸시를 받아왔다. 유학은 가치가 없을 뿐만 아니라 부면성負面性의 대표였다. 유학은 중국의 문제와 곤경의 근원이었을 뿐만 아니라 중국이 미래를 나아가는 데 장애물이었다. 이와 같이 90년대 '유학 구속론儒學救贖論' 분위기의 가치성 유형 연구의 흥기에 대해서는 아마도 매우 놀라울 것이다. 그러나 가만히 생각해보면 어렵지 않게 이해할 수 있다. 정부의 '전통문화의 선양'은 객관적으로 중국문화의 주체로서 유학 부흥에 적당한 환경을 제공했다. 학술 자체의 변천에서 본다면, 90년대 유학의 가치성 유형은 역사성 유형과 비교해볼 때 80년대와 더불어 분수령으로서의 의미를 가지고 있다. 90년대 유학의 가치성 유형은 주로 80년대 중국의 학술, 사상과 문화의 기본 논조에 대해 상대적으로 발생한 변화이다. 80년대는 사상해방思想解放, 개방, 다원화, 문화붐, 중서문화中西文化의 차이점과 우열 연구 등이 특징인 학술, 사상과 문화의 기조였다. 전체적으로 보면 5·4운동과 흡사한 일종의 신계몽주의新啓蒙主義이다. 계몽의 자원과 배경의 근원은 여전히 서양에서 왔다.[7] '서양가치'를 중심과 보편성으로 하

---

7) 당시 이목을 끈 3편의 총서로는 『走向未來叢書』(四川人民出版社), 『二十世紀文庫』(華夏出版社), 『文化: 中國與世界』를 들 수 있다. 여기에서 반드시 지적할 점은 필자가 원래부터 일정한 의미를 갖고 있는 '서화西化'라는 용어를 부정하는 것은 아니지만, '전반全般'의 의미를 갖고

는 계몽이었던 것이다. 이런 까닭에 신계몽은 5·4와 마찬가지로 서양화의 특성을 가지고 있었다. 이는 또한 반전통反傳統에 상응되는 것으로서, 전통은 다시 한번 '곤경에 처한 중국(中國困境)'의 속죄양이 되었으며 전통과 현대는 새롭게 대립되었다. 신계몽의 격렬한 반전통과 문화정체주의文化整體主義는 또 스스로 자신의 급진적인 스타일을 만들어 갔다. 80년대 말 중국 지식인의 엄청난 좌절감은 객관적으로 그들이 80년대 학술, 사상과 문화를 생각하고 반성하도록 촉진하는 효모가 되었다. 전통문화의 선양이라는 커다란 객관적 배경 하에 주관적으로는 또한 새로운 합의와 대체물을 찾아 초조와 불안을 극복하기를 희망하는 중국 지식인들이 전통과 유학을 선택한 것은 너무나도 자연스러운 것이다. 그 결과 80년대와는 다른 서양화, 신계몽주의, 현대화, 보편주의, 신급진주의 등의 경향인 본토성本土性(중국화), 특수주의特殊主義, 신전통주의, 신보수주의, 민족주의 등의 입장과 태도가 나타났다. 철학의 기초 또한 프랑스와 독일의 이성주의, 절대주의(특히 헤겔)에서 영국의 경험주의로 바뀌었다.

이것은 80년대부터 90년대까지의 변화를 개괄한 것으로서 그 주요한 추세와 특징을 의미하는 것이지, 90년대에 계몽, 보편주의 그리고 현대의 목소리가 없었다는 의미는 아니다. 사실상 문제가 이처럼 단순하지도 않다. 가치성 유형 자체에도 유학의 가치관념과 신앙을 보편화하려는 의도가 포함되어 있다.

이상에서 세기말 중국 유학관의 대체적인 두 가지 유형에 대해 논의해보았다. 두 가지 유형의 구분은 의심할 여지없이 상대적인 것이다. 그러나 전자는 주로 '역사서사歷史敍事'이며, 후자는 '가치 호소價値訴求'이다. 이것이 바로 90년대 중국 유학관의 주요 두 가지 유형이었던 것이다.

있는 '현대화'라는 용어를 사용하는 것이 더욱 적절하다고 생각한다.

3. '패러다임'과 '방법'

이 장에서는 세기말 중국 유학연구의 두 가지 유형이 주로 사용하였던 패러다임 및 그 방법론의 특징을 고찰해보고자 한다. 앞서 언급한 80년대 '정치와 학술의 분화'와 '학술의 자율화'를 거치면서 중국 학술의 대다수 전공 연구는 의식 형태로써의 단일 패러다임과 방법과 더불어 점차 한계점에 도달하였다. 이러한 변화는 매우 명확하게 나타났다. 예컨대 80년대 말 정치 의식형태의 독단성 패러다임과 방법은 중국사상사·철학사 등의 연구에서 이미 구속력이 없어졌다. 여전히 몇몇 사람들은 이것을 제창하고 사용했지만, 소위 지도성은 이미 변하여 더욱 더 기념성을 갖게 되었다. 동시에 이러한 패러다임과 방법이 학술상의 의의가 완전히 없어졌다고 말할 수는 없겠지만, 역사상의 관념 형태로서 그 자체는 여전히 자신의 이념적 특징을 가지고 있었다. 실제로 그것과 의식 형태의 구분을 가지고서 신분과 지위의 원망을 운용하고 유지하고 있었음을 볼 수 있다. 90년대 초 장다이녠(張岱年)이 주편한 『중국유물론사』에서는 유물주의가 관념 형태로서 중국철학 체계에서 정당하게 충분히 운용할 수 있다는 점을 학술상에서 믿는다는 것이지, 피동적으로 중국철학을 유물주의의 주석과 논증의 수단으로 간주한다는 것은 아니다. 주보쿤(朱伯崑)은 교조주의로부터 해방된 유물주의사관이 여전히 중국 철학사를 연구하는 효과적인 방법이라고 믿으면서, 그것이 일찍이 잘못 사용되었기 때문에 내버릴 수는 없다고 지적하였다.[8] 그러나 적어도 유물주의 사관이 일찍이 과도하게 사용되었고 그것이 초래한 단조로움 때문에 사람들은 이미 싫증을 느끼고 있다. 일단 학술이 개방되자 사람들은 서로 다른 패러다임과 방식을 경험하기 더욱 원하였기 때문에 패러다임과 방법상

---

8) 朱伯崑, 「在中國哲學與易學學術硏討會上的發言提要」, 『中國傳統哲學新論 —朱伯崑教授七十壽辰紀念文集』, 九州圖書出版社, 1999 참조.

의 다양성이 형성되었다.

필자는 원칙적으로 패러다임과 방법이라는 이 두 가지 관념이 실질적으로 다르다고는 생각하지 않는다(패러다임의 의의는 광범위하고, 방법은 원래 패러다임이다). 필자가 특별히 유학 연구에서 패러다임과 방법을 구분하는 것은 패러다임을 이용하여 비교적 직접적이고 구체적으로 유학 대상 중에 사용되었던 관념들을 개괄하고자 하는 것이다. 또한 방법을 통해 유학 연구 중에 일관적이면서 비교적 간접적이고 일반적인 사상 방식을 통괄하려는 것이다. 필자의 이런 구분은 매우 상대적인 것이다.

90년대 유학 연구에서 사람들이 도대체 얼마나 많은 패러다임을 사용했는가는 구체적으로 말할 수 없고, 또한 그렇게 할 필요도 없다. 필자는 전체성에 영향을 미친 패러다임에만 주목할 것이다. 왜냐하면 바로 이러한 패러다임이 중국 90년대의 유학연구와 유학관의 시대성의 특징을 보여주기 때문이다. 전체성과 호응되는 패러다임을 말하자면 다음과 같다. 즉 전통과 현대, 그리고 後後현대(포스트모던), 베버의 논리방식·경제윤리·관리, 자유·민주·민주·평등·인권, 보편주의·전지구주의·평화주의·생태주의, 인문정신과 가치·종말사상·초월(내재적 초월과 외재적 초월), 종교 등을 들 수 있다. 그렇다면 이러한 패러다임은 어떻게 운용되는가? 그것의 특성에 근거하여 몇 가지의 유형으로 나누어 살펴보자.

전통과 현대, 그리고 후현대는 원칙성을 갖춘 패러다임이라 말할 수 있다. 후현대주의(포스트모더니즘)가 중국에 들어오기 전에는 전통과 상대되는 것이 줄곧 현대 또는 현대화였다. 후현대주의가 중국에 등장함에 따라 전통은 새로운 대응물인 후현대를 가지게 되었다. 이렇게 하여 전통은 동시에 현대 그리고 후현대와 상대적인 이중 충돌관계에 놓이게 되었다. 전통 자체를 포괄하여 중국학자들의 현대와 후현대에 대한 이해가 일치할 수는 없다. 중국에서 현대화는 여전히 주요 가치목표이기 때문에[9] 기본적으로 현대의 문제를 반성하고 극복하려는 서방의 후현대는 중국에서 주로 현대성의 연속선상에서의 후속 가치 또는 현대성의 보충으로 여겨진다. 현대에 대립하는 가치가 아닌 것이다. 90년대 중국에서 전체적으로 볼 때 전통과 현대를 더 이상 서로 용납하지 못하는 양극단으로써 받아들이지 않았다. 새로 탄생한 전통과 후後현대의 관계 또한 그 주된 것이 대립성은 아니었다. 여기에서 우리는 중국 전통문화의 주체로서 유학이 현대, 후현대와 어떠한 관계인가를 상상할 수 있다. 90년대 중국 유학을 연구하는 사람들에게 유학전통은 현대와 후현대의 대응물이 아닐 뿐만 아니라 오히려 현대와 후현대의 중요한 자원이다. 아주 분명한 현상은 유학연구에서 현대는 많은 논저의 제목중의 핵심 단어이다. 전통과 현대화는 심지어 직접적으로 정기 간행물의 명칭이 되기도 했다. 중화서국中華書局이 주최하는 광범위한 영향력의 『전통과 현대화(傳統與現代化)』가 바로 이러하다. 유학 그리고 현대와 후현대가 함께 연계되었을 때 이는 단순히 현대를 활용하는 패러다임의 문제가 아니며 유학의 가치와 현대, 후현대의 적응성을 찾아내어 유학의 가치를 합리화, 정당화하는 문제 또한 아니다. 실질적으로 이는 동시에 또한 유학과 현대와 후현대의 일반적 의의에서의 '상용성相容性'을 논증한 것이다. Guy S. Alitto의 연구에 의하면, 현대 신유가의 중심인물인 량쉬밍(梁漱溟)은 유학에 대한 보호와 동시에 반反현대화를 표현하였다.[10] 량쉬밍이 반드시 반현대화를 말한 것은 아니지만, 적어도 그는 유학의 미래성을 통해서 서구의 현대화와 구별하여 유학의 가치를 강조하고 유지한 것이라고 생각한다. 설사 유학에서 어떤 현대적인 가치가 없다고 하더라도, 유학이 이러한 가치를 반대하거나 받아들이지 않는다는 것을 의미하는 않는다는 시각도 있다.[11]

---

9) 현대화의 문제를 반성한 왕휘汪暉의 경우에도 현대화를 부정하지 않았다. 이에 대해서는 『汪暉自選集』, 廣西師範大學出版社, 1997 참조.

10) Guy S. Alitto, 『世界範圍內的反現代化思潮 一論文化守成主義』, 貴州人民出版社, 1991.

11) 陳來, 「儒家論理與人權價值」, 『國際儒學研究』 6집, 中國社會科學出版社, 1999 참조.

이처럼 문제는 복잡한 측면을 가지고 있지만, 90년대의 전체적인 경향은 유학을 현대 혹은 후현대의 중요한 자원으로 간주하는 것이었고, 그 대립물로 간주하지 않았다는 것이다.

베버의 논리방식, 경제윤리, 유상, 관리는 전체적으로 볼 때 경제와 상업의 목표로 인해 연관되어 있는 패러다임으로 귀결지을 수 있다. 필자가 말하는 베버 논리방식은 베버의 두 가지 주요 논제를 말한다. 하나는 신교윤리新敎倫理를 서방 자본주의를 흥기시킨 한 요인으로 보는 것이고, 다른 하나는 유가를 중국이 자발적으로 자본주의를 흥기시키지 못한 요인으로 보는 것이다. 그러나 베버의 문제의식은 일반성一般性의 의의를 가지고 있는데, 그것은 바로 '정신가치와 윤리관'과 자본주의와 경제간의 관련성을 인정한 것이다. 90년대 중국에서 적지 않은 유학연구자들이 베버 논리방식의 일반적 의의를 받아들였다. 또한 베버의 신교윤리의 각도에서 서방 자본주의의 흥기에 대해 내린 해석에 대해서도 반대하지 않았다. 그러나 그들은 베버의 유가와 자본주의의 관계에 대한 논의에 대해서는 받아들이기를 거부했다. 그들은 유가윤리와 동아시아의 후진자본주의의 흥기를 연관시켰다. 여기에 유가가 적극적인 작용을 했다고 믿었다. 경제윤리와 유상의식의 근본적인 착안점은 도덕과 무관해 보이는 경제와 경제와 무관해 보이는 도덕을 연계시키고자 하는 점이다. 역사적으로 가끔씩 긴장관계에 놓이는 '유儒'와 '상商'을 연계시켜 도덕으로 특히 유가 도덕과 규범이 경제와 상업행위에 대한 구속력의 하나가 되게 하는 것으로서 사람들 마음을 아프게 하는 경제와 상업활동의 '무도덕'과 '무신용' 현상을 해결하고 극복하기를 희망하는 것이다.[12] 필자가 번역한 시부사와 에이이치(澁澤榮一)의 『논어와 주판』이 바로 이러한 동기를 가지고 있으며, 이것은 또한 이 책이 중국에서 특히 중시되는 주

---

12) 儒小峰 等主編, 『經濟倫理與近現代中國社會』, 香巷中文大學出版社, 1998 참조.

요 원인이기도 하다. '관리'는 주로 경제 관리를 말한다. 사람들은 유가와 관리를 결합시킨 이 패러다임를 통하여 유가에서 현대경제의 관리에 적합한 자원을 개발해내고자 한다.[13]

자유, 민주, 평등과 민권民權을 유학에 적용했을 때 야기되는 논쟁은 가장 많고 오래되었다. 90년대 이전에 중국대륙의 주요 경향은 자유, 민주, 평등과 인권 등의 현대 정치관념을 유가와 연계시키는 것을 반대했다. 그러나 90년대에는 이러한 경향이 약화되었다. 의식적으로 자유, 민주, 평등과 인권 등의 정치관념을 활용하여 유학을 관찰하는 취향이 농후해졌다. 게다가 이러한 활용에서 사람들이 관심을 가지는 것은 유학의 자유, 민주, 평등과 인권 등의 패러다임의 일치점뿐만 아니라, 유학과 이러한 패러다임간의 차별성이다.[14] 특히 자유주의의 패러다임을 유가에 활용할 관심을 가졌다. 이는 유학을 관찰하는 하나의 각도일 뿐만 아니라 유가를 변화시키려는 의도를 시도해보는 것이다. 만약 어떤 사람이 '유가 자유주의'를 제시한다면 실질적으로 단순한 패러다임로서의 범위에서 벗어나 자유주의의 다른 형태를 표명한 것이며, 또한 유가에서 일종의 자유주의적 형태를 변화시켜낼 수 있음을 표명한 것이기도 하다. 비록 여전히 유가와 현대정치의 지혜가 충돌한다고 주장하는 사람들이 있지만, 현대정치의 지혜를 활용하여 유가를 관찰하는 시각과 방식은 여전히 유혹적이다. 내가 아는 바에 의하면 삼련서점三聯書店의『공공논총公共論叢』이 '유가와 자유주의' 특집을 편집하고 있다고 한다.

90년대 중국 유학의 부흥은 어느 정도의 수준에서 보편주의에 도전하는 의미를 가지고 있다(더욱 정확하게 말하자면, 서방에 대응하는 것이

---

13) 『儒家管理哲學』, 廣東高等敎育出版社, 1993 참조.

14) 대표적으로 鄧小軍, 『儒家思想與民主思想的邏輯結合』, 四川人民出版社, 1995; 肖濱, 「儒家與兩種自由觀念」, 『社會科學』, 1997-3; 陳寒鳴, 「儒學與現代民主」, 『天津社會科學』, 1998 등을 들 수 있다.

다). 어떤 학자들은 민족의 전통문화와 가치에 대한 자각과 합의로 새롭게 자신의 신분을 확정하고 자신에게 자리매김을 해줄 것을 희망한다. 이런 이유로 전통문화와 유학에 대한 합의 과정에서 자연히 그 독특함과 같거나 다른 점을 설명하게 되고 스스로에게 대화의 독특한 자원과 평등한 자격을 갖게끔 한다. 그러나 전통문화와 가치에 대한 호소는 정도는 다르지만 서양 보편주의의 서술방식을 배척하고, 세계화의 경향을 비평하고 있다. 이와 상응되게 민족주의, 본토주의(심지어 중국 중심주의식의 오만함)와 문화 상대주의의 의식을 재촉하였다. 그러나 이와 대립적인 듯한 다른 하나의 경향이 자발적으로 측면에서 세계화와 보편주의 패러다임에 대응했다. 냉전 종식 후에 형성된 세계의 새로운 추세인 평화주의와 환경과 생태위기를 극복하기 위해 제창한 생태주의 등은 패러다임으로서도 감화력을 가지고 있다. 사람들은 잇달아 이들을 유학의 연구와 관찰에 도입했다. 그 결과 유학이 보여준 것은 보편주의(또는 보편적 윤리), 평화주의, 생태주의 등의 형상이다. 가령 재차 사람들에 의해 강조된 천인합일, 조화, 대동 등이 가끔씩 이러한 패러다임의 조명 아래 빛나는 것이었다. 대륙학자들은 헌팅턴의 『문명충돌론』에 대해 보편적으로 비판적인 입장을 취하고 있다. 하나는 서로 다른 문명이 전체적으로는 대화, 이해와 융합할 수 있다는데 근거한다. 또 하나는 보편주의의 입장에서 유학을 관찰하는 것으로 유학이 인류의 보편적 가치를 가지고 있으며, 충돌의 근원이 될 수는 없다는 것이다.

만약 70년대 말과 80년대 초의 인도주의와 인문주의가, 정치독단(泛政治)에 대해 상대적으로, 인성 해방, 개인의 자유와 가치를 진술하는 동기를 가지고 있다면, 90년대의 인문 정신과 가치, 인문주의 의식은 곧 더 많은 도구주의, 공리주의, 세속주의 등을 특징으로 하는 경제독단을 배척하고 비시장非市場, 비공리非公利의 인문 정신, 인문 가치와 이상을 구하는 것으로, 존재의 공간을 쟁취하였다. 궁극의 관심, 초월과 종교 등의 관념은 대체적으로 모두 이 방면의 의식에 속한다. 그러나 이러한 이 방면의 의식은 동시에 또한 유학을 관찰하는 패러다임이 되었다. 인문주의를 이용하여 유학을 대하거나 유학을 이해하는 데 있어서는 기본적으로 논쟁이 존재하지 않는다. 그러나 궁극의 관심, 초월과 종교 등의 패러다임으로 유학을 이해하려면 문제가 복잡해진다. 관건은 궁극의 관심, 초월과 종교 등의 관념의 서양문화의 배경에 있다. 기독교와 중국 유학에는 매우 큰 차별이 존재한다. 그러나 사람들은 해결의 방법을 찾게 된다. 궁극의 관심, 초월과 종교를 이용해 유학을 이해하려 할 때 한편으로는 유학에 이러한 패러다임의 일반적 의의를 부여하고, 동시에 또 한편으로는 유학에 이러한 패러다임의 특수한 의의를 부여하는 것이다. 예를들면, 신유학이 내재적 초월(외재적 초월의 상대적 개념)과 종교정신으로 유학의 초월과 종교 특성을 해석하는 것과 같은 것이다.[15]

---

15) 중국에서 일어난 유학과 종교에 관한 토론에 대해서는 이미 오랫동안 격론이 진행되어 왔는데, 필자는 다음과 같이 생각한다. 우선 유학이 '종교정신' 혹은 '종교성'을 갖추었다고 말하기도 하지만, 유학을 '종교의 세계'로 완전히 편입시키기는 어렵다. 종교에 대한 완전히 일치된 이해는 없지만, 대체로 세계적으로 영향이 비교적 크고 기본적으로 종교로 인정되는 교파에서 공통점을 추출해 그것을 종교의 표준이라고 생각한다. 그러나 단지 종교의 정의로부터 추출해내어 그것을 종교라고 규정하는 것은 유교가 종교인가 아닌가에 대한 판단 기준이 될 수 없다. 여기에서 필자가 강조하고 싶은 점은 몇몇 세계적인 대종교는 많은 사람들이 믿을 뿐만 아니라 현재까지도 지속되고 있다는 것이다. 그렇다면 유교는 어떠한가? 중국으로만 한정해서 말하면, 유교가 불교·기독교·이슬람교·도교처럼 '많은 사람들'이 믿는 종교라고 말할 수 없다. 중국역사에서는 유교·도교·불교를 '삼교三敎'라고 일컬어왔지만, 유교·도교·불교를 모두 종교라고 말할 수 없다. 그렇다면 왜 20세기 이래로 도교·불교에 대한 종교 여부 문제는 발생하지 않고 오직 유교에 대한 종교 여부 문제가 발생하였던 것일까? 중국 역사에서 유교를 '교敎'로 삼고 '독존獨尊'으로 삼은 것은 기본적으로 유교가 '정치의식형태政治意識形態'와 '세속이론도덕교화世俗理論道德敎化'의 기능을 수행하여 체제화의 역할을 하였다는 결과에서 찾을 수 있다. 그러나 일단 체제의 장악력이 무너지자 유교는 곧 일반적인 의미의 '학學' 혹은 '일가지언一家之言'으로 강등되었다. 바로 이 점이 청말 전통사회정치의 붕괴에 따라 유교 혹은 유학이 급격하게 하강하게 된 이유를 해명해준다. 강유위康有爲는 유교를 국교로 삼아야 한다고 제창하여 '교화敎化의 통일統一'을 여전히 주장하였는데, 이것은 서학西學에 대한 유교정치의식형태와 가치통일의 중건을 기도한 것이었다. 중국에서 유학·유교를 '교'로 삼고 의식형태로 삼는 것으로만 말한다면, 이것과 마르크스주의는 중국의 상황에서 유사한 점이 있다. 필자는 유교가 종교가 되어 중국 민중들을 위한 신앙과 정신적 지주가 되기를

이러한 방법이 사람들에게 보편적으로 받아들여지는가 아닌가의 여부에 상관없이 이러한 패러다임를 이용해 유학을 이해하는 것이 90년대 유학연구의 중요한 입장과 시각이었다는 것은 인정될 수 있다.

패러다임의 다양성과 비교해볼 때 20세기 말 중국 유학연구의 방법론은 풍부하지 못했음이 드러난다. 비록 객관적으로는 방법의 다양성에 공간을 제공했지만 그러나 실질적으로는 결코 다양하지 못했다. 특히 자각적으로 그리고 창조적 견해로 어떠한 방법을 유학 연구에 활용한 예는 더욱 찾아보기 어렵다.

90년대 역사의 실증성과 객관성을 동기로 하는 연구방법은 과학주의, 실증주의, 고증학, 실사구시 등 동서양이 혼합되어 하나로 된 이른바 '과학 방법' 또는 '실증 방법'에서 온 것이다. 이러한 방법은 기본적으로 여전히 중국 역사학 각 지류의 주도적인 방법이다. 이러한 방법의 기본적 특징은 인증이다. '인[引]'은 '이치를 밝히는 것(明理)'일 뿐만 아니라, 더욱 중요한 것은 '옳고 그름을 결정짓기(明証)'위한 것이다. 인증의 정도는 사람마다 다르지만, '인[引]'이 '증거를 찾는(求証)' 목적인 것은 대체로 동의한다. '인'은 '이론을 세우는(立論)' 방법일 뿐만 아니라 비판의 방법(예를 들어 어떤 관점의 근거가 부족하다고 비판하는 것)이기도 하다. 이러한 방법은 유학연구에서 자주 쓰이는 방법이기도 하며 대량의 '묘술성描述性' 유학 연구의 성과를 탄생시키기도 했다.

상술한 실증성과 과학성의 방법과 모든 면에서 다른 방법, 심지어 상대적인 방법은 해석학(또는 전석학詮釋學)이다.[16] 이 방법은 역사주의가 믿는 역사적 텍스트에 본의 또는 원의가 존재한다는 것을 거절하고,

---

원하지만, 애석하게도 그것은 그렇지 못하였다. 지금까지 유학·유교는 종교가 아니었다고 말했지만, 이것은 유교가 영원히 종교로 전화될 수 없음을 말한 것은 결코 아니다. 유학·유교가 진정으로 사람들의 보편적인 신앙으로 자리잡기 위해서는 끊임없이 '유학 종교화운동' 혹은 '신유교운동'을 전개해나가야 한다.

16) 이 방법의 주요 근거는 Hans-Georg Gadamer의 해석학이다.

이해와 해석으로써 가능한 이해의 구조, 선견, 편견을 강조한다. 선견의 구체적 표현인 전통, 권위, 역사 그리고 언어의 해석에서의 작용을 강조한다. 이해 과정의 이해, 체험, 흥미, 역사의 효과와 시계視界의 융합融合을 강조하는 것이다.

총체적으로 말하면, 해석학의 방법은 상대주의 특성을 가지고 있다. 해석학의 방법에 치우친 유학 연구자들은 하나의 공통점을 가지고 있다. 과학주의와 실증주의의 방법에 대해 불만을 가지고 있고, 인문과학과 자연과학의 차이를 강조한다. 자연과학에서 효과적인 방법이 인문과학에도 효과적으로 적용되리라고 여기지 않으며, 인문과학에도 자신의 특색에 맞는 방법이 있으리라 생각하는 것이다. 어떤 이들은 이러한 방법을 중국 전통의 '송학적宋學的 방법' 또는 '육경주아六經注我'의 방법에 비교하여 '주관적 작업'이라 칭함으로써 객관적 작업인 '한학漢學'과 '아주육경我注六經'의 방법과 구별짓는다.[17] 우리의 제한적인 이해에 근거해보면 유학연구에서 이러한 방법은 가끔씩 가치, 체득(体認), 동정적인 이해, 의미의 개방(意義開放)에 치중하는 것으로 표현된다. 그러나 일반적으로 이런 방법을 사용하는 유학연구자가 완전히 과학과 실증의 방법을 배척하는 것은 아니며 객관성을 부정하지도 않는다. 그들은 다만 이러한 방법이 유일唯一하게 효과적인 방법이라는 것에 반대하는 것이다.[18]

북경대 펑유란, 장다이녠을 대표로 하는 분석방법('변명석리辨名析理의 방법'이라고도 함)은 중국철학사 연구에 비교적 큰 영향을 미쳐 '북경대학의 분석방법학파'라 칭해질 만하다. 펑유란, 장다이녠은 이 방법을 충분히 활용하여 놀라운 성과를 얻었고, 또 이 방법을 전수했다. 현재 중국철학 연구의 제일선에 있는 학자 중 몇몇이 그들의 1대 제자이거나

---

17) 馮天瑜, 「元典闡釋的幾種路向」, 『中國哲學』 17, 1996 참조.
18) 湯一介, 「再論重建中國解釋學問題」, 『中國社會科學』, 2000-1; 王中江, 「中國人文傳統與解釋意識」, 『天津社會科學』, 1994-3 참조.

2대 제자이다. 이 방법은 철학의 개념, 범위, 명제와 체계 등에 대한 단계적(層層) 분석을 진행하여 중국 철학사상의 복잡한 함의를 드러내 보이는 것을 중요시한다. 유학연구에서도 이 방법은 자연스레 활용되었다. 예를 들면 주보쿤의『역학철학사易學哲學史』는 펑유란과 장다이녠의 뒤를 이어 이 방법을 활용한 비교적 성공한 케이스이다. 그러나 이 방법 또한 질의를 받게 된다. 이론, 추상, 논리와 부분적 서양의 분석방법을 중시하는 것이 직감, 체험, 경험을 특성으로 하는 중국 철학에 부적합하다는 것이다. 이 방법은 중국철학의 '전체적(整體)' 특성을 파괴한다고 여겼다. 다른 방법들이 모두 상대적인 것을 가지고 있었던 것처럼 '분석방법' 또한 만능의 방법은 아니었다.

　　마지막으로 지식사회학 방법과 유물사관 방법을 보겠다. M. Scheler와 K. Mannheim으로 대표되는 지식사회학은 크게 본다면 지식, 관념, 세계관, 신념이 처해있는 사회와 상관이 있고, 이 모두가 사회 존재의 제약을 받는다는 것을 강조한 것이다. 이런 관점에서 출발하여, 역사 속의 사상과 관념을 접촉하고 이해했다. 관심의 대상이 사상과 관념의 사회적 기초였고, 사상이 생겨나고 출현한 사회 조건과 사회 상황을 찾고자 노력하였다. 90년대의 중국 유학연구자들은 전체적으로 볼 때 Scheler와 Mannheim의 지식사회학에 비교적 둔감했다. 그러나, 적지 않은 유학연구자들이 지식사회학과 연관된 마르크스의 유물사관의 방법에 대해서는 상당히 민감했다. 중국에서 유물사관을 활용하여 중국사상사를 쓴 대표적 인물은 허우와이루(侯外廬)이다. 그를 중심으로 한 이 사상사학파思想史學派는 '유물사관의 방법학파'라고도 불린다. 그러나 이 학파의 유물사관은 일찍이 정치적으로 남용되어 그 명성과 활력이 손상을 입게 되었다. 사람들에게도 이 방법과 거리를 두고자 하는 심리가 생겨났고,[19]

---

19) 유학과 마르크스주의의 관계에 대한 문제를 살펴보면, 형식상으로 90년대의 유학 연구는

당연히 이 방법을 활용한 유학의 연구는 말할 필요도 없게 되었다.

90년대 중국의 학술 사상 문화는 전체적으로 여전히 과도기였다. 유학 연구가 비록 광범위하게 부흥했으나 과도기의 제한을 벗어나지 못했다. 이런 연유로 유학의 학리에 새로운 창조를 기대할 수 없었던 것처럼 우리는 유학 연구의 방법상에 돌파구가 생기리라고 기대할 수가 없었다.

4. 여론: 문제와 예상

지금까지 20세기 말 중국 유학 연구 상황의 일반적 특성인 유학관에 대하여 살펴보았다. 90년대 중국 유학연구의 이 거대한 복합체와 비교한다면 이런 토론은 너무나도 부족하며 개괄 또한 주도면밀하지 못하지만, 이 토론이 적어도 20세기 말 중국의 유학 연구를 이해하는 데 조금이라도 도움이 되었기를 희망한다.

주지하듯이 유학의 발원지인 중국뿐만 아니라 자체적으로도 유학 전통문화 배경을 가지고 있는 한국과 일본 등의 동아시아 국가들이 유학 연구에 있어 이미 각자의 연구 전통을 형성하였다. 또한 비非유학문화권인 구미의 한학계도 유학 연구에 있어 실질적으로 이미 자신들의 연구 전통을 가지고 있다. 지금 세계의 한학계는 동아시아학, 특히 유학의 연구에 대해 대화와 의견교환을 전개하고 있지만 광범위한 의의로 본다면 실질적으로는 각자의 연구 전통과 특성을 보여주는 것이다. 이는 서로를

마르크스주의의 '지도'를 수용하지 않음을 공개적으로 선언하였지만, 이러한 지도는 이미 외재화外在化되었다. 이 때문에 중국에서 유학과 마르크스주의의 관계는 복잡하게 되었다. 어떤 사람은 대립적·병존적·융합적이라는 3가지 관계로 개괄하고 있지만(阮靑, 「九十年代關于馬克思主義與儒學關係問題的硏究」, 『孔子硏究』, 1998-3 참조), 유학과 마르크스주의의 관계는 중국에서 보편적인 문제가 아니었고, 특수한 문제였다. 보편적인 문제는 중국에서 유학이 어떻게 해야 모든 사상과 문화 속으로 개방될 수 있는지, 어떻게 해야 기타 다른 문화와 문명과 대화할 수 있는지 하는 문제이다. 특수하게 존재하는 유학과 마르크스주의 관계 문제는, 중국에서는 미묘한 것이다.

더욱 잘 이해하며 피차 서로에게 깨우침을 받도록 해준다. 이는 우리가 수시로 시합에 쓸 도구를 검사하여 가장 좋은 성적을 올리고자 하는 것과 같다. 늘 우리의 연구 전통을 회고하고 반성함으로써 우리의 연구에 새로운 계기와 전기를 가져오게 할 수 있다. 외람된 말이나 일본의 한학은 정밀함과 세밀함으로 유명하고 미국의 한학계는 패러다임의 참신함을 특징으로 하며 유럽의 한학은 몇 영역(예를 들면 언어와 문학 등의 방면)에 집중하여 돌파구를 찾고 있다. 한국의 한학계도 분명히 독특한 연구 전통을 가지고 있을 것이다. 간략화야 어떻든 나는 우리가 하나의 모식을 고수하기를 원하지 않는다고 믿는다. 일본 한학계는 그들의 연구 전통을 돌아보는 데 있어 사람들의 주목을 끌고 있다. 동경학파에 속한 미조구치 유조(溝口雄三)는 이미 이 방면에 적지 않은 작업을 해왔다.[20] 일본 아이치(愛智)대학의 '중국학부'는 최소한 그들의 태도로 보아 일본 한학의 기존 연구 전통에 도전하려는 의욕의 기세가 등등하다.[21] 90년대 이래로, 구미와 일본의 한학계는 중국사상 연구의 '사회사화社會史化'와 '문화사화文化史化'의 공통적인 경향을 형성해온 것으로 알고 있다.[22] 사상과 관념 그 자체에서 사상과 관념의 사회 문화 조건과 배경 및 상호 관련으로 주의를 돌리고 있는 것이다. "사회존재가 사회의식을 결정한다"는 유물사관의 광범위한 교육을 받은 중국 연구자들에게 있어 이런 사회사와 문화사에 중점을 둔 방법(사실상 바로 지식사회학방법)은 대체로 익숙한 듯한 감을 준다. 그러나 그뿐이다. 왜냐하면 이 방법의 가장 효과적인 활용에 대해 말할 수 없을 뿐만 아니라 일찍이 있었던 간략화, 정치화가 그 방법 자체를 왜곡 시켰고 또 대상 또한 이에 지배당했었다. 저는 진정한 의미의 지식사회학방법이 중국 유학연구에서 그 위력을 발휘

---

20) 溝口雄三, 「中國思想史研究在日本—其改革與課題」, 『學術思想評論』 3, 1998 참조.
21) 愛知大學現代中國學會編, 『中國21』, 中國社會科學出版社, 1998 참조.
22) 陳來, 「世紀末"中國哲學"研究的挑戰」, 『中國哲學史』, 1999-4 참조.

할 수 있기를 희망한다. 저는 또한 기타 새로운 패러다임과 새로운 방법을 적극적으로 연구 토론하여 진정으로 다양성과 전형성典型性을 구비한 중국 유학의 연구 형태가 형성되기를 희망한다.

중국의 유학연구자는 전체적으로 볼 때, 가치의 의식과 이상의 의식을 가지고 있는 경향이 있다. 이는 중국의 현실 환경에 대한 걱정, 인류 공통 환경에 대한 불안, 중국 전통에서 오는 영향에서 기인했을 것이다. 중국학자들은 그 정도는 다르지만 소크라테스 또는 공자의 기조를 가지고 있다. 그들은 '학學'과 '용用'을 완전히 분리하여 사실과 가치를 완전히 갈라놓기를 원하지 않는다. 그들에게 있어 교화와 경세치용經世致用은 학문의 자연적인 연장선이며, 대외적으로는 도의를 담당해야만 비로소 학문을 하는 것(치학治學)이 완성되는 것이다. 이는 베버의 학술 이성화와 이지화理智化(가치중립價値中立)의 표준에 부합하지 않는다. 학술은 이미 전문화, 직업화되었고, 이를 돌이킬 수는 없다. Edward. W. Said가 학문이 아마추어였던 시대로 다시 돌아가 학문을 완전히 생활의 정서와 사회의 양지良知로 삼으려 한 것이, 결국엔 단지 하나의 희망으로 끝난 것처럼 말이다. 문제는 학술과 사회의 관심간의 적당한 평형점을 찾는 데 있다. 나는 중국의 유학연구자들이 이 평형점을 찾아내기를 희망한다. 이렇게 하면 우리는 유구하게 면면히 이어져가는 학술성과를 얻을 수 있을 뿐만 아니라 유학이 다시 한 번 대중의 정신생활 속에 돌아오게 할 수 있을 것이다.

생활유학의 재건
동아시아 유학 발전의 새로운 길

쿵펑청(龔鵬程)

1.

현재 동아시아 유가문화권의 모든 국가는 지난 20세기 100년 동안 현대화의 충격을 겪으면서 모든 사회구조를 변화시켰다. 사회가 '현대화' 된 뒤에 정확하게 말하자면 사회구성원 모두가 사회현대화의 변화를 인정하고 수용한 뒤에는 시간은 전통과 현대로 양분되었다. 다시 말해 '전통'을 버리는 과정에서 사회는 현대로 접어들었고 이를 현대화라고 부르게 되었다. 이러한 인식에 의하면 전통은 부정적인 속성을 지니고 있으므로 마땅히 지양되고 초월되어야 한다. 그리고 보존시킬 전통이라면 그것이 현대성을 갖고 있다는 것을 보여주거나 증명해야만 한다. 즉 그것이 현대사회의 체질·구조·가치표준에도 적합하여 서로 결합될 수 있거나 현대사회에서 적극적으로 작용할 수 있다는 것이다.

이런 관점과 심리적 태도는 본래부터 현대사회의 현대적 성격 가운데 하나였다. 따라서 현대의 역사관은 단절적이다. 새로운 변화의 기점에 들어서서 이미 고대의 전통과는 아무런 감정상의 미련이나 끈도 사라졌을 때에, 고대의 전통은 이미 모든 세계관이 바뀐 사람들에게는 어떠한 실질적 작용도 갖지 못한다. 그리고 역사는 단절적이지만 오히려 '발전적'인 것이다. 발전이라는 용어는 원래 생물학의 유비類比개념에서 나왔지만, 현재에는 사회의 변화과정을 묘사하고 기대하는 데 광범위하게 사용되고 있다. 인류의 역사는 끊임없이 앞으로만 진보하고 발전하는 과정이라고 여겨져 왔다. 따라서 역사가 새롭게 변화된 뒤에 새로운 단계의 기점에 서 있는 현대인이란 사실상 역사 진보발전의 최고봉에 서 있다. 이 최고봉에 서서 과거의 전통을 되돌아본다면 자연히 전통적인 것들은 시대에 뒤떨어지고 진부하며 조잡하다고 느껴진다. 그러므로 전통을 지양하려는 마음이 무럭무럭 생겨난다.

이것은 바로 새로운 역사관이 현대인에게 부여한 교만이다. 따라서 상대적으로 전통이 계속 보존되고 지양되지 않으려면 반드시 그것이 현대성을 갖고 있다고 설명하는데 노력해야 한다. 예를 들어 현대인은 불교가 미신이고 비과학적이므로 마땅히 버려져야 한다고 말한다. 그리하여 불교계에서는 대량의 서적을 출판하여 불교가 어째서 과학적인가를 설명한다. 이렇게 알 듯 모를 듯한 얕은 과학지식과 과학주의적 태도를 가지고 불교의 존엄을 지키고 보호하려고 한다. 이와 마찬가지로 유가도 과학에 적합하다거나 아니면 적어도 과학에 장애가 되지는 않는다고 말하는 사람이 많다.

과학을 강조하는 것은 현대사회의 특징 중 하나이다. 그리고 현대사회의 중요한 성질 가운데 다른 하나는 자본주의의 발전이다. 전통에서 현대로의 전환은 일반적으로 농업봉건사회로부터 산업자본주의사회로의 변천이라고 말하며 공업생산, 자본축적, 기업경영, 자본가의 관리 등이 사회의 기본구조를 조직하였다. 이러한 새로운 사회구조에서 인간관계, 사회분화원리, 윤리태도, 생활규칙도 이에 따라 모두 바뀌었다. 논밭에서 일하던 농민들도 점차로 고향을 떠나 도시로 흘러들어와 노동생산체계에 참여하여 기업체에 의지하며 살게 되었다.

불교가 과학성을 갖고 있다고 논증함으로써 현대사회에서 살아남을 수 있는 신분증을 획득한 것과 마찬가지로, 수많은 전통 문물들도 자본주의와 결합상황을 도모해야 한다. 이들이 만약 현대 상공업사회의 발전에 도움이 되거나 해치지 않는다는 것을 증명할 수 없다면 살아남아야 한다는 정당성과 가치도 비하되기 마련이다.

20세기의 초기에는 유학(早期儒學)의 운명이 이와 같았다. 막스 베버는 자본주의의 흥기는 기독교 신교윤리新教倫理에서 힘을 얻었지만, 유교나 도교의 윤리는 이러한 효과를 달성할 수 없었다고 말하였다. 바꿔 말하면 이 주장은 유가문화가 현대화의 장애이며 자본주의 산업혁명을 전개할 수 없는 것으로 이해되었다. 그러나 상황이 바뀐 지금, 유학은 현대화의 걸림돌이 아니라는 것이다. 현재 동아시아의 네 마리 용과 일본의 경제발전 경험을 살펴보면 유가사상이 적어도 자본주의의 경제발전에 커다란 도움이 되지 못하였을망정 해를 끼쳤다고는 생각되지 않는다.

현재 '유학과 현대화'라는 토론에서 유학이 현대사회에서 존속되어야 한다는 주장과 변호는 대체로 세 가지 논의방식을 갖고 있다. 첫째는 유학의 기본정신이 현대사회의 성질(예컨대 민주, 과학, 자유, 공업화…… 등등)과 발전에 위배되지 않으며, 나아가 유학이 강조하는 윤리도덕의 실천은 현대사회에서도 여전히 필요하다는 것이다. 그러나 이러한 변호는 너무 미약하다. 유학정신이 현대사회에서 여전히 작용을 발휘할 수 있다는 것도 사실 현대사회의 현대성을 보조하고 보충하는 것뿐이고 잘해야 현대화 발전과정 가운데 조절요소 밖에는 될 수 없다.

두 번째 논의방식은 유학이 현대사회의 현대성을 증진시키고 강화시키는 적극적 기능을 갖고 있다고 설명하는 것이다. 그러나 전체 역사관은 이미 전통과 현대의 단절관계로 바뀌었다. 따라서 전통유학이 현대의 민주와 과학, 산업자본화를 직접적으로 증진시키거나 증강시킬 수 있다는 주장은 사람들이 받아들이기 매우 어렵다. 그리하여 말을 바꾸어 유학이 우회적으로라도 현대를 전개시킬 수 있다고 말한다. 다시 말하면 유학은 사회현대화의 조절원칙이 될 수 있을 뿐만 아니라 나아가 '양지良知가 부족함을 스스로 메우는(自我坎陷)' 방법처럼 우회적이지만 현대를 전개시킬 수 있다는 것이다. 이러한 전개에서 유학은 실천이성의 또 다른 측면을 제공했기 때문에, 이러한 현대성은 다만 현대만을 강구하고 초월적 심성본원心性本原을 등한히 하는 것에 비교하여 더욱 건전하다는 것이다.

세 번째 논의방식은 태도가 가장 적극적인데 유학이 현대사회에 직접적으로 작용하여 현대성을 효과적으로 증진시키고 강화시킬 수 있다는 것이다. '유가사상이 경제성장을 돕는다'는 주장이 여기에 속한다.

위와 같이 첫째 논의방식은 유학의 윤리도덕가치를 중시한 것이고, 둘째 논의방식은 유학과 민주·과학의 관계를 중심으로 토론한 것이고, 셋째 논의방식은 경제발전에 치중한 것이다. 이러한 변호들은 모두 선택적으로 유학의 현대성을 주장한 것이다.

2.

유가의 이러한 변호를 주제로 최근 수십 년 동안 수많은 저서가 출간되었고 성과도 컸다. 그 가운데 현대신유가現代新儒家의 공헌이 가장 볼 만하였다. 이른바 현대의 신유가는 주로 슝스리(熊十力)·마이푸(馬一浮)·량쉬밍(梁漱溟) 등이 일으켰고 뒤에 첸무(錢穆)·탕준이(唐君毅)·쉬푸관(徐復觀)·머우중산(牟宗三) 등이 홍콩과 대만에서 크게 발전시킨 새로운 유학운동의 하나를 가리킨다. 그리고 최근 15년 동안 대륙의 유학 부흥에도 적극적인 영향을 끼쳤다.

현대 신유학이 노력을 경주했던 주요한 방향은 중국철학의 특질을 밝히는 데 있었다. 특히 심성론과 형이상학에서 중국철학의 가치를 설명하는 것이었다. 다시 말해 중국철학이 서양의 전통과 대등하게 병존할 수 있을 뿐만 아니라 중국철학의 윤리정신은 서양철학보다 우수하다는 것이다. 그리고 중국철학은 현대사회에서 현대인의 '실성失性' 위기를 조정하고 민주와 과학을 발전시키는 작용도 갖고 있다는 것이다. 한마디로 현대신유가의 주장은 대체로 상술한 첫째와 둘째의 논의방식에 속한다.

신유가 학자들은 저술이 풍부하고 중국철학을 밝혔던 실력이 심후하며, 서양의 전통철학에 대하여 세밀한 비교연구도 하였다. 따라서 이러한 성과는 결코 평범한 것이 아니며 영향도 심원할 것이라는 것은 우연이 아니다. 현대화를 주장하였던 학자들은 이들에 대해 많은 비평을 하였다. 그런데 현대화를 주장했던 학자들은 전통을 경멸하였기 때문에 오히려 전통에 대한 이해가 매우 얕고 모호하였다. 그러므로 전통문화에 관하여 토론할 때 신유가 학자와는 비교될 수 없었다. 결국 신유가에 대한 비평도 겨우 유학이 도대체 민주와 과학을 전개시킬 수 있는가 하는 것만을 문제삼아 질의하고 논란하는데 그쳤다. 그런데 이러한 비평도 실제로는 신유가의 업적을 말살할 수 없었다. 그러므로 최근 반세기 동안 대만과 중국대륙에서 가장 주요한 유학발전이란 신유가를 위주로 한 전개라고 말할 수 있으며 실제에도 부합된다.

그렇지만 신유가들이 중국의 철학과 문화에 대하여 얼마나 깊은 해석을 하였고 그들이 발굴해낸 중국의 예술정신, 도덕적 형이상학, 천인합일의 경지, 내재되고 초월된 형태, 거침없이 자유로운 심령 등이 어떻다고 하더라도, 현재 우리들이 하루하루 살아가는 구체적인 생활과 연관짓는다는 것은 매우 어렵다. 우리들이 현재 먹고 입고 살고 다니는 생활의 필수요소 일체 모두가 강렬하게 현대성을 나타낸다. 그리고 도시건설, 생활환경, 직업 등이 고대와는 완전히 다르다. 이러한 상황에서 우리들은 단지 분열分裂될 수밖에 없다. 구체적 생활은 현대이지만 의식의 내용이란 아득히 멀리 고대의 위인들만을 생각한다는 것이다. 전통철학이 함유하고 있는 정신가치는 확실히 정신적인 존재일 뿐이다. 위잉스(余英時) 선생은 이러한 이유로 마치 떠도는 영혼인 '유혼游魂'이 환생할 신체가 없는 것처럼 현대사회 가운데의 유가사상이란 구체적인 생활 속에 뿌리

내리고 실천할 수 있는 것이 아니라고 말하였다. 그러므로 현대유학은 사실상 겨우 일종의 학술사상의 방식으로 대학같은 학술연구기관과 몇몇 종교단체에 의지하여 살아남아 있을 뿐이다. 그리고 사회의 대다수 사람들의 일상생활, 생활방식, 윤리행위외는 별다른 관계가 없다.

이러한 결과를 초래한 것은 당연히 사회구조가 전체적으로 바뀐 것에 원인이 있다. 그러나 필자는 현대신유학 자체도 이러한 형세를 조장하였다고 생각한다. 무슨 말인가?

첫째, 신유학이 현대화라는 강대한 압력 앞에서 현대화에 순종하는 책략을 채택했다는 것이다. 상술한 첫째 또는 둘째 논의방식 모두 유학이 현대사회의 성질에 위배되지 않으며 현대화에 도움이 된다고 말하였다. 현대사회와 현대성에 대하여 깊이 있는 비판과 반성을 결핍한 것이 간접적으로 현대화의 정당성을 증가시켰다. 이러한 약점은 포스트모더니즘이 점차 전개됨에 따라 더욱 명확해졌다.

둘째, 신유학은 현대사회의 '실존'이란 문제를 놓고 중국 과거의 '존인存仁', '복성復性'의 방식으로 해결코자 하였으며 유학이 '생명生命의 학문'이라고 강조하였다. 따라서 현대인에게 여전히 귀근복명歸根復命(근본으로 돌아가고 천명을 회복하는 것)의 중요성을 중시하기를 희망하였다. 당연히 이것은 매우 중요하지만 이 태도는 다만 세력이 약한 자의 자기 보존에 불과하며 유학이 다시 구체적인 생활 속으로 되돌아간다는 것은 엄두도 내지 못한 것이다. 따라서 유학은 결국에 유혼游魂이 되고 말았다.

바로 이런 이유 때문에 전체 유학의 해석과 연구도 한쪽으로 치우치게 되었다. 현재 우리들은 신유가 학자들의 연구를 통하여 중국철학에서의 도道·기氣·성性·이理·인仁·심心 등 추상개념을 알게 되었고 또한 중국인들이 이들 '보편자普遍者'를 사고할 때 사용했던 관념과 관념 사이의 결합관계도 이해하게 되었다. 그렇지만 도리어 중국철학에 대하여 구체적으로 이해할 수 없게 되었다. 결국 우리들은 이러한 관념들이 어떠한 구체적인 생활 속에서 발생하여 나타났는지도 모르며 또한 이런 관념들이 구체적 인문활동과는 어떤 연관을 갖고 있었는가도 알 수 없다. 그리하여 철학연구는 다만 시공時空을 제거한 개념들을 편직編織하는 것이고 시공성이 제거된 지식의 틀을 사용하여 생동하였던 역사의 인문사상人文思想 활동을 토론하였다. 중국철학을 연구하는 학자와 학생들도 왕왕 숙련된 논리와 개념을 운용하고 서양철학의 용어와 이론에 배합시켜 중국철학의 이론체계를 '재건重建'하는 사람이 되었다.

또 이러한 '철학의 연구'에는 항상 개념은 매우 많지만 상식은 매우 적었다. 분명히 철학사의 연구는 사상사와는 다르게 중점이 이론 자체에 있으며 이론 발생의 원인과 역사상황에는 그다지 관심이 없다. 그러나 현대에 살면서 중국철학을 강론하는 것은 사실 서양인이 서양철학을 강론하는 것과는 매우 다르다. 서양인은 자신이 그 문화가 존재하고 있는 사회에 살면서 그 가운데 허다한 관념과 이론에 대하여 이미 구체적이고 생활적인 이해를 하고 있기 때문에 현상을 넘어선 정신만으로도 사물의 절대, 보편과 본질을 찾는데 어려움이 없다. 중국의 역사와 문화는 현대 사회를 살아가는 우리들에게는 미지未知의 것인데도 갑자기 사상사 차원의 연구를 버리고 철학연구를 한다는 것은 아마도 역사성을 상실하고 구체적인 생활 장면을 잊는 위험에 빠지기 쉽다. 철학연구가 모든 문예 활동·종교·정치·사회 등 인문활동의 연결을 배제하고, 또한 중국 철인哲人의 생명과 사유 가운데 이러한 것들이 본래 유기적인 전체였다는 것을 생각하지 않고, 고립적이고 추출적으로 이理·기氣·성性·명命 등의 관념들을 토론한다면 이러한 위험은 더욱 분명하게 드러날 것이다.

둘째, 신유가들은 송명 이학宋明理學 또는 육상산과 왕양명 방식(陸王式)의 맹자학孟子學 영향을 받았기 때문에 개인의 생명(個體生命)에 편중된 관점에서 진심지명盡心知命하여 위로 성기성덕成己成德에 도달하는 학문만을 강구하였다. 이들이 추구하였던 것은 『중용』에서 인용한

"솔개가 날고 물고기가 뛰는(鳶飛魚躍)" 심체心體의 활발活潑을 깨달아 직접 천지의 화육化育과 유행流行에 계합契合하려는 것이었다. 다시 말해 학문의 목적은 (주돈이가 말했던) 공자와 안자(顔淵)가 깨달아 즐거워하던 낙樂을 찾는 것이거나 독지篤志하여 심허心虛한 '심재心齋'(『장자莊子』에 인용된 공자와 안자의 대화)로써 미선美善이 합일(美善合一)된 경지에 이르는 것이었다. 따라서 백성을 교화하고 풍속을 이루는 문제들에 대한 고민이 부족했다. 유가의 실천성을 개인(個體)이나 심지어 주체主體의 도덕 실천에 귀착시킨 것은 많았으나 사회실천에 주의한 것은 비교적 적었다. 그러므로 개인생명이 덕행으로 이룬 아름다움(生命德行之美)을 논한 것들은 모두 즐기려 하였지만, 풍속문화의 아름다움과 개물성무開物成務하는 도리에 대해서는 침묵할 뿐 말이 없었다.

머우중산이 주자朱子를 논한 것을 예로 들어보자. 근래에 주자학을 논하는 데에는 머우 선생이 거벽이다. 머우중산은 대작『심체心體와 성체性體』의 세 책 가운데 주자에게 한 책을 할애하였다. 그가 기울인 노력에 우리는 탄복할 뿐이다. 그러나 머우중산이 주자를 논한 것은 지극히 치우쳐 있다. 거의 모두 주자가 중화中和를 탐구하였던 문제들과 이에 상관된 '인설仁說'에 집중시켜 논하였을 뿐이다. 머우중산은 이것으로 주자가 정이천程伊川을 계승하여 전개시킨 의리의 체계가 곁으로 뻗은 횡섭계통橫攝系統에 속하는 것이며, 공자孔子·맹자孟子·정명도程明道·호오봉胡五峰·육상산陸象山·왕양명王陽明의 종관계통縱貫系統과는 다르다는 것을 확정지으려고 하였다. 그러므로 머우중산의 주장에 따르면 주자학도 비록 내성성덕內聖成德의 학문이지만 중국 유가儒家 심성학心性學의 전통에서 보면 사실상 집대성자集大成者가 아니며 단지 정이천을 시조로 삼아 스스로 일가를 이루었을 뿐이라고 한다(別子爲宗). 이러한 판단이 옳은지 그른지는 차치하더라도 이처럼 주자를 논한 것은 겨우 주자의 내성학內聖學이라는 한 측면만을 논한 것일 뿐이다. 그러나 주자학은 절대로 내성성

덕만을 요구한 것은 아니다. 주자는 정전井田·경계境界·봉건封建·사창
社倉·부세賦稅·예제禮制 방면에 대해서도 많은 연구를 하였다. 특히 예
禮를 본체로 삼은 것은 깊은 철학적 내용을 함유하고 있는데, 이것은 개
물성무에 중점을 둔 것이었다. 주자가 호상파 학자(湖湘學派: 사량좌謝良佐
와 호굉胡宏을 계승한 장식張栻)와 논변하였던 내용도 다만 중화中和의 문
제와 '인설仁說'을 탐구했던 것에 그치는 것이 아니라 사실은 서로 예에
대한 견해 차이가 더욱 중요한 것이었다. 머우중산은 자신의 학력學力과
연구 시야 때문에 유학을 다만 형이상학과 윤리학 측면에서 논하였고 주
장을 세웠다. 결과적으로 인에 대한 연구는 많지만 예에 대한 연구는 적
었다. 따라서 유자들의 개물성무와 행도경세行道經世의 학에 관해서는 연
구하여 밝힌 것이 비교적 드물다. 물론 주자를 논한 것도 이와 같다. 머우
중산은 인극人極을 세우는데 온갖 노력을 기울였으며, 사람들이 인심仁
心을 역각逆覺하고 체증體證하여서 정情도 깨닫고 나아가 도덕을 실천하
는 가운데 인심을 함양하라는 것이다. 그의 뜻을 우리들은 잘 알고 있으
며 또한 깊이 느끼고 있다. 이처럼 머우중산은 (정명도程明道가 말했던) 인
을 깨닫는 공부에는 많은 공력을 들였지만 예를 연구하려는 뜻은 적었다.
우연히 예를 논하게 되더라도 예를 인仁에 귀결시켰으며 이렇게 예를 논
하였던 것도 사실은 틀린 곳이 많다. 송대 유자들이 성리학을 가지고 어
떻게 개물성무를 추구했는가에 대해서는 실로 이해가 깊지 못하였다. 그
리고 주자가 한대와 송대의 두 학문을 얼마나 겸통하였는지는 알 수 없지
만 원명청元明淸 시대의 학자들이 주자를 공자 이후 유일한 집대성자로
보았던 까닭은 주자가 단순히 성리학 방면에 공헌이 컸기 때문은 결코 아
니었을 것이다. 그리고 단지 성리학에서 주자가 정종正宗이 되는가를 놓
고 쟁론한다는 것은 사실 중요하지 않다. 이렇듯 신유가들의 해석은 제한
되었으므로 현대사회의 구체적인 생활에 수용할 수 있는 자원을 충분하
게 개발하지 못하였음을 알 수 있다.

3.

　현재는 마땅히 생명의 유학을 생활의 유학으로 전향시켜야 한다. 유학의 실천성을 도덕실천으로부터 생활실천, 사회실천까지 확대시켜야 한다. 덕행의 미(德行美) 이외에도 생활의 미(生活美), 사회인문풍속의 미(社會人文風俗美)도 강구해야 한다. 육례六禮를 닦고 팔정八政을 다스리고 늙은 기로耆老를 봉양하고 고독한 사람들을 구휼하고 옛 유가의 치평지학治平之學을 회복하는 것 등 사회생활의 모든 방면에서 유학을 부활시킬 수 있는 것이다. 그리고 한두 사람이 쓰러져가는 집에 앉아서 신독愼獨한다며 『맹자』 말대로 혼자서 진심盡心하고 지성知性하면서 천지에 합일하겠다고 해서는 안 된다.

　그렇다면 어떻게 해야 하는가? 필자의 생각은 다음과 같다. 현대사회에 살면서 예악문화禮樂文化를 재건하여 유학이 생활세계에서 구체적으로 작용할 수 있게 하려면 바로 현대성을 위배하는(反現代的) 세속화와 형식화에 대하여 착안하고 힘을 기울여야 한다. 세속화를 반대하는 것은 두 가지 방식이 있다. 첫째는 비세속적인 신성세계神聖世界를 다시 새롭게 주목하여 그 가운데 생명이 귀의(生命歸依)할 수 있는 가치 있는 느낌(感受)을 되찾아서 종교·도덕 등의 실질적 힘을 새롭게 체험하고 아울러 이 체험을 가지고 미감세계美感世界로 들어가는 것이다. 둘째는 세속화라는 개념을 재정립하는 것이다. 현대사회의 세속화는 사실 모두 사회생활의 원리에 진정으로 부합되는 것은 아니다. 사회의 세속생활이 생기를 회복하도록 하려면 반드시 예악읍양禮樂揖讓의 풍속을 회복하여 모든 사람이 자신의 자리를 얻고(各得其所) 각기 자기의 지위에 안거하면서 인문의 아름다움(人文之美)을 드러내야 한다.

　현대사회의 특징 중 하나는 세속화이다. 산업혁명 이후 새롭게 전개된 세계와 문명은 종종 신권과 미신(神權迷信)으로부터 벗어남으로써 얻은 것이라고 이해되었다. 퇴니스(Tonnies)는 '마을(社區)'로부터 '사회(社會)'로 이행한 것이며, 뒤르켐은 '기계機械'로부터 '유기(有機體)'로의 이행이며, 마인(Maine)은 '지위(身分地位)'로부터 '계약契約'으로의 이행이며, 레드필드(Redfield)는 '향촌(鄕土)'으로부터 '도시都市'로의 이행이며, 베커(Beker)는 '신성적神聖的'인 것과 '세속적世俗的'인 것의 구별이라고 정의하였다.

세속의 현대생활에서 사람들이 관심을 두는 것은 주로 세속사회의 활동과 가치이다. 예를 들면 많은 사람의 높은 참여와 사회적인 성취지향 같은 것이다. 신성神聖한 가치와 생활에 대해서는 비교적 흥미를 느끼지 못하고 참여도 적고 심지어는 항상 생소하게 느끼며 이해도 못한다.

당연히 아직도 많은 곳에서 신성성神聖性이 완전히 소실되지는 않았다. 예를 들면 병원 같은 곳이 그러하다. 병원에서는 태도가 자연스럽게 경건해진다. 의사를 만나면 즉각 경외와 기대의 정서를 나타낸다. 병원에서도 항상 기도하고 제사지낼 수 있는 공간과 시설을 갖추고 있으며 종교의 성직자들이 '편안한 간호'나 혹은 '임종의 보살핌'에 참여할 수 있도록 하여 환자나 가족의 마음을 위로한다. 따라서 병원은 현대사회 가운데 신성공간의 하나가 되었다.

그러나 사회 대부분의 기구는 모두 신성성을 갖고 있지 않는데, 그 가운데 학교가 가장 두드러진다. 학교는 동서양을 막론하고 예로부터 신성공간으로 여겨졌다. 서양의 대학은 종교의 수도원으로부터 발전한 것이다. 현대에 새로 건립된 학교가 아니라면 반드시 교정 안에 높이 솟은 종루와 높게 세워진 교회를 볼 수 있으며, 또한 반드시 신학과 신학원이 전체 구조 가운데 핵심이라는 것을 발견할 수 있다. 중국에 있어서 고대의 대학인 '벽옹辟雍'은 오래 전부터 종묘인 '명당明堂'과 하나로 합해져 있었다. 주부州府에 세워진 학교도 반드시 공묘孔廟와 연접하였다. 사설私設 사원書院의 건축에도 반드시 선사전先師殿·선현사先賢祠·규성각奎星閣

등을 포함하고 있다. 따라서 그곳은 교육의 장소이면서 동시에 제사의 중심이었다. 봄과 가을에는 '석전釋奠', '석제釋祭' 예禮를 거행하였고 또는 선현들에게 제사지내거나 토지신에게 제사를 올렸다. 이 모든 곳이 신성성을 충분히 나타냈다. 그러므로 교육 자체가 신성성을 갖고 있는 것이었다. 중화민국 28년(1939년) 근대의 저명한 서원인 복성서원復性書院을 창건한 마이푸(馬一浮) 선생은 일찍이 다음과 같이 말하였다.

> 고대에 활쏘고 음향飮饗하는 예가 벽옹에서 행해졌다. 따라서 연락燕樂, 가사歌辭와 연향燕饗의 예가 있어서 빈객을 인仁하게 접대하였다. 「녹명鹿鳴」을 노래하여 연락宴樂하였고, 「사모四牡」와 「황황자화皇皇者華」를 노래하여 서로 노고를 달래었으니 후함이 지극하였다. 대학에서 삼로三老와 오경五更에게 음식을 대접할 때에는 반드시 먼저 선사先師에게 석전釋奠을 올렸다. 지금은 모든 것이 없어졌다.
>
> 『泰和宜山會語合刻』附錄

그가 마지막에서 "지금은 모든 것이 없어졌다"고 개탄한 것은 광서 말년 이래로 설립된 신학당新學堂에서는 이미 오랫동안 이러한 예의禮儀를 행하지 않았음을 지적한 것이다. 현대 학교의 건축에서는 문묘, 선현사 등의 제사계통祭祀系統을 버리고 행정기구가 건축의 중심을 잡고 있으며, 어느 때는 정치 인물로 선사선현의 지위를 대체하여 동상을 세워 놓기도 하였다. 건축물 자체도 일반 세속의 기능적인 사무 빌딩이나 회사 공장과 큰 차이가 없다. 그 행정 방식도 일반 행정기구와 크게 다를 것이 없다. 예의禮儀에서도 연가燕歌·연향燕饗·석채釋菜 등을 버리고 국가國歌를 부르고 국기를 올리고 국가원수에게 경례하는 것으로 바꾸었다. 복식服飾에서도 청금靑衿이 없어졌고 또 피변皮弁도 아니다. 모두가 거리에서 입고 다니는 티셔츠, 청바지, 슬리퍼, 운동화 등의 일반복장이다. 이처럼 철저한 세속화에 따라 학교 교육에 포함되어 있는 신성하고 장엄한 느낌은 결국 완전히 사라졌다. 교사는 교직을 일반 직업과 같게 여기고, 학생도 학교에서의 수업을 엄숙하고 경건하게 여기지 않고 경솔을 대범한 짓으로 태만을 자유로 여기므로 학교와 교사와 지식 모두에 대한 경건한 마음은 없어졌다.

이러한 학교 상황은 현대사회의 수많은 전문직 분야에 비하여 사정이 아주 나쁘다. 예를 들어 법원의 법관과 변호사는 업무를 집행할 때 반드시 법복法服을 입고 심지어는 사법 전통을 상징하는 가발을 쓰기도 한다. 의사, 목사, 도사 내지 주방장도 그렇게 한다. 그러므로 세속적 현실생활에서 신성성을 창출하고자 한다면 다음의 몇 가지 방면부터 시작하여야 한다. 첫째 시간상으로는 어느 정도의 시간을 구분하여 특수화하고 그 며칠 동안은 특별한 의의를 부여하여 신성神聖한 절일節日로 삼는 것이다. 둘째 공간상으로 신성한 장소, 예를 들어 기념비나 공원을 구획하거나 건립하는 것이다. 셋째는 반세속적이고 세속생활과는 다른 형태의 복식·음식·동작·언어·의식 등으로 신성성을 나타내는 것이다. 의사나 변호사가 법복이나 가운을 입는 것이 이러한 형태에 속한다. 똑같이 '사師'라고 일컬어지는 교사만이 수업을 할 때에도 세속의 일용 복장을 착용하고 수업을 시작하거나 끝날 때에도 평소 어떤 의식이 없다. 교사의 세속화는 다른 전문직업에 비하여 아주 심각하다.

이러한 신성성의 상실과 세속화 경향에서 우리들은 현재 교육 발전의 많은 문제가 모두 이와 관련되어 있다는 것을 알 수 있다. 왜냐하면 신성성이 내포하고 있는 것은 가치 관념이기 때문에 어떤 직무나 어떤 직업은 매우 특수하다고 느끼고 다른 직업과는 다른 의의와 가치를 갖고 있으며 경건한 태도로 종사해야만 비로소 신성감을 조성할 수 있다. 따라서 많은 경우 의식儀式을 통하여 이것이 평범하지 않은 일이라는 것을 표시하여 지금부터는 정성껏 전념하며 신명神明을 공경히 섬기는 것과 같은 심정으로 임한다는 것이다. 영화를 촬영하기 전에 또는 공사를 시작할 때 무엇 때문에 향불을 피우고 기도를 드리는가? 바로 이러한 도리가 아니겠는가! 일단 신성성을 잃게 되면 작업에서도 최선을 다하는 마음을 상실하여 당장 하는 일이 어떤 가치를 갖고 있는가를 체득할 수 없다. 교육을 말하자면 가르치는 교사와 배우는 학생들이 모두 쉽게 장난치고 산만하게 될 것이 틀림없다.

뿐만 아니라 교육 자체에 대한 신성성을 체득하지 못하였다면 항상 다른 세속화된 목적을 가지고 교육의 의의를 대체시키게 된다. 많은 사람들이 대학에 입학하여 공부하지만, 누가 지식은 가치있고 교육이 매우 중요하다고 느낀단 말인가? 단지 엉터리 졸업장이라도 받으려는 목적은 돈과 지위 등 세속적 목적을 도모하기 위한 것에 불과하다. 교육은 도구로 전락하였으며 교육 자체도 신성한 일로 여기지 않게 되었다.

현대사회에서도 여전히 많은 사람이 종교의 신성한 신앙(神聖信仰)을 믿고 있다. 신앙을 가진 사람들 중에는 종교의 교의敎義를 깊이 이해하고 또한 확신하기 때문에 이러한 신성성의 가치를 받아들인다. 그러나 대부분의 사람들도 자신이 종교의 의례에 직접 참여하면서 신성한 정신을 느끼거나 체험함으로써 믿음이 생기고 신앙을 갖게 된다. 우리들도 고대의 정신문화에 대해서 마땅히 이와 같이 해야 이러한 정신을 다시 인식하게 된다.

다시 학교를 말하자면, 교실에서 학생들에게 「학기學記」와 「악기樂記」를 암송하고 쓰도록 시킨들 무슨 소용이 있는가? 무엇 때문에 일련의 새로운 의전儀典을 만들어 놓고 학생들이 거기에 참여하여 느낌을 체험하도록 못하는가?

이러한 체험과 의전이 단지 현대사회생활에서 작은 예의禮儀의 장치를 꽂아 놓은 것에 불과하며 예를 행할 때 어떤 체험을 할 수 있겠지만, 결국은 세속의 일상생활과는 단절된 것이라고 비판할 수도 있다.

올바른 비판이다. 그러나 이것이 바로 내가 말한 "사람들에게 다시

비세속적인 신성한 힘에 주의하도록 하여, 그 가운데에서 생명이 귀의할 수 있는 가치 있는 느낌을 되찾아 다시 종교나 도덕 등의 실질적 힘을 체험하고, 나아가 이로써 '미감세계美感世界에 통달하게 한다"는 취지이다. 이것은 세속의 일상생활이 아니지만 세속의 일상생활을 일깨워주고 계발시켜 주는 것이 있다. 그것의 작용은 바로 종교의식이 신도의 일상생활에 영향이 없을 수 없는 것과 마찬가지이다. 이러한 의미를 개척하여 유학의 종교성 및 이와 관련된 제사의식을 회복하는 것은 고려해볼 만한 것이라고 생각한다.

　　그러나 겨우 이 정도로는 당연히 충분하지 않다. 우리들은 세속생활 자체를 개선하는 것부터 착수해야 한다. 다시 혼인, 상례, 제사, 생활기거, 응대진퇴, 식욕과 성욕 등 여러 방면에서 예禮의 정신을 회복해야 한다.

　　"형이상의 것을 도라고 하고, 형이하의 것을 기라고 한다(形而上者謂之道, 形而下者謂之器)"는 말이 있다. 유자儒者의 학문은 본래 상하가 일관된 것이다. 그러므로 공자는 인仁을 논하면서 바로 시청언동視聽言動이 예에 부합하는가 않는가라는 것부터 말씀하셨다. 순자荀子는 예가 '태일太一'에 근본하여 음식·의관·응대·진퇴를 행한다고 말하는 것도 이러한 의미이다. 그러나 후세의 유가는 "형이상形而上이 도道이다"라는 측면을 더욱 강조하여 모두 도道·인仁·심心·성性 등을 깊이 고찰하고 분석하였고 시청언동視聽言動과 의식주행衣食住行 등 "형이하形而下는 기器이다"라는 측면은 등한히 하였다. 또 맹자의 '대체大體'와 '소체小體' 가운데 "소체를 따르는 자는 소인이 된다"는 주장을 오해하여 이목형색耳目形色을 소체로 삼고 심성心性을 대체로 삼아 끊임없이 사람은 마땅히 대체를 세워야 한다고 강조하고 형색의 소체에 주의하는 사람들을 소인이라고 비판하였다. 이리하여 유학은 결국에 더욱 더 심성의 도리만을 고명高明하게 논하였으며 실제 생활상에서는 나타날 수 없는 학문이 되었다.

사실 맹자는, 소체에 순종하거나 이끌리지 말라고 가르쳤는데, 이것은 공자가 "선비가 도에 뜻을 두고서 좋지 않은 옷과 음식을 부끄러워하는 자와는 더불어 의논할 만하지 못하다"라고 말한 것과 같다. 다시 말하면 다만 의식衣食만을 누리려는 사람은 도에 들어갈 수 없다는 것이다. 그러나 이것은 도에 들어가려면 반드시 옷을 해지게 입고 음식을 거칠게 먹어야 한다는 것이 아니며, 도에 뜻을 둔 자는 의식을 강구할 수 없다는 것은 더욱 아니다. 그렇지 않다면 공자 자신이 어떻게 "음식은 정한 것을 싫어하지 않고, 회는 가늘게 썬 것을 싫어하지 않았다"고 할 수 있겠는가? 도道와 기器는 일체이며 소체와 대체도 합일하는 것이다. 사람은 형체를 가지고 있으며 또 천성을 가지고 있다. 진성盡性은 천형踐形이다. 따라서 시청언동이 예에 합하는 것이 인仁이다. "이에 따르면 대체는 분명히 소체에서 행해지고 소체가 대체의 장애가 될 수 없다. 아주 특별히 소체만을 따르는 자는 대大를 잃어버리고 소小만을 이룬다면 소小를 따르는 것이 대大에 해가 된다는 것이다."(王夫之, 『讀四書大全說』 권10 「盡心上二十」)

천형踐形은 사람이 형색에서 심성 수양을 체현하고 실천하는 것이다. 따라서 마음을 수양하는 효과도 형체에 드러나게 된다. 양심養心과 양형養形은 동일한 일이다. 후세의 유자儒者는 심성을 논하는 데에 치우쳐 대체를 기르는데 중점을 두고서 열심히 하여 쉬지 않았지만, 천형의 설에 관해서는 도리어 등한히 했던 것이 매우 많았고, 소체를 기르는 것은 더욱 더 멸시하였다. 왕선산이 불가佛家를 비평하였지만 실제로는 유가를 반성하였다는 것은 조금도 이상할 것이 없다. 왕선산은 다음과 같이 말한다.

사람이 대大만을 기르고 소小을 기르지 말라는 것은 바로 불씨佛氏의 진장실거眞贓實據(분명한 장물을 실제로 점거하였다. 곧 죄증이 확실함)이다. 요쌍봉饒雙峰이 이 말의 잘잘못을 분별하여 잘못됨을 부정하고 옳은 것을 밝혔으니 공이 위대하다. 불씨佛氏는 '감식甘食이란 굶주린 입을 막는 것이고 열색悅色이란 모래를 쪄서 밥을 짓는 것이라지만 썩어 없어지는 것은 몸뚱이(軀命)일 뿐이다'라고 말했다. 그러나 이 몸은 분명히 하늘이 준 천성의 형색으로써 하늘의 제칙帝則도 함께 갖고 있다는 것을 알지 못한 것이다. 형색이 어찌 마음을 상해傷害하겠는가? 소체가 대체의 해가 되지 않기 때문에 대大를 기르는 자는 반드시 소小를 버리지 않는다. 소체가 대체를 해친다면 사람 몸을 갖고 있는 것만으로도 성현이 될 수 없다. 때문에 불씨가 이 몸은 업해業海이니 정결하지 못한 것들이 인연으로 합성된 것으로 육도를 윤회하는 분단생사分段生死를 하며 극단에 이르러도 속마음이 좁아서 성내고 화낸다. 다만 윤회의 시작을 소멸시켜야만 윤회가 끊어진다고 말하니 용렬하고 광망하기 짝이 없다.

王夫之, 『讀四書大全說』 권10, 「告子上二十四」

후세에는 감히 음찬飮饌의 도리를 말하지 못하였고, 감히 "예쁜 웃음에 보조개가 예쁘며, 아름다운 눈에 눈동자가 선명하다"는 시를 음미할 수가 없었다. 예의를 공담空談하였지만 생활에서는 편안할 수 없었다. 도에 뜻을 두고 덕을 굳게 지키고 인에 의지하였지만 예에서는 노닐 수 없었다. 경전을 통달하고 옛것을 두루 익히며, 예의를 고거考據하고 풀이하여 늙도록 게으르지 않았지만 실제생활에서 예악의 아름다움을 체현시키지 못하였다. 딱딱하게 굳고 말라버린 이러한 생명들이 도리어 이른바 예교禮敎를 조금도 생기生氣를 느낄 수 없는 한 덩어리의 낡은 형식(舊形式), 오래된 기준(老規矩)으로 만들어 버렸다. 심지어는 그 목적이 "사람의 가장 큰 욕망인 식욕과 성욕(飮食男女, 人之大欲也)"을 제한하고자 한 것이고 사람의 욕망을 기르고자 한 것이 아니며, 더구나 이러한 예교가 사람의 소체를 기를 수 있다고 믿는 사람이 없을 정도였으니 한심스럽다. 왕선산이 이런 사람들을 "속이 좁고 화만 내니 용렬하고 광망하다"라고 한 것은 확실히 옳은 견해이다. 명청시대 이래로 사회에는 모두 이런 사람들 때문에 많은 반예교反禮敎·반도학反道學적 분위기와 여론이 나온 것이다.

현재 우리들이 종전의 잘못을 고치고 다시 인문 세계의 생활 미감을 건립하려면 당연히 다시 공자가 한가할 때 비파도 연주하고 무우舞雩에서 바람을 쐬고 노래했던 예악태도禮樂態度를 체득해야 한다. 초기의 원시유학이 예악을 중시하고 인문습속의 아름다움을 중시하는 방식을 회복해야 한다.

그렇다면 어떻게 습속 생활의 미를 추구해야 하는가? 생활미의 추구는 양단兩端에 모두 걸린다. 한쪽은 세속 생활의 차원 곧 음식남녀·의식주행·생로병사 등과 같은 현실생활의 구체적 내용에 연계되어 있다. 다른 한쪽은 초월된 차원에 해당하며 미와 가치를 추구하는 것이다. 다만 세속 생활의 욕망만을 추구하고 향락하는 것에 빠져서 물질만을 따라 흘러가서 생활을 누린다면 생명을 잃고 만다. 만약 미와 가치만을 강조하게 되면 생명이 의탁할 데가 없어서 시청언동에서 체현할 수 없다. 그러므로 예악문명禮樂文明은 식욕과 성욕을 가지고 대도大道로 나아가는 것이다. 도는 식욕과 성욕, 똥오줌, 쭉정이의 사이에 존재하여 "세상을 이탈하지 않고 초탈하는" 형태를 이룬다. 이것이 유가의 특색이다. 그러므로 유가는 세속을 벗어나는 출세지학出世之學이 아니고 또한 피안 천국에 도달하고자 하는 가르침도 아니다. 유가는 구체적 세속 생활 곧 음식·의식·시청언동·진퇴읍양에 대하여 수많은 예절을 정하였다. 이것은 세속 생활을 잘 다스려서 선善을 이루기 위한 것이다.

유가는 음식 같은 일상생활을 중시하고 아울러 이로부터 예와 각종 전장제도를 발전시켰다. 이것은 유가의 이른바 예禮가 '법法'의 성질과 매우 다르다는 것을 보여준다. 예와 법은 모두 사회에 질서, 규범을 제공하여 사람에게 준수하라는 것이다. 그러나 예는 법이 아니다. 그러나 법은 습관에서 왔든 혹은 계약에서 왔든 모두 사람과 사람 사이의 권리와 의무의 규정이다. 그렇지만 예의 핵심은 권리와 의무의 문제가 아니고 정情이다. 예는 인정人情을 따라서 절문節文한 것이다. 사람에게는 음식의 정이 있기 때문에 음식의 예가 있는 것이고, 남녀의 욕망이 있기 때문에 혼인의 예가 있다. 법률이 사람에게 어떻게 먹어야 하는가를 규정할 수 있는가? 우리들에게 자리가 바르지 않으면 앉지 말고 썬 것이 바르지 않으면 먹지 말도록 할 수 있는가? 법은 그렇게 할 수 없고 예만이 그렇게 할 수 있다.

그러므로 법은 정치적 개념이고 예는 생활적 개념이다. 주거생활은 타인 혹은 공중과 권리·의무의 관계를 갖지 않는 것에 대하여 후세에는 『문공가례文公家禮』, 『사마온공가의司馬溫公家儀』 등 많은 책들을 간행하여 『예기禮記·내칙內則』의 주장을 발명하였다. 『예기禮記·월령月令』의 점차적 확대에 따라서 민중의 전체 생활에 영향을 끼치는 농민력農民曆은 거의 모든 집이 가지고 있게 되었다. 법률은 이와 같을 수 없다.

산업혁명 이후의 현대사회와 고대의 예악문명의 사이에는 전혀 방향을 달리하는 변화가 있음을 알아야 한다. '예문화禮文化'는 '법문화法文化'로 변하였다. 모든 일에 예를 강구했던 사회는 점차 법률로 사람의 행위를 규범하고 인식하게 되었다. 생활 중의 구체성은 법률형식의 추상적 존재로 변하였다. 개인의 행위가 정당한가의 여부는 도덕·윤리·예속에 합하는가의 여부에 따르지 않고 법률 조문과 행사 순서에 합하는가의 여부에 의해 정해진다. 설령 비열한 행위가 분명한데도 법률에 아직 규정된 것이 아니라면 여전히 '무죄'로 판결할 수밖에 없다. 동시에 사람과 사람의 관계도 남과 나의 대응관계를 발전시키지 않고, 독립적이며 자주적이고 자체적으로 내재된 논리를 가지고 있는 법률에 따라 항상 운영된다. 선생과 학생, 아버지 뻘과 젊은이들에 대하여 조금도 관계가 없는 사람과 동일한 보편적 법률 표준을 적용하여 권리·의무 관계가 조금도 차이 없다. 따라서 "의義는 의宜이다"라고 했듯이, 예문화禮文化 중에서 모든 일에 적당하고 합의적인 것을 강구했던 태도도 이미 법률 규범의 권익관념權益觀念으로 바뀌었다. 이러한 '예禮/법法', '의義/권리權利', '실질이성實質理性/형식이성形式理性'과 같은 것들은 모두 현대사회가 고대와는 다르다는 것을 상징적으로 보여준다. 현대사회에서 사유師儒와 예생禮生은 날로 적어지고, 변호사와 사법인원은 날로 많아지는 것은 바로 이런 이유 때문이다.

그리고 이러한 것에 수반되는 것이 계약·재산·직업인데 우리들의 삶에서 차지하는 중요성이 날로 더욱 증가되고 있으나, 정의情義·가치·생활은 날로 더욱 중요하지 않게 되었다. 생활의 품질·생활의 여유·생활 자체의 가치는 점점 계약·재산·직업에 의탁하게 되고, 권력 의식과 가격 관념은 가치의 의의를 덮어버렸거나 혹은 대체하였다. 따라서 재화의 쟁취가 결국에 미감美感의 추구를 대체하였다.

그러므로 예악문명을 재건해야만 진정으로 생활의 구체성을 갖게 될 것이다. 다시 유가의 예악문교禮樂文敎에서의 공헌을 바로 보아야만 우리들이 세속 생활에서 의義와 미美를 체현할 수 있게 된다. 이러한 목표를 달성하려면 우리들은 한편으로 유학 전통에 대하여 재해석을 진행해야 하는데 성性·도道·천天·명命·심心·이理·기氣·인仁에만 국한되어서는 안되고, 반드시 예악禮樂·문교文敎·정형政刑·정지井地·제산制産·사창社倉·연거생활燕居生活 등 각 부분에 대하여 재차 명확히 밝혀야 한다. 다른 한편으로는 다시 유자의 설에 근본하여 적극적으로 예악을 제작하고 풍속을 다스리는 작업을 진행해야 한다. 이렇게 한다면 유학은 장차 다시 새로운 천지를 개벽하여, 이미 사회 속에서 유혼游魂처럼 오랜 기간 떠돌던 유가학설은 다시 숨을 쉬며 활발하게 동아시아사회에서 구현될 수 있을 것이다.

4.

신유가가 다시 진일보하여 발전해야 하고 또한 생활세계에 침투해야 한다는 것은 결코 사견이 아니다. 그러므로 이상의 소개를 단지 개인 의견에 속하는 것으로 오해하지 않기를 바란다. 필자는 이번 기회에 20세기 말, 21세기 초 대만에서 이러한 생각들이 있다는 것을 설명할 뿐이다.

대만 신유가의 주요 단체는『아호鵝湖』월간사인데 일찍이 사장과 주편을 맡았던 린안우(林安梧) 교수는 '후신유가철학後新儒家哲學의 문제향도問題向度'라는 부제를 달아『유학혁명론儒學革命論』(1998, 학생서국)을 발표하여 나와 유사한 주장을 펼쳤다.

린 교수가 말한 '후신유가後新儒家'는 현대 신유가 이후 유학은 마땅히 실천성을 강화해야 한다는 것이다. 이러한 실천성은 과거 신유가들이 말했던 심성론식心性論式의 도덕실천과는 다르다. 그는 이전의 유가의 실천은 다만 경계적境界的·종법적宗法的·친정적親情的인 것이며, 대상對象·실재實在·감성感性을 하나의 경지(境界)에서 파악했다고 비판하였다. 그는 이와 같은 실천을 충분하지 않다고 여기며 생활세계로 나아가고 전체 사회역사 총체로 진입할 것을 제안했다. 단지 내재주체의 실천에서 그쳐서는 안 되고 내재주체의 실천동력을 생활세계에서 전개해야 하며, 물질세계에 대하여 생산력·생산관계·생산도구의 상호관계를 이해하여 실천의 진입점을 찾아야 한다는 것이다.

이와 같은 작업은 주로 두 가지 방면에 있다. 첫째는 유학전통에 대하여 철학인류학哲學人類學적 해석을 하여, "전통유학이 강조하였던 '인격성적 도덕연결道德連結'이 어떻게 '혈연성적 자연연결自然連結'과 '재제성적 정치연결政治連結' 하에서 형성된 것인가"를 설명하고, "더이상 '양지良知의 체현'을 최후 결론으로 삼아 도덕실천의 가능을 천명하지 말아야 하고, 광대한 생활세계와 풍부한 역사사회총체로 돌아와 '성선론性

善論'의 '논論'이 무엇 때문에 출현하였는가를 기술하는 것이다. 이 '논'의 출현은 반드시 인간의 생산력, 생산관계, 생산도구, 생산자 사이의 상호관계로 거슬러 올라가 이해해야 한다. 이것은 한편으로는 심성론心性論의 방향을 언어철학 쪽으로 돌려서 처리하는 것이고, 다른 한편으로는 더욱 철저하게 물질성을 띠고 주체를 대상화시키는 파악 방식의 방향으로 나아가 새롭게 처리해야 한다."(제3장, 제7절)

다음으로, 그는 또 단지 옛것을 해석하는 것만으로 만족하지는 않으며, "전세계가 현대화된 뒤에 초래된 인간의 소외문제(異化問題)를 처리하는 데에 참여할 수 있어야 한다. 다시 말하면, 그것은 원래 유학 전통의 실천 방식에 머물 수 없고, 그것은 또한 다만 어떻게 현대의 민주와 과학을 전개할 수 있는가를 공허하게 얘기할 수는 없다. 그것은 실제적으로 현대의 여러 가지 소외상황(異化狀況)에 대해 깊이 있게 물질적으로 이해를 해야만 비로소 민주의 다수폭력을 면할 수 있고, 과학주의식의 전제專制를 면할 수 있다"라고 하였다. 후기현대사회(後現代社會)에 직면하여 유학은 반드시 후기현대의 사회문제를 해결해야 한다. 따라서 그는 또한 "현재는 마땅히 변화하고 조절하여 모두 '계약적 사회연결'과 '위탁적 정치연결'을 배경으로 삼는 '인격적 도덕연결'을 열어야 한다"라고 주장하였다. (제3장, 제9절)

린 교수가 이러한 혁명이론을 머우중산 이후의 '비판적 신유학'이라고 선언하였기 때문에 신유가 진영에서는 적잖은 논쟁을 일으켰다. 혹자는 그가 모우종산을 비판하여 신유학의 명命을 꺾는 것이라고 하였지만 '후신유가後新儒家'의 주장도 아직 사람들에게 그 이유를 명확하게 이해시킬 수 없기 때문에 지금도 여전히 토론 과정에 있다. 린 교수 본인의 저작도 이러한 방향에 대한 호소나 설명에 치우쳤을 뿐이다. 결국 어떻게 생활세계와 역사사회 총체에 나아가 유학의 내용을 해석하고, 어떻게 실제적으로 후기현대사회와 직면할 것인가에 대해서는 린 교수 본인도 아직은 구체적인 성과를 드러내지 않고 있기 때문에 그 추이는 좀더 두고 보아야 할 것이다.

또 린 교수가 이해하고 있는 역사사회 총체가 결국 중국의 역사와 사회인가의 여부도 의혹이 많다. 다시 말해 실제적으로 이해한 것이 아니라면 이른바 '혈연적 자연연결', '재제적 정치연결' 운운한 것은 근본적으로 임교수 자신이 엮어놓은 허수아비일 뿐이고, 이로부터 유학의 내용을 이해하고 유학의 심성론이 어떻게 그러한 상황에서 출현하였는가를 설명하는 것은 당연히 불가능한 일이 된다.

다음으로 린 교수가 신유가의 의리체계義理規模를 씌어서 여전히 심성론으로 유학을 파악하였고, 과거에 유가는 당면한 역사사회의 총체에 대하여 스스로 사회·정치·경제·제도 방면의 사유체계를 갖고 있었으며, 심성론도 인정仁政·왕도王道·예악禮樂·형정刑政의 구체적 조치와 관련을 맺고 있었다는 것을 미처 주의하지 못하였다. 따라서 이 방면의 자원을 개발하지 못하였기 때문에 현대와 후기현대사회를 비판하거나 실천의 진입점을 찾을 때에는 공허하고 힘을 쓸 데가 없음을 드러냈다.

다시 생활세계에 직면해서도 결국 계속해서 이러한 언담논변言談論辯(린 교수 자신의 용어로 말하면 '언설言說의 논정論定'이다)의 방식을 채택하여 실천할 것인가? 아니면 행동과 결합한 실천방식을 가지고서 구체적으로 사회와 체제를 개조하여 생활세계에 대하여 작용을 일으킬 수 있는가?

린 교수와 신유가의 많은 친구들이 모두 필자가 남화대학南華大學과 불광대학佛光大學에서 열었던 학술회의에 참여하였다. 필자는 신유가가 지금 정면으로 전형轉型의 계기와 압력에 직면해 있다는 것을 깊이 느꼈다. 린 교수의 생각은 일종의 생활유학의 방향으로 전향한 것을 대표하는데, 필자 자신도 이 방향중의 다른 방식으로 표출하였다. 이 방향은 아마도 다른 방식이 있을 것이므로 가르침을 받아 유학의 신기원을 다시 열기를 희망한다.

동아시아의 전통과 근대

04

다산 실학에서의 현실과 이념

김 태 영

1. 머리말

　유학儒學의 본령이라고 하는 '수기修己'와 '치인治人' 두 가지는 상호 불가분의 관계를 이루고 있다. 『대학大學』의 8조목 가운데 격물格物에서 수신修身까지는 수기에 해당하고, 제가齊家 치국治國 평천하平天下는 치인에 해당하는 것으로 이해하듯이 유학은 자신의 심신의 덕을 함양하여 이 세상에다 '왕정王政'을 실현함을 이상으로 삼는 통치교학統治敎學으로서의 성격을 본질로 하는 것이었다. 중세의 성리학은 아마도 그러한 성격을 더 크게 체계화한 것으로 이해된다. 조선 성리학은 더더욱 배타적인 통치 이데올로기로서의 굳건한 위상을 지니고 있었다.

　조선 후기에 전개되는 실학實學 또한 '수기'와 '치인'을 그 주된 과제로 추구하며, '인정仁政'의 실현을 목표로 하는 유학을 그 본령으로 하고 있었다. 가령 실학을 집대성했다고 하는 다산茶山 정약용丁若鏞(1762~1836)의 경우를 보면 다음과 같다.

　공자의 도는 효孝·제弟일 따름이다. 효제로써 덕을 이룸을 일러서 인仁이라 한다. 내 마음으로써 남의 마음을 헤아려 인을 구함을 일러서 서恕라고 한다. 공자의 도는 이와 같을 뿐인 것이다. …… 공자의 도는 수기·치인일 따름이다. …… 「태명兌命」에 이르기를 '학學 학반學半'이라 했으니, 우리의 도道 전체로 보자면 수기修己는 그 절반의 공功이라는

뜻이다. 「서전書傳」에 이르기를 '효斆 학반學半'이라 했으니[1], 우리의 도
道 전체로 보자면 사람을 가르친다는 것은 실상 그 절반의 공功에 해당
한다는 뜻이다. 이 두 가지 해석은 서로 어긋나는 것이 아니다. …… 공
자孔子는 자로子路·염구冉求 등과는 매양 정사政事를 가지고서 인품을
논했고, 안자顔子가 도道에 관해서 묻자 나라 다스리는 것으로 답했으
며, 제자들에게 각기 뜻을 말해보라고 하면서도 또한 정사政事의 일로
답하였다. 이로 보건대 공자孔子의 도道는 그 용用이 경세經世하는 것
이다(『여유당전서與猶堂全書』 제1집 17-40 위반산정수칠증언爲盤山丁
修七贈言).

다산학茶山學은 '공자의 도' 즉 유학을 배우고 실천함을 그 본령으
로 하고 있으며, '수기'와 '치인'이 각기 그 반씩을 차지하는 구도로 되어
있었다. 그리고 무엇보다도 공자의 경우에 유비하여, 다산학 또한 '그 용
用이 경세經世하는 것'임을 스스로 밝히고 있어 주목된다.

조선 후기의 실학자 가운데 다산은 가장 구체적인 국가개혁론을 주
창하고 있었는데, 그 개혁론이 곧 '경세'론이다. 그런데 그의 개혁론은
또한 구체적인 만큼이나 매우 이상적이며 이념적인 것이어서, 현재의 연
구수준으로 고찰해볼 때 그 실현 가능성은 크게 의문시되고 있었던 것으
로 판단된다.

다산의 시대는 중세사회 해체기였다. 중세사회 해체기는 객관적으
로 곧 '근대'를 지향하는 시기이기도 하다. 이 시기 조선 실학을 대표하
는 다산의 국가체제 개혁론은 그 현실과 이념이 어떻게 조응하고 있었는
가. 그 역사적 현실적 의미는 무엇이라고 할 수 있는가.

---

1) 『禮記』「學記」편의 '兌命曰 學 學半'이라는 문자는 일반적으로 『書經』「說命」편의 '斆 學半'을
따온 것이라 하여 '가르침은 배움의 반'이라는 뜻으로 풀이한다. 그런데 다산은 앞의 '學'을
'치인'과 대조시킨 '수기'의 뜻으로 이해한 것으로 보아, '공부하다, 배우다'는 뜻으로 해석한
듯도 하다.

2. 다산의 국가체제 개혁론

다산은 실학의 집성자답게 무엇보다도 인간의 자율성과 주체성을 긍정하는 견지에 서 있었다. 성리학이 강조하는바, 인간에게 숙명처럼 품부稟賦되었다는 기질지성氣質之性을 그는 부정한다. 인간의 악은 후천적인 욕구에서 기인할 뿐이라는 견해이다.

다산 역시 '천명지위성天命之謂性'이라는 고경古經의 명제를 부인하지는 않는다. 그런데 인간이 품부하는 '성性'은 인간이 본유한 호好·악惡의 성질을 두고 말함일 뿐인데, 인간의 성은 단지 선을 좋아하고 악을 싫어하는 속성을 타고난 것이라고 이해한다. 그리고 선·악을 판단하고 실행할 뿐 아니라 이 세계의 만리萬理를 깨칠 수 있고 만사萬事를 실행할 수 있는 것이 심心이라고 한다. 천天의 허령虛靈함이 인간의 심에 직통해 있으므로, 심이야말로 인간의 '본체'요, 성은 심의 한 가지 속성일 뿐이라고 한다.

그런데 인간의 심은 천의 영명靈明함을 직통으로 품부하였으므로, 그 자체 자율성과 주체성을 본유한다는 것이 그의 견지였다.

인간에게는 측은지심惻隱之心도 있고 수오지심羞惡之心도 있다. 이는 선심善心이다. 그런데 또한 비루하게 속이는 심도 있고 남을 쉬이 보아 만만하게 여기는 심도 있다. 이는 악심惡心이다. 심의 발용은 선하게도 될 수 있고 악하게도 될 수 있는 것이어서, 성과는 같지가 않다(『대학강의』 2-37 「심경밀험心經密驗」 인인심야仁人心也 장).

천은 인간에게 자주권을 부여하였다. 그가 선을 행하고자 하면 선을 행하게 하고 그가 악을 행하고자 하면 악을 행하도록 해두었다. 정해진 방향이 없고 그 권한이 자기 자신에게 있는 것이어서, 금수가 정심定心을 가진 것과는 다르다. 그러므로 그가 선을 행하면 실로 그 자신의 공이 되고 그가 악을 행하면 실로 자신의 죄가 된다. 이는 심의 권능이요 이른바 성이 아니다(『맹자요의孟子要義』 1-34 등문공위세자滕文公爲世子 장).

(천은) 온 천하 모든 인간이 각기 배태하는 시초에 이 영명함을 부여함으로써, 만류萬類를 초월하여 만물을 향용하도록 해두었다(『중용강의보中庸講義補』 1-2 천명지위성天命之謂性 절).

인간의 대체로 말하자면, 생명을 가지고 태어나매 이미 지각이 있고 다시 영명의 신묘한 운용이 있다. 그러므로 만물을 포괄하여 빠뜨리지 않고, 만리를 추구하여 모두 깨칠 수 있으며, 덕을 좋아하고 악을 부끄러이 여긴다. …… 그러니 이 세상의 주인 노릇 하는 자는 인간이 아니고 누구일 것인가. 천은 인간으로 하여금 이 세상을 집으로 삼아 선을 행하도록 해두었으며, 일월日月 성신星辰 초목草木 조수鳥獸는 이 집의 공봉供奉이 되도록 해두었다(『논어고금주論語古今注』 9-14 자왈성상근야子曰性相近也 장).

다산이 어느 누구보다도 국가체제 전반의 근본적 개혁론을 제시할 수 있었던 인간론적 근거는, 이와 같이 인간이 품부한 자율적·주체적 능력을 전제하고 있었다는 사실에서 찾을 수 있을 것으로 풀이된다.

그같은 인간관에 서 있는 다산은, 무릇 삼대三代가 지난 이후로 등장한 모든 통치법제란 것은 선치善治의 실현을 위해서가 아니라 지배층의 인습을 따라 제정하게 된 것이며, 또한 무릇 국가 정치라는 것이 일찍부터 비리의 폐정으로 치닫게 된 까닭은 고경古經의 참뜻을 밝혀 알지 못한 채 운용한 데에서 기인한 것이라고 인식하였다.

은殷나라 사람이 하夏를 이어받아서는 법제를 줄이거나 더하는 것이 없을 수 없었으며, 주周나라 사람이 은을 이어서도 또한 줄이거나 더하는 것이 없을 수 없었다. 왜냐하면 세도世道란 것은 강하江河의 흐름이 옮겨지는 것과 같으니, 한 번 정해져서 만세토록 움직이지 않는다는 것은 이치로 보아 그렇게 될 수가 없다. 진秦나라의 법은 곧 진나라의 법이요,

천백千百의 성왕聖王이 전승해온 바가 아니었다. 그런데도 한漢나라가 일어나서는 진나라의 구법을 그대로 따라 감히 털끝만큼도 변동한 것이 없었다. …… 조종祖宗의 법法이란 것은 대부분 창업의 시초에 마련한 것이다. 그런데 그때에는 천명을 아직 환하게 알 수가 없었고 인심도 미처 온전히 안정되지 않았으며, 큰 공을 세운 장수나 재상 중에는 거칠고 억센 무부武夫가 많았고 백관百官이나 사졸士卒 가운데는 변덕스러운 소인이 많았다. …… 그러므로 무릇 창업의 시초에는 법을 개혁하지 못하고 말세의 풍습을 그대로 따라 이를 떳떳한 법으로 삼으니, 이것이 예나 지금이나 공통되는 근심거리이다. …… 가만히 생각하건대 터럭 한 끝에 이르기까지 병들지 않은 것이 없으니, 지금에 와서 (법제를) 개혁하지 않는다면 반드시 나라를 망치고 말게 될 것이다(『경세유표經世遺表』 인引).

삼가 살피건대, 폐법과 학정이 일어나게 된 것은 모두가 경전經傳의 뜻을 밝혀 알지 못한 데에서 말미암았다. 그러므로 치국의 요체는 경전의 뜻을 밝히는 일보다 먼저 해야 할 것이 없다(『경세유표』 10-16 지관수제 부공제賦貢制 2).

다산은 통치법제의 개혁이야말로 가장 절급한 현실적 과제인 것으로 인식하고 있었다. 개혁을 하되 경전經傳의 뜻을 바로 이해하고 그 원래의 취지에 맞는 법제를 세우고 운용해야 하는 이중의 과제를 안고 있었다. 그의 국가체제 개혁론은 그 같은 시대적 과업의 산물이었다. 다산의 경세론은 그와 같이 현실적 요청의 산물이었다.

이제 『경세유표』에 나타난 그의 국가체제 개혁론의 요지를 간단히 살피자면 다음과 같다.[2]

(1) 궁극적으로 전 국토를 국유지로 전환시키며 정전제井田制를 기초로

---

2) 金泰永, 「茶山 經世論에서의 王權論」, 다산학술문화재단, 『茶山學』 창간호, 2000. 참조.

하는 국가공동체를 새로 조직한다. 중앙의 국도國都는 왕성王城을 중심으로 하는 6향鄕·6수遂제도로 개편하며, 강력한 중앙군을 양성한다. 지방행정 편제도 12성省 이하로 새로 개편한다. 가령 정전井田의 배치를 따라 주민의 주거를 제한하는 식으로 모든 주민의 주거는 그 생업과 연관지어 공동체적으로 편성한다.

(2) 전국의 모든 주민을 사士·농農·상商·공工·포圃·목牧·우虞·빈嬪·주走의 9직職으로 나누어 배치한다. 모든 직역은 자립적 자영을 원칙으로 한다. 상·공·포·목·우 등은 국가 수요에 따라 그 수를 제한하고, 상·공은 읍성邑城 안에서 영업토록 제한한다.

(3) 전국 일률의 도량형 제도를 바탕으로 하여, 무기 선박 기타 모든 기기를 전국 일률로 규격화한다. 가령 화폐는 전환국錢圜局에서만 금·은·동전으로 발행한다.

(4) 이용감利用監 등을 설치하여 선진 산업 기술의 수용과 개발을 전담하도록 한다.

(5) 모든 직역은 구임久任·책성責成을 통하여 자체 개발과 발전이 이루어지도록 한다. 특히 공경대부公卿大夫로부터 부사서도府史胥徒에 이르는 사士의 관직은 철저한 고적考績을 통하여 그 출척黜陟을 평가한다. 여타 산업분야의 우수자는 관직으로 선발하는 유인을 설정함으로써 각각 자기 분야의 적극적 개발을 유도한다.

(6) 중앙 지방의 모든 주민에게 교육을 실시하며, 일상의 공동체 생활을 통해서도 공동체 윤리와 법이 훈련되도록 한다. 각 산업분야는 그 현장에서 훈련이 실시되도록 조직한다. 사士의 경우는 각기 전문 분야에 따라 교육내용을 달리하며, 특히 관직으로 선임하는 과정은 천거를 통해서 선발된 인원을 상대로 다시 과거를 시행한다.

3. 개혁론의 특질

다산에 의하면, '세도世道'는 시대에 따라 변동하기 마련인 것이므로 거기 따른 법제의 변통 또한 어쩔 수 없이 일어나게 되어 있는 것이었다. 그것은 곧 '천지의 이치'에 따르는 일이기도 하였다. 그러나 후세의 지배층으로 말하자면 선정을 실현하려는 생각은 거의 없고, '향원鄕愿'과 같이 자신의 기득 권익을 보장하기 위한 의도에서, 이미 낡아빠진 현행의 악법 폐습을 '조종祖宗의 법제法制'라고 고집한다 하였다.

세도世道란 것은 강하江河의 흐름이 옮겨지는 것과 같으니, 한 번 정해져서 만세토록 움직이지 않는다는 것은 이치로 보아 그렇게 될 수가 없다. …… 법제를 능히 고치지 못하는 것과 제도를 능히 변경하지 못하는 것은 일체로 그 사람이 현명한가 어리석은가에서 말미암는 것이요, 천지의 이치가 원래 고치거나 변경함이 없고자 하는 것은 아니다(『경세유표』 인).

삼대三代의 때 우禹·탕湯·문文·무武가 나라를 이룩하여 표준을 세우고 예악禮樂을 제정하여 금석金石 같은 법전法典을 드리우니, 현능한 신하와 훌륭한 보필들이 뒷 임금에게 고하기를, "어기지 말고 잊지 말아서 모두 다 옛 법을 따라 하소서" 하였다. 그런데 후세에는 …… 쇠란한 세상을 오래 거치면서 겹겹이 쌓여 벌써 곪아터질 종창腫瘡을 이루고 있는 폐법들을 그대로 따라 법제로 쓰게 되었다. 혹 한 가지라도 생각해낸 의견이 있어 경장更張하는 방법을 시험코자 하면, 원로 대신으로서 침중하여 덕이 있는 듯한 자가 반드시 한마디 말로써 천천히 억압하되, "조종의 법제를 반드시 경장할 것은 아니다"라고 한다. 그러면 호강豪强하여 권세를 업고 사私만 알지 공公은 모르는 자가 반드시 따라 되뇌이기를, "노야老爺의 태산泰山 교악喬嶽 같은 덕망이 국가를 진정할 만하다"라고 말한다. 그러나 실상 향원鄕愿의 거짓 덕이요, 선을 좋아하는 마음은 한 점도 없는 것이다(『경세유표』 11-21 부공제賦貢制 6 역역지정力役之征).

그가 '원로 대신'이라든가 '향원'이라고 지목하는 것은 아마도 조선 후기 오랫동안 전횡해온 노론당老論黨 벌열閥閱의 인사들을 두고 이름인 듯하다. 그들의 전횡에 정권을 맡겨 두고서는 어떠한 선치도 기대할 수 없다는 것이 다산의 판단이었다. 다산의 개혁론은 그만큼 심각한 현실적 과제에서 출발하고 있었다.

그런데 다산의 근본적 개혁안은 어떠한 역사적 성격을 지녔는가. 위에 살펴본 요지 가운데의 (4)·(5)·(6) 항은 아마도 중세적 인습을 지양하고자 하는 강력한 현실성을 갖춘 개혁안이며, 그래서 역사적으로는 소위 '근대 지향적'인 성격을 구비한 획기적인 탁견인 것으로 보아도 좋을 것이다.

그런데 그의 개혁론 가운데서 가장 근본이며 기초가 되는 것은 역시 토지제도로서의 정전제론井田制論(1)이었다. 그것은 소유관계 가운데서도 이 시기 가장 기본이 되는 토지소유관계의 근본적 재편성을 전제하는 대개혁안이었다. 그리고 그것을 바탕으로 하여 모든 주민을 9직으로 재편성 재배치한다는 고안(2)도 매우 획기적인 개혁안이었다. 또한 전국 일률의 도량형 제도를 정립한다는 것은 소위 중세적 할거성을 극복할 탁견일 터이지만, 그 제도를 적용하여 "무기 선박 기타 모든 기기를 전국 일률로 규격화"한다는 것(3)은 많은 논란을 야기할 사안인 것으로 이해된다.

무엇보다도 이들 개혁안은, 소유와 경영에서 개인의 자유로운 활동을 제한하고 국가적 편제를 우선시하는 방향으로 고안되어 있다는 사실이 주목된다. 여럿을 들출 필요 없이 정전제론에 입각한 영농의 실태를 살피기로 한다.

선왕의 법은 전지田地를 위주로 했는데 후세의 법은 인구를 위주로 했다. 전지는 땅에 붙어서 이동할 수 없기 때문에 그 수가 일정하다. 그

러나 인구는 사람에게서 기인하므로 그 번성함과 쇠함이 일정치 않으
니, 그 수를 알기가 어렵다(『경세유표』 6-18 전제田制 5).

(현縣의 경계는) 한결같이 큰 냇물이나 큰 고개, 넓은 도랑이나 높은 언
덕, 큰 길 등을 한계로 한다. 그런 다음 무릇 이 현의 농민이 저 현에서
경작하는 것을 일체 엄금하여, 비록 시점이라도 그대로 시작時作으로
만들어서 법을 범하지 못하도록 한다. 이 경지를 경작하려는 자는 마땅
히 이 현에 옮겨와 살게 하되, 판적版籍에 편입한 뒤에라야 이에 금하지
않는다. 그 촌村·리里를 구획함에는 전지田地를 가지고서 묶는다. 무릇
4정井을 1촌村, 4촌을 1리里, 4리里를 1방坊으로, 4방坊은 1부部로 만든
다. 촌村에는 1감監을, 리里에는 1윤尹을, 방坊에는 1노老를, 부部에는 1
정正을 각기 두고, 인의로 인도하여 공전公田을 경치耕治토록 하고 효
제孝悌로 깨우쳐서 사전私田을 경작케 한다. 그 경전耕田과 파종을 감
독하고 모내기와 김매기를 독려하며 베고 타작함을 살피고 방아찧고 키
질하는 것을 신중하게 하여, 들에서 거두어다 공창公倉에 바치도록 한
다(같은 책 8-6~7 전제田制 10 정전의井田議 2).

이는 모두 인구보다도 지역을 기준으로 정해두고 거기에 맞추어 인간
을 편입시키고자 하는 것이며, 정전제를 기준으로 해두고 거기에다 인간
을 배치코자 하는 것이다. 전지와 인구를 유루없이 파악하여 전지를 기준
으로 노동인구를 배치한다는 것이 그 기본 원리였다. 그것은 국가 전체를
하나의 유기적 공동체로 조직한다는 것을 전제하는 고안이다.

그 같은 국가 공동체는 왜 하필 정전제와 같이 전국 단일의 일률적
규격 제도를 기초로 하고서 편성해야 한다는 것이었는가. 객관적으로 명
명백백한 표준을 세워 적용함으로써 일체의 중간 농단과 협잡을 근원적
으로 차단하기 위함이었다.

성인聖人은 규구規矩로써 방원方圓을 바로잡고, 6률律로써 5음音을 바
로잡고, 정전井田으로써 9분의 1세稅를 바로잡았다. 이것을 표준(楷)으

로 하고, 모범(模)으로 하고, 법식(型)으로 하고, 규범(範)으로 해서 전
야田野에 있는 어리석은 백성에게 그 전지의 구획이 법에 맞게 되어 있
음을 알도록 한 것일 뿐이다. 어찌 반드시 산을 무너뜨려 구렁을 메우고
고개를 깎아 늪을 메워서 천하의 땅을 다 정전으로 만든 다음이라야 마
음에 쾌하게 여겼겠는가. 정井으로 만들 만한 곳은 정으로 만들고, 정을
만들 수 없는 곳은 규規로 재어 정町으로 만들고, 내萊로 하고 치菑로
하여 하나같이 정전井田하는 그 비율을 적용하여 승제乘除 절보折補하
여 …… 이에 정井이 아닌 것도 또한 정井의 내용이 되게 헤아려, 10정
井이 통通으로 되고 10통通이 성成으로 되며 10성成이 종終으로 되고
10종終이 동同으로 되게 하였다. 이것으로써 표준하여 벼와 꼴을 거두
고 수레를 부과하며 이것으로써 표준하여 도都와 비鄙를 만들고 이것으
로써 표준하여 후侯를 봉封하고 백伯을 세웠으니, 이것이 요堯·순舜과
삼왕三王의 법법法이었다(『경세유표』 5-2 전제 1 정전론 2).

그같은 움직일 수 없는 표준·모범·법식·규범을 객관적으로 명명
백백하게 확정해두지 않는 경우, 수취제를 자못 개선한다 하더라도 거기
에는 여전히 할거적 중간 농단의 인습이 횡행하기 마련이라는 것이 대동
법大同法·균역법均役法의 실시를 통해서 드러난 경험이었다.

뿐 아니라 다산은 그가 변통하는 정전제가 선유先儒들이 해석해온
경우와는 다소 차이를 지니고 있는데, 자신의 고안이야말로 곧 '선왕의
본법'이라고도 확신하고 있었다. 그 같은 '본법'이 아니고서는 구원의 이
상적인 왕정은 결코 이 세상에서 실현할 수가 없는 것이라고 단정한다.

정전井田이란 것은 성인의 경상經常의 법법法이다. 경상의 법이라면 예
나 지금이나 통하는 것이다. 그런데 옛날에는 시행하기에 편리하고 지
금에는 불편하다는 것은 필시 법을 밝히지 못해서 그러한 것이다. 천하
의 이치가 예와 지금에 다름이 있어 그러한 것이 아니다. …… 성인의
여러 경서를 보건대, 내가 참작해서 변통하고자 하는 것이 원래 선왕의
본법이었다. 다만 경서에 나타난 것을 상고해서 시행할 일이요, 반드시

> 억지로 줄이고 늘리거나 꾸며댈 일이 아니다(『경세유표』 5-1~2 전제 1
> 정전론 1).

성인의 경전을 밝혀 해석해낸 자신의 정전제론이야말로 '성인의 본
법' 그대로인 것이라고 하는 확신을 여기서 주의할 필요가 있다. '성인의
본법'이 토지의 사유를 전제로 하고 있었다고는 결코 말할 수가 없을 것
이다. 그것은 두말할 필요조차 없이 곧 왕토를 바탕으로 하는 것이었다.
즉 다산의 정전제론은, 모든 민전民田이 궁극에 가서는 왕토王土로, 즉
토지 국유로 그 소유관계의 변동이 이루어진다는 사실을 기초로 하고 있
었던 것이다.

그런데 역사적 현실로 보자면, 인간의 사회적 성장과 더불어, 가령
전지田地라든가 여타 모든 재화가 인간의 소유에 귀속되고 인간을 위주
로 해서 그 소유관계의 귀속이 재편성되는 것이 일반적이었다. 그것은
하필 자본주의를 일구어낸 서구의 경우에만 국한된 일이 아니었다. 조선
후기의 현실 또한 마찬가지였다. 다산 또한 그러한 현실을 숙지하고 있
었다.

> 후세에는 사람들이 그 전지를 사유로 하고 임금은 촌토寸土도 없으니
> 임금이 백성에게 부를 나누어줄 수가 없고, 사가私家에서 제 교敎를 세
> 우고 임금은 도를 펴지 않으니 임금이 덕을 백성에게 베풀 수가 없게
> 되었다. 공자가 치도治道를 논하면서 부와 교를 말하였는데, 이 두 가지
> 권병權柄이 모두 이미 아랫사람에게 옮겼으니 나머지 일도 그렇지 않
> 은 것이 없다. (임금이) 장차 어떻게 극極을 세워 다스림을 베풀 것인
> 가. 전지를 경계하는 일이야말로 먼저 힘써야 할 것이다(『상서고훈尚書
> 古訓』 4-36 홍범洪範 오황극五皇極).

전국의 토지가 모두 사유로 되어 있음이 현실이었다. 그러므로 왕권
이 표준을 세우고 왕정을 실현할 수가 없게 되어 있다는 것이 다산의 판단

이었다. 그러므로 '전지의 경계'야말로 현재의 최우선 과제라고도 하였다.

　그런데 현실에서 토지의 사유는 어떻게 해서 범람하게 되었는가. 다산은 당시 행세하는 '호강의 무리'로 왕권과 가장 가까운 최상층의 귀척과 권문, 각 지방에서 무단하는 토호, 중간 농단하는 간리奸吏 등의 7종류를 지적하면서, 그 가운데에서 최상층인 훈척勳戚·권귀權貴가 입안과 사패賜牌를 빙자하여 토지를 횡탈하는 경우를 구체적으로 예를 들었다.

> 입안立案이란 무엇인가. 거친 산·첩첩 봉우리·먼 갯벌·작은 섬들은 천지개벽 이래 한 번도 대장에 올려 다스려 본 적이 없는 것인데, 문벌 높은 집에서 스스로 문권文券을 만들어내어 이를 차지하고서는 입안이라 한다. 풀 한 포기·나무 한 그루·고기 한 마리·게 한 마리도 모두 내 것이라 하여 앉아서 세를 거두어 들인다. 나뭇길도 끊어지고 도끼질도 엄중히 금지된다. 고기잡이 통발은 국가 대장에 실리지 않고, 염분은 사삿 취렴聚斂에 바닥이 난다. 혹은 공신·척신의 먼 후손들이 매양 민전民田을 잡아서 사패지賜牌地라 칭하는데, 구릉을 포함하고 벌판까지 뻗쳐 있는 것을 모두 제 땅이라 하여 마음대로 강탈하여도 아무도 말을 못한다. 소민小民은 파산하여 드디어 쇠잔하고 멸망한다(『목민심서』 10-38~39 형전육조刑典六條 금포禁暴).

　아마도 다산이 전지제도 가운데서도 "움직일 수 없는 표준·모범·법식·규범"이 되는 정전제를 주장하게 된 것은 위와 같이 호강한 권귀의 중간 횡침을 격퇴하고, 왕권이 제 위상에 서서 만민을 직접 이끌어 왕정을 이룩해야 한다는 신념에 차 있었던 까닭으로 보인다. 그래서 그의 개혁론은 무엇보다도 왕권의 강화를 주요한 현안으로 삼고 있었다[3].

　그렇다 하더라도 다산의 정전제론은 결코 현실적인 개혁안은 되기 어려웠던 것으로 이해된다. 다산 자신도 그것이 쉽사리 실현되지 못하리

---

3) 김태영, 앞의 논문.

라는 것은 잘 알고 있었다[4]. 정전제론은 아마도 그가 일생 학술을 통해서 깨쳐낸 왕정의 가장 이념적 기초가 되었던 것이며, 또한 그 자신이 구상해낼 수 있는 가장 이상적인 전제였던 것으로 풀이된다.

> 정전이란 전가田家의 황종척黃鍾尺이다. 황종척을 만들지 않으면 악음樂音을 바로잡을 수 없고, 정전을 만들지 않으면 전제를 정할 수 없다. 『맹자』에 "이루離婁의 밝은 눈으로도 규구規矩가 아니면 방方·원圓을 만들 수가 없고 사광師曠의 귀밝음으로도 육율六律이 아니면 오음五音을 바로잡을 수 없으며 요·순의 도로써도 인정仁政을 행하지 않으면 천하를 평치할 수 없다" 하였다. 살피건대 맹자는 매양 정전을 가지고 인정이라 하였으니, 인정이란 것은 정전이다. 맹자가 이르기를, 요·순이라도 정전을 시행치 않았더라면 천하를 다스릴 수 없었을 것이라 하였다. 이는 성문聖門에서 상전相傳해오는 바 요체를 아는 말이었다. 정전은 규구規矩와 같으며 율려律呂와 같으니, 황종黃鍾에다 비유한 것은 내 말이 아니요 맹자의 말이다(『경세유표』 7-27 전제田制 9 정전의井田議 1).

다산에 의하면 인정 즉 왕정을 실현할 궁극적인 전제로서는 정전제 이외의 다른 것은 있을 수 없는 일이었다. 그것은 요·순 이래의 성문에서 상전해오는 이념이요 동시에 법제였다.

---

4) 반드시 수백년을 두고 흔들리지 않아서, 차츰차츰 (사유지를) 회수하고 차례대로 시행한 다음이라야 선왕先王의 법을 회복할 수 있을 것이다. 그 처음에는 限田·名田·均田 같은 법으로 하다가, 오랜 세월이 흐른 뒤에 태아太阿의 칼자루를 돌이켜 잡게 되면 동이에 담긴 물을 쏟음과 같이 시원하여 거의 막힘이 없을 것이다. 정전제도는 여러 경전에 여기저기 보이지만, 선유先儒의 주석은 많이 끌리고 얽매여서 통하지 않는 곳이 많다. 그래서, 일을 안다는 사람도 반드시 정전은 불편하다고 말하는데, 지금 여러 경전의 요의要義를 취하여 다음과 같이 정리한다(『경세유표』 5-4~5 전제田制 1 정전론井田論 3).

4. 다산 실학에서의 현실과 이념

그런데 정전제가 아무리 성문 상전의 이념적인 법제라 할지라도, 과연 다산 자신은 현실에서의 그 실현 가능성을 의심하지는 않았는가.

처음에 내가 『역易』을 탐구하며 『예禮』를 연찬하고 여러 경전에 미치어 가면서 매양 하나의 깨달음이 일어날 적마다 마치 신명이 있어 묵묵히 깨우쳐주는 듯하여 남에게 이야기할 수 없는 것이 많았다. 매양 한 편의 책이 이루어질 때마다 형兄 약전若銓이 흑산도黑山島에 있으면서 이를 보시고는, "네가 이런 경지에 이르게 된 것은 너 스스로도 알지 못할 것이다. 오호라, 도가 상실된 지 천년에 갖가지로 뒤덮여졌는데, 헤쳐내고 가려내어 그 뒤덮여 있음을 확 열어 젖혔으니, 어찌 너의 힘만으로 해낼 수 있는 일이겠느냐" 하였다. …… 『경세유표』는 어떤 책인가. 관제官制·군현제郡縣制·전제田制 …… 등 나라를 경영하는 제반 제도에 대해서 현재의 실행 여부에 구애되지 않고 경經·기紀를 세워 서술했으니, 우리 구방舊邦을 개혁해보려는 생각에서 저술한 것이다. …… 육경六經 사서四書를 가지고서는 수기修己를 하도록 하고 일표一表 이서二書를 가지고서는 천하 국가를 다스리도록 해두었으니, 본本·말末을 구비해 놓았다 할 것이다. 그러나 알아주는 사람은 적고 꾸짖는 사람은 많아서 천명이 허락해주지 않는다면, 한 무더기 불을 질러 태워 버림이 좋을 것이다(『여유당전서』 제1집 16-17 자찬묘지명自撰墓誌銘 집중본集中本).

(이는) 모두 다 성인의 경전에다 근본을 두고 시의에 적합하도록 힘써 두었으니, 없어져 버리지 않는다면 혹 취해서 쓸 사람이 있을 것이다 (위와 같은 곳 광중본壙中本).

정전제론을 포함한 다산의 국가개혁론은 "마치 신명이 있어 묵묵히 깨우쳐 주는 듯"한 '도의 깨침'을 통해서 이에 의도적으로 착수하고 저술한 것이었다. 그것은 결코 불태워버려도 좋은 성질의 것이 아니었다. 반드시 언제인가는 '취해서 쓸' 군주가 나오기를 대망하는 개혁론이었다. 그만큼 그 자신 도에 대한 깨침을 확신하며, 따라서 자신의 개혁론의 궁극적 실현 가능성에 대해서도 확신을 갖고 있었다.

그런데 여기서 그가 확신하는 '도'라는 것은 무엇인가를 살펴볼 필요가 있다.

다산은 '만물이 일본'이라 하였다.[5] 그가 확신하는 '도'는 곧 '천리'·'천도'라든가 혹은 '천도'와 별개는 아닌 것으로 판명된다. 그는 말하였다.

> 상천上天의 일은 소리도 냄새도 없는 것이지만 군자는 이를 공경한다. 군자는 음성과 얼굴빛을 대단하게 하지 않지만 백성은 이를 깊이 생각한다. …… 도는 천에서 나오는데, 군자에게서 구현되며, 화민化民으로 끝맺는다(道出乎天 中於君子 終於化民)(『중용강의中庸講義』1-63 덕유여모德輶如毛 절).

도의 근원은 천이지만, 천은 그 자체 소위가 있지 않으므로 군자에 의해서 시대와 형세를 따라 그 도는 체현되고 구현되며, 결국에는 백성이 다 화육化育되는 것으로 끝맺는다는 뜻이다. 도를 깨쳐내고 이 세상에 구현하는 주체는 군자이지만, 결국에는 백성을 모두 다 화육시키고서야 끝이 나게 되는, 왕정을 실현하는 정치사업이라는 해석이다.

다산은 다시 『중용』 29장의 내용[6]을 두고 정조正祖임금이 낸 책제策題에 대해서는 다음과 같이 대답하고, 선배인 이벽李檗의 견해를 거기 잇

---

5) 『中庸講義』 1-58 子曰吾說夏禮節.
6) 상고上古시대의 禮는 비록 善하지만 증거할 만한 것이 없으니, 증거할 만한 것이 없기 때문에 믿지 않으며, 믿지 않기 때문에 백성이 따르지 않는다. (聖人) 在下者의 경우는 그 예가 비록 선하지만 (그의 지위가) 높지 않으니, 높지 않기 때문에 믿지 않으며 믿지 않기 때문에 백성이 따르지 않는다. 그러므로 군자의 도는 자기 자신에 근본을 둔 것으로서 서민에게서 증거되고, 삼왕三王에 상고해도 틀리지 않으며, 천지에 세워도 어긋나지 않고, 귀신에 질정해도 의심함이 없으며, 백세를 두고 성인을 기다려도 의혹되지 않는 것이다(『중용中庸』 29장).

대어 두었다.

> 임금께서 물으셨다. "앞에서는 이미 증거가 없으므로 백성이 믿지 않는다 함을 말해놓고 여기서는 다시 '어긋나지 않고 의심함이 없다'라고 한 것은 무슨 까닭인가." 신臣은 대답하였다. "도를 실행하는 근본은 백성이 따라주는 데에 있으며, 백성이 따르는 것은 그들이 믿는 데에 있습니다. '어긋나지 않고 의심함이 없다'는 것은 명백히 백성이 이 도에 대해서 믿고 따른다는 뜻입니다." 이덕조李德操〔檗〕가 말하였다. "성인聖人이 증거를 귀하게 여기는 것은 그것이 있어야만 백성이 믿기 때문이다. 진실로 백성이 믿는다면 증거가 없더라도 무슨 해로움이 있을 것인가. 자기 자신에 근본을 둔 것이 백성에게서 증거됨으로써 천명의 도가 되었다면 삼왕三王에 상고하고 천지에 내세워도 순順할 것이다. 그런즉 증거가 없더라도 그 도는 스스로 한결같은 것이다. 어찌 반드시 증거에 급급해야 하겠는가. 그렇지 않다면 저 삼왕들은 대체 어디서 근원하여 도를 내어 놓았겠는가. 역시 불과 자기 자신에 근본을 두고 백성에게서 증거된 것일 뿐이다. 그러므로 이 도는 천명의 도가 되는 것이며 귀신에 대질하거나 성인을 기다려 물어보아도 한결같은 것이다"(『중용강의』1-58 자왈 오설하례子曰吾說夏禮 절).

'도'는 군자인 "자기 자신에 근본을 두고"서 체현되고 구현되는 것이며, "백성에게서 증거"되어 구체적으로 실현되는 것이었다. 그것은 역시 "군자에게서 구현되며, 화민으로 끝맺는" 구도를 이루고 있었다.

천도를 깨치는 것도 군자요, 백성을 교화시킴으로써 도의 실현을 완수하는 것도 군자의 몫이다. 그런데 여기서 '도'는 백성이 믿고 따름에 따라 '증거'로 실현되어야 한다는 것임을 주의할 것이다. 즉 도는 그 최후의 실현의 장을 곧 백성의 일상日常으로 하고 있다는 이론이다. 도의 구현은 천리―군자―백성의 일상이라고 하는 삼자를 관통하고, 그 마지막 단계에서는 백성이 모두 화육되는 '증거'를 대고서야 끝맺는 것이었다.

이제 다산의 정전제론과 백성의 일상은 원리상 어떻게 상응하는 것이었는가. "먼 고을의 작은 향리들도 재상과 교제를 맺지 않은 자가 없다"는 사실을 다산은 직접 체험하여 잘 알고 있었다. 그들의 탐학이 하늘에 닿을 지경이어서, 곧 민란이 일어나게 되어 있는 실정을 그는 목도하고도 있었다[7]. 나라를 망치지 않으려면 선왕의 왕정을 시행하여 이 백성을 '도에 이르도록' 하는 길 이외에는 별다른 길이 있을 수 없다는 것이 다산의 생각이었다.

전정田政과 부역賦役에 관한 정사는 선왕先王의 유의遺意를 모두 체득하여 이 백성으로 하여금 한 번 변화하여 도에 이르도록 하는 기미가 있게 한 다음이라야(咸得先王之遺意 使斯民有一變至道之幾) 이에 백성이 호적에서 누락되는 것을 막을 수 있다. …… 왕정은 전부田賦보다 좋은 것이 없다. 그러므로 요임금의 법은 1전田과 1부賦 두 가지를 9등으로 세웠으니, 이것이 왕자의 큰 근본이다. 전지의 경계가 분명한 다음이라야 세율이 공평하게 되고, 호적이 명확한 다음이라야 부렴이 균평하

---

7) 『여유당전서』 제 1집 19-15~16 與金公厚. 가령 田政과 軍政의 실상의 일단을 살피면 다음과 같다: 오늘날 국가에 가장 긴급한 것은 전정이다. …… 강진康津 고을은 누락된 전결田結이 가장 적다고 일컫는 곳이다. 그런데 전안田案에 등록된 전지田地가 6천여千餘 결이고, 누결漏結이 거의 2千 결이나 된다고 한다. 그러니 공가公家에서 4분의 3을 취하고 현리縣吏가 4분의 1을 갖는 것이다. 비록 옛 노나라 계씨季氏가 공실을 4등분했다 하지만 어찌 이보다 심할 수야 있었겠는가. 해남海南은 강진과 비교하면 지역은 더욱 작은데 누결은 오히려 더 많다. 나주羅州는 누결이 원안元案에 기재된 결수보다 더 많으니, 천하에 이런 일이 있겠는가. …… 그래서 관에서 거두어 들이는 (원안의) 세는 100석도 되지 않는다. …… 그렇게 되면 일을 맡은 신하는 조당朝堂에 아뢰기를, "백성의 버릇들이 간사하여 관망하기만 일삼는다"라고 한다. 그러면 조정에서 공문을 띄워 크게 꾸짖으니 백성 단속이 더욱 엄중해지는데, 실상 백성들은 세를 바치고 나서 죽고 없어진 지가 벌써 달포가 넘은 것이다. 어찌 원통하지 않은가(『경세유표』 1 지관호조地官戶曹 2 경전사經田司).
(균역법均役法의 시행으로) 군포軍布 1필이 감해졌으니 마땅히 백성의 힘이 다소 펴진 것 같지만, 첨군簽軍의 액수가 해마다 달마다 증가하게 되었다. …… 서울에 바치는 군포 이외에도 순영巡營과 병영兵營의 군졸, 그 고을의 제번군除番軍, 제고諸庫·제청諸廳의 사모군私募軍, 향교와 서원의 보솔保率, 사령使令과 관노官奴의 봉족, 경주인京主人·영주인營主人의 보솔, 포호浦戶의 보솔, 연군烟軍의 보솔, 영장營匠의 보인保人, 읍장邑匠의 보인, 사색보四色保·삼색보三色保·죽보竹保·칠보漆保·지보紙保 등이 있어 기기괴괴한 것들이 천 가지 만 가지로 되어 오늘에 이르렀다. …… 균역법 시행 초기에 비하면 오늘날 백성으로부터 받아내는 것이 곧 4배가 될 것이니, 백성이 어찌 곤궁하지 않으며 물력物力이 어찌 고갈되지 않을 것인가(『목민심서』 병전兵典 첨정簽丁).

게 된다(『경세유표』 13-11~12 호적법).

정지井地를 나누는 법은 그 중점이 전지田地를 경치耕治하는 데 있는 것이지 백성의 전산田産을 마련해주는 데 있지 않다. 누가 식구수를 헤아려 전지를 나눈다고 하였는가. 항오行伍와 같이 편성하고 굳센 병졸을 선발하듯 하되, 그 노동 인원의 많고 적음과 힘의 강약을 헤아려 강한 자에게는 상등지上等地를, 약한 자에게는 하등지를 주는 것이다(같은 책 6-4 전제田制 4).

'선왕의 유의'가 그대로 담긴 '본법'을 체현한 정전제를 시행하여 "이 백성으로 하여금 한 번 변화하여 도에 이르도록" 하는 길이란 어떤 것인가. 그것은 '전부田賦' 즉 전지를 기준으로 하여 부·세를 수취하는 길이라 하였다. 그것은 곧 백성의 항산恒産을 제도적으로 보장하고서 거기에다 부·세를 부과하는 것이었다. '선왕의 본법'이야말로 지치至治의 도를 실현하는 가장 명명백백하고도 확실한 길이며, 백성의 일상의 현장에서 항구적으로 운용할 수 있는 제도이기도 하였다. 그리고 더욱 주의할 것은 정지를 분전하는 기준이 단지 백성의 항산을 마련해주기 위함에 그치는 것이 아니라, 각 농가호의 노동력에 상응하는 전지를 배분하여 최선으로 경치耕治토록 함으로써 전국적으로 농업생산력을 높이고자 의도하고 있었다는 사실이다. 이는 곧 현실태의 고식적 안주를 지양하여 농민층을 군졸 동원하듯 독려함으로써 새로운 시대를 의도적으로 열어가고자 하는 적극적 발상이었던 것으로 이해된다. 그가 왜 그다지도 정성을 기울여 정전제론을 고안하고 이를 '선왕의 본법'으로 확신하게 되었는가를 여기서 이해하게 될 것이다[8].

---

8) 그의 개혁론에는 직접생산자 뿐아니라 국왕조차도 힘써 국가경영에 분발하며, 모든 관·민으로 하여금 함부로 해태懈怠 안일安逸할 수 없도록 고적考績하고 독려하는 존재로 등장한다: 김태영, 앞의 논문.

다산의 정전제론은 인간을 토지에 긴박시키고자 하는 고안이 아니라 누구나 명명백백히 알 수 있는 정지井地라는 민산民産을 보장해두고 거기에다 부·세를 부과하는 '전부'의 제도를 시행하고자 하는 것이었다. 그리고 노동력이 강한 농가에는 거기 상응하는 전지를 배분하되 농민을 군졸 동원하듯 경쟁적으로 독려함으로써 농업생산력의 고양을 시도하고자 하는 것이었다. 인간 누구에게나 항산을 보장하고 그 바탕 위에서 항심을 유발하며, 굳건한 산업 역군으로 양성해가는 길을 제도화함으로써 새 시대를 열고자 하는 것이었다.

그런데 그것은 혹 조선후기의 영농 현실과 어떠한 관련을 갖기라도 하는 고안이었는가. 조선후기의 농업경영 규모는 영세 균질화의 방향으로 나아가고 있었다는 것이 가장 정통한 학설이다. 그 경영형태로서도 비교적 소규모 집약경영의 경우가 가장 큰 생산력을 발휘하고 있었던 것으로 이해된다. 조선 후기 실학은 누누히 균전·한전론을 주장하고 있었다. 1894년의 갑오농민군조차 '토지평균분작사土地平均分作事'를 외치지 않았는가. 그리고 드디어 해방 후에 이르러서야 남북한 공히 역사적인 염원의 농지개혁을 현실로 단행하게도 되었다. 그런 면에서 다산 정전제론의 현실적 함의는 긍정적일 수 있다 할 것이다.

한편으로 다산은 인간이 본래 타고나는 정상한 부욕과 귀욕을 긍정하고 있었다. 그런데 정전제의 시행은 다른 한 면으로 인간의 부욕을 결국 일정하게 제한하는 법제로 귀착되지는 않을 것인가. 선의의 부욕을 제한함으로써 국가나 사회 발전의 큰 원동력을 저해하는 결과를 가져오게 되지는 않을 것인가. 그것은 역시 인간을 위주로 하는 제도라기보다는 '천리'·'천도'라고 하는 것에 순응하는 법제로 고안된 것은 아닐 터인가. 그리고 이 경우 다산 자신이 강조하는 인간 본유의 주체성과 자율성은 어떠한 의미를 갖게 되는 것인가.

그의 천리·천도론은 인간의 자의적 횡포를 견제하는 강력한 이론 근거가 되는 것이지만, 다른 한편으로는 천도의 초월성이 인간 자신의 자율적 주체적 판단과 결행의 여지를 매우 제한하는 쪽으로도 작용하는 것이었다.

> 천天이 방方과 원圓의 이치를 만들었으니, 무릇 원은 여섯으로 하나를 에워싸고, 방은 여덟으로 하나를 에워싼다. 그러므로 성인이 이것을 본받아 관직 제도에 육관을 설치해서 한 임금을 받들고, 전지 제도에 8부夫를 두어서 공전公田을 경치耕治토록 하였다. 또한 관직官職이 위에 있는 까닭에 그 수리數理에 원圓을 썼고, 전지田地는 아래에 있는 까닭에 그 수리에 방方을 썼다. 이것이 천지天地와 음양陰陽의 바른 이치이며 신성한 제왕의 큰 법이었다. 이를 어기는 것은 천리天理를 거스름이 되고 이와 배치되는 것은 법이 아니니, 사의私意로 변통할 수가 없는 것이다(『경세유표』 7-27 전제田制 9 정전의井田議 1).

다산의 경우 아직도 인간 중심·인간 본위의 사유라기보다는, 인간이 순응하지 않으면 안 되는 '천리'를 근원적으로 전제하는 사유체계를 지니고 있었다. 따라서 왕정의 실현이라고 하는 현실의 정치적 설계 또한 '천리를 거스름'이 되어서는 안 되는데, 그 천리는 어디까지나 선험적인 것이었다. 그래서 가령 부욕 같은 것이야 인간이 본래 타고나는 터이지만, 그것은 결코 인간이 자기 본위로 설계하고 추구해서는 안 되는 것이었다. 개인의 부욕은 국가 경영의 제도에 따라 규제되어야 하는 것이요, 그 국가 제도는 '천지와 음양의 바른 이치'에 따라 고안되어야 하는 것이었다. 인간이 본유하는 주체적·자율적 능력을 긍정하면서도, 그의 개혁안은 개인의 자발을 우선시하기보다는 국가경영 위주로 고안한 것이었다. 오히려 현실이 이념 쪽으로 많이 수렴되어 있는 구조를 이루고 있었던 것이다.

다산에서는 기본 텍스트가 유학 경전이었다. 그 사유체계가 유학적이며 현실 개혁의 이념이 유학을 바탕으로 한 것이었음은 더 말할 필요가 없다. 그래서 그의 개혁론이 공리와 효율을 일차적으로 중시하는, 철저하게 현실 위주로 고안된 것이 아니었다. 다산에서의 현실은 부정되어야 할 실태로 너무나 팽만해 있는 것이었다. 부정되어야 할 현실태라 할지라도 바로 거기 입각하고 그것을 바탕으로 하는 개혁론을 고안하지 않은 것 또한 유학적 사유방식이었던 것으로 이해된다. 그보다는 오히려 당장에 적용할 현실태 위주의 고안이 아니었으므로, 그는 그의 학술체계가 고안해낼 수 있는 가장 이념적이며 이상적인 개혁론을 제시하기에 이르렀던 것이다.

5. 맺음말

기본적으로 다산에서의 인간은, 서양 근대식 사유에서와 같이 인간 자신을 본위로 하는 자유라든가 자율성을 온전히 갖춘 존재와는 거리가 있는 편이었다. 다산에서의 인간 본체로서의 심은 근본적으로 천리를 직통으로 품부받은 천리와 연속된 것이었다. 천지·자연과 연속된 인간관이었다[9]. 그러므로 가령 서양 근대식 이성을 기준으로 한다면, 다산에서의 인간 자체는 결코 자유롭다거나 자율적이지 못한 존재가 될 수밖에 없을 것이다. 마찬가지로 가령 서양 근대 합리주의라든가 자본주의를 기준으로 하고 다산의 개혁론을 평가한다면, 아마도 비현실적이거나 혹은

---

9) 가령 다산보다도 거의 100년 후인 중국 근대의 변법사상가 캉유웨이(康有爲, 1858~1927)의 경우를 살펴볼 필요가 있다. 서양 근대 법제와 그 실행을 친히 목도하고 깊이 감탄하게 된 그는 민주개혁과 자본주의 상공업의 발전을 열렬히 주창하고 그 실행운동을 전개하였다. 그런데 기본적으로 유자儒者인 그는 가령 "天人同氣 無內外之分……天卽人而人卽天"이라 하여, 인간 존재는 천天의 연속이라는 전통 유학적儒學的 사유思惟를 결코 벗어나지 못하였다(李澤厚, 「康有爲思想硏究」, 『中國近代思想史論』, 谷風出版社, 1986, 110~116쪽).

망상으로 가득한 것으로 비치게 될 것이다[10].

서양식 자본주의에 얼마나 근접하고 있었는가를 척도로 삼아 다산 실학을 평가하는 일은 객관적으로 맞지 않을 것이다. 그 역사적 현실적 의미는 더 깊은 연구가 있어야 밝혀질 것으로 보인다.

다산의 국가체제 개혁론은 중세 말기 중앙의 훈勳·척戚 권귀權貴로부터 각 지역의 현리縣吏에 이르기까지 권세權勢의 연줄에 선 자들의 할거적 농단을 근본적으로 차단하고 일단 모든 권력과 재부를 왕권으로 귀속시킨 다음 그 모든 것들을 새로 조직하고 편성하여 새로운 시대를 창출한다는 역사적인 고안이었다. 왕권으로부터 직접생산자층에 이르기까지 적극적으로 분발하여 최선을 다해 자신의 직무를 수행하도록 제도적으로 강제하며, 사회 생산력의 발전을 경쟁적으로 유도한다는 고안 또한 새로운 시대 창출의 이론이었다. 그래서 개인 보다는 아직도 국가 위주의 논의가 우세한 편이다.

다산은 또한 인간이 품부한 심의 영명한 능력을 굳게 믿고 있었다. 가령 천리·천도라는 것도 스스로 구현되는 것이 아니라, 그 도를 닦은 군자의 심의 자율적 주체적 능력의 판단으로 구현되는 것이었다. 다산에서의 천과 도와 심은 어느 누구에게도 공평히 공개되어 있는 것이었다. 그래서 그것은 현실태의 인습과 파당적 협애성狹隘性을 타파하고 새로운 공공성을 논의할 근거이자 기준으로서 기능을 수행할 것으로도 고려된다. 그런 공공성을 논의할 길이 열리기를 그는 고대하고 있었다. "하후씨夏后氏의 예禮는 하후씨 혼자 만든 것이 아니었다. 곧 요堯·순舜·우禹·직稷·계契·익益·고도皐陶 등이 정신을 모으고 정성과 지혜를 다해서 만세를 위해 입법한 것이었다"(『경세유표』 인)는 말과 같이, "정신을 모으고

---

10) 그와 같은 기준에서 실학의 비현실성을 논한 저술이 나와 있다 ; James B. Palais, Confucian Statecraft and Korean Institutions, University of Washington Press, 1996.

정성과 지혜를 다"한 논의가 일어나 "만세를 위해 입법"이 실현되기를 그
는 대망하고 있었던 것이다.

정성과 지혜를 다"한 논의가 일어나 "만세를 위해 입법"이 실현되기를 그
는 대망하고 있었던 것이다.

일본 사상(특히 유교)의 기저가 되는 것은 무엇인가

최 재 목

1. 일본 사상, 일본 유교의 '기저'되는 것의 문제

이 글은 '일본사상의 기저'되는 것을 밝혀보는 것이다. 물론 여기서 말하는 '일본사상'이란 일본 사상 전반을 지칭하는 것이 아니라 '유교儒敎'에 한정되고 있다. 그렇다면 여기서 다루어야 할 내용은 (1)일본 유교와 (2)그것의 기저되는 것이다.

일본에서는 일반적으로 '유학'이란 말보다는 '유교'라는 말을 쓴다. 이것은 일본에서 유교와 유학이란 말의 의미를 구별하여 사용하고 있다는 것을 뜻한다[1]. 그러면 일반적으로 그 구별 내용은 어떤 것일까? 어떤 책은 다음과 같이 말하고 있다.

'유교'라고 할 때, 그 윤리적인 규범이 '가르침'으로서 우리들에게 위에서 주어진다는 뉘앙스가 들어 있습니다. 이와 동시에 종교적 성격도 풍깁니다. 한대漢代의 유교에는 신비적이고 주술적인 성격이 강하여 바로 종교였다고 해도 지나치지 않습니다.

'유학儒學'이란 말은 유교의 전통적인 고전古典을 읽고 공부한다는 성

---

1) 이에 대한 전반적인 논의는 최재목, 「동양철학에 있어서 철학과 종교-儒敎를 중심으로-」, 『철학연구』 제52집, 대한철학회, 1994. 6, 62~64쪽을 참조 바람.
   이 글에서는 일본 유교를 주로 다루기에 '유학' 대신에 '유교'를, '신유학' 대신에 '신유교'라는 표현을 쓸 것이다.

격을 강하게 드러낸 말이 아닌가 생각합니다. '학學'이란 말에는 합리
성, 객관성이 포함되어 있습니다. 물론 '합리성', '객관성'이라는 것은 대
상으로 삼는 책이 진리 그 자체라는 것을 의심하지 않는 다음의 일입
니다만[2].

이 유교와 유학의 풀이에서 보듯이, 일반적으로 유교라는 말을 사
용해도(유학도 물론이지만) 그것을 쉽게, 어떤 시기적 한정 없이 그냥
'종교이다'라고는 생각하지 않는다. 이것은 현재까지 일본에서 이루어진
연구나 『종교학 사전』[3] 등에도 잘 드러나 있다. 이렇게 '유교'가 유儒의
'교설 혹은 가르침'이거나 '종교적 성격 혹은 종교성'을 지닌 정도로 간주
되고 있다[4]는 점은 중국의 유교가 다른 지역에 수용·이해될 때는 **중국
그대로이거나 중국과 유사한 것**이 아니라 굴절과 변용이라는 통로를 통
해서 이해해야 한다는 사실을 보여주고 있다. 이것은 어쩌면 **일본 유교
의 '기저'되는 것**이 가능하다는 하나의 암시인지도 모른다.

그런데 이 글에서 유교라 할 경우 그 의미의 폭은 상당히 넓다. 일
본에 처음 유교가 들어간 것은 백제와 관련이 깊다. 즉, 4세기 중엽 근
초고왕 때 아직기阿直岐가 일본의 태자에게 한자를 가르쳤고, 이어 박사
왕인王仁은 『논어』와 『천자문』을 전하고 경사經史를 가르쳤다. 그후 6세
기초의 무령왕 때에는 단양이(513)·고안무(516)가 성왕 때에는 왕유귀
등이 건너가서 유교를 전파하였다[5]. 그 이후 일본 근세의 에도(江戸)시
대에는 본격적으로 조선과 중국을 통해 퇴계학 및 주자학을 수용하고,
양명학도 받아들인다. 뒤이어 고학古學[6] 등의 조류가 형성된다. 이렇게

---

2) 岡本光生, 『中國古典』, 日本實業出版社, 1997, 225~226쪽.
3) 小口偉一·堀一郎 감수, 『宗敎學辭典』, 東京大學出版會, 1973, 361~363쪽 참조.
4) 이것은 최재목, 「동양철학에 있어서 철학과 종교-儒敎를 중심으로-」, 『철학연구』 제52집,
   63쪽 참조 바람.
5) 한영우, 『다시 찾는 우리역사』, 경세원, 2000, 121쪽.
6) 고학의 주된 인물은 『논어』의 정신으로 돌아갈 것을 주장한 고의학파(習俗)의 시조 이토

유교(공맹 유교)부터 신유학의 수용에 이르기까지 다양한 내용이 일본 유학을 논의할 경우에는 모두 대상이 되어야 한다. 그런데 이렇게 오랜 시기에 걸쳐서 이루어진 일본 유교 전체를 대상으로 하고, 더욱이 그것의 기저되는 것이 과연 무엇인가를 근본적으로 물어보는 것은 우선 필자의 능력을 벗어난 것이라 할 수 있다. 그리고 어떤 사상의 기저되는 것을 묻기 위해서는 그 사상 자체에 대해서 잘 알아야 하며, 동시에 그 사상이 놓여 있는 토대에 해당하는 것, 예컨대 역사, 사회, 문화 전반에 대해서도 고루 지식을 갖고 있어야 한다. 어쨌든 이런저런 이유에서 이 글에서는 일본의 유교 중에서도 주로 '신유교'를, 그것도 각론에 들어가서 세부적인 이야기를 진행하기보다는 '신유교 그것의 윤곽적이고 특징적인 논의'를 통해서 '과연 일본 유학의 기저되는 것이 가능한가?'에 대해 문제제기를 하는데 그치고자 한다.

그럼 먼저 여기서 사용할 주요 개념인 '기저基底'에 대해서 알아보자. 기저는 근저, 혹은 기초, 토대와도 통한다. 그것은 어떤 드러난 것(현상적인 것)의 본질·본체 혹은 특질에 해당하는 것으로 볼 수 있다. 어떤 지역이나 한 시기에서 드러난 사상적 경향이나 흐름을 가능케 한 '근거'라는 것은, 예컨대 '중국인의 사유방식', '유럽인의 사유방식'이라는 말이 가능하듯이, 지역性, 민족性 할 때의 '~性'에 해당한다. 이것은 일정한 시간과 공간 속의 어떤 인간과 사회가 가진 주된 습속習俗 및 사유방식의 **성향이나 경향성**을 말한다. 하지만 그것이 본질적이며 불변적인 것인가 아니면 비본질적, 임시적, 가변적인 것인가 하는 것은 실제보다 면밀한 검토가 필요하며 여기서 이것을 상론할 성질의 것은 아니다. 그렇다 하더라도 이 글에서는 기저라는 것의 규정이 편의적인 구분의 방

진사이(伊藤仁齋)와 중국 고대의 서적·언어·제도를 연구하고자 했던 고문사파古文辭派의 시조 오규 소라이(荻生徂徠)가 있다. 진사이는 개인의 도덕적 수양 쪽에, 소라이는 정치제도의 개선 쪽에 중점이 놓여 있었다.

식으로서는 가능할지 모르지만 그것을 불변하는 어떤 것으로서 규정하려는 생각은 일단 보류해두고 싶다.

그 이유는 우선 그렇게 파악한 한 지역과 민족의 성향과 경향성이 좋은 쪽보다는 좋지 않은 방향으로 이용되어왔다는 역사적 사실 때문이다. 그리고 또 하나는, 그런 성향, 경향성조차도 사실 잘 들여다보면 한 시기에 그것도 어느 특정 지역에서 얼마든지 일어날 수는 있는 것이지 성급하게 일반화할 수는 없다는 것이다.

특히 지금 우리가 경험하고 있는, 근대 이후 성립한 '국가'라는 개념적 틀을 렌즈로 해서 한 지역의 문화적 특질을 재단해낸다는 것도 문제다. 지금 여기(현재)라는 것은 시간적으로는 바뀌어(變) 과거는 우리 기억에서 아득해졌고(永), 공간적으로는 달라져(異) 시야에서 멀어져(遠) 간 것이기에 '기억記憶'과 '기록記錄'이라는 것으로 보존되어 있을 뿐이다. 전통 문화의 유전자는 희미한 옛 '추억(회고, 반성)'의 그림자일 뿐이다. 그 그림자는 지금 여기에서, 그리고 미래를 전망하고 희망할 때도 드러나지만, 분명한 것은 대부분의 과거사는 현대사의 연장이라는 점이다. 현대라는 렌즈를 통해서 과거가 재구성되고 있다는 점이다. 우리가 **일본의 과거사**를 보는 것도 결국 그 대부분이 **현대 일본의 연장선상**에서의 이해라는 점을 완벽하게 부인할 수는 없다.

그리고 또 한 가지 우리가 일본에서 '유교'라는 것이 놓여 있던 '자리', 즉 기저되는 것을 논의하고자 할 때, 그 기저되는 것이 과연 '**유교만의 것**'이라고 주장할 수 있는가 하는 점이다. 이러한 사상의 기저에 대한 소유권(영유권) 주장의 타당성이 선행되고 논의가 진행되어야 할 것이다. **기저되는 그 무엇 위에 유교가 전개되었다**고 한다면[7], 그 기저는

---

7) 사실 기저되는 그 무엇이 **먼저 있고서** 유교가 전개되었는가, 유교가 전개되고서 그것의 기저되는 것으로 보이는 것이 **나중에** 드러났는가(발견되었는가)의 문제도 남아있다.

정확히 말해서 일본 지역의 문화나 습속, 즉 일본 지역을 살던 사람들의 공유물이지 **유교 그것만의 기저되는 것(유교의 본질·특질)이라고는 규정할 수 없다**[8].

예컨대 비록 중국의 유교에서 어떤 특질이 발견된다 하더라도, 그것은 중국인의 문화적 전통과 풍속 습관이며 그런 점에서 중국인의 것이지 '중국에서 성립한 유교만의 기저되는 것(특질, 본질)'로 규정할 수는 없는 것과 같다. 이것은 다른 지역에서도 마찬가지로 적용될 수 있다. 그렇다면 유교의 기저되는 것을 논할 경우, '유교가 그 시대별로 보여주었던 외연外延보다도 우선 유교가 일관되게 간직한 내포內包에 주목해야 할 것'[9]이라는 주장은 일단 타당하다. 다만 유교가 '**일관되게 간직한 내포**'에 주목할 경우, 그 내포에서 추출된 어떤 본질(특질)적인 것, '기저되는 것'이 곧바로 일본인의 특질로 규정될 수 있을지는 별도의 문제이다. 즉, '**일본 유교의 기저**' → '**일본인의** 사상적 기저'라는 식으로 일본 유교를 일본인 전체의 것으로 **환원**시키거나 **확대 재해석**하는 것은 논리적 비약이라고 해야 한다. 다시 말하면 유교에서 발견된 어떤 특질은 유교의 기저라기보다는 유교가 일본이라는 지역에서 가졌던 양상에 속한다고 할 수 있다. 그 양상의 세부사항은 유교가 중국을 벗어나 다른 지역에 정착·토착화하는 데에 필요했던 '변용·굴절'이나 '왜곡 혹은 재해석', '사고의 진동(vibration)'일 뿐이다. 그러한 유교 전개의 양상 인자들은 그것을 바탕(地. ground)으로 해서, 때(時)와 장소(處), 지위(位)에 따라 각기 다르게 재생산되는 형태로 그림(圖, figure)을 그려갔던 것이다[10]. 그렇다면 그렇게 생산, 재

---

8) 이것을 도표화하면 다음과 같다.

유교, 불교, 신도 등

문화, 습속, 습관, 풍속 등 = 기저되는 것 = 공유물

9) 淺野裕一, 『儒教 ルサチマンの宗教』, 平凡社, 1999, 275쪽.

생산을 거듭하여 만들어져 나오는 것은 때(時)와 장소(處), 지위(位)에 따라 변화하는 것이지 고정된 실체(substance)로 볼 것은 아니라고 해야 한다.

이렇게 본다면 "일본 사상(특히 유교)의 '기저'되는 것의 규명은 가능한가?"라는 물음에서 일단은 "아니오"라고 대답할 수밖에 없다. 즉, 일본 유교에서 기저되는 것을 차라리 동아시아의 유교사에서 가능했던 **일본 유교가 지녔던 '특징 있는 하나의 양상'**으로 바꾸어 보는 편이 옳을지도 모른다.

2. 과연 '일본적' 유교가 가능한가?
- 일본에서 유교, 신유교의 이해를 통해서 -

최근 일본 학계의 원로인 오카다 다케히코(岡田武彦)는 중국의 장 다이녠(張岱年)과의 대담에서 다음과 같은 이야기를 하고 있다.

일본은 전후戰後, 전통적인 것이나 사고방식을 몹시 경멸하고, 새로운 서양 것 특히 미국 것을 받아들인 결과 사회사정이 대단히 혼란해졌습니다. 혼란한 첫째 이유는 이른바 인륜도덕, 유교적인 정신에 대해 비판이 일어난 것입니다. 그 때문에 일본 사상계가 혼란스러워지고 일본인이 어떻게 존재해야 하는가를 탐구하는 방법을 알 수 없게 돼버렸습니다. 그런데, 그 가운데 일본 경제는 크게 발전을 이루었습니다. 하지

---

10) 예컨대 이것은 다음과 같이 도표화 할 수 있다.

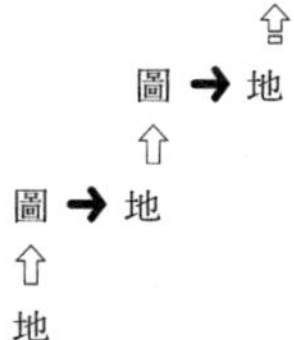

만 **경제 발전을 지향하는 가운데서도 적어도 회사 속에서는 유교적인 정신이 실천되고 있고 이것이 어떤 면에서 경제발전을 성공시킨 것이 아닐까** 하는 느낌이 있습니다. …… 일본의 회사 속에는 사원에 대한 배려나 후생 면에서 **유교정신이 지금에도 충실히 발휘되고 있는 것 같습니다. 이것은 어떤 의미에서 몰래 몰래 유교적 정신의 영향을 받고 있는 결과라고 생각합니다**[11](강조는 인용자. 이하 같음).

오카다 씨는 서구사상의 영향으로 일본사회와 일본인의 정신에 혼란이 초래되긴 했으나 현대 일본과 일본인에게는 여전히 유교의 정신이 살아 있고 그것이 또 경제 발전의 원동력이 되었다고 보고 있다. 이러한 생각은 현대의 일부 일본 유교연구자들 사이에서 뿐만이 아니라 근대 일본 지식인들 사이에도 유포되어 있었던 것 같다.

메이지 시대에 일본 정부는 유교를 체제 교학으로 이해하고 그것을 근대 일본의 정신적 지주로 삼고자 하였다. 예컨대 모토다 나가자네(元田永孚, 1818~1891)의 '교학대지敎學大旨'[12]에서는 다음과 같이 말하고 있다.

근래 오로지 지식재예知識才藝만을 숭상하고, 문명개화文明開化의 말단에 치닫고, 품행을 깨트리고, 풍속을 손상하는 자가 적지 않다. …… 이것은 우리나라(我邦) 교학의 본의가 아니다. 그래서 지금 이후, 조상들(祖宗)의 가르침(訓典)에 기초하여 오로지 인의충효仁義忠孝를 밝히고, 도덕의 학은 공자를 위주로 하여, 이 때문에 사람들이 성실과 품행을 숭상하여서 …… 대중지정大中至正의 교학敎學이 천하에 두루 꽉 차도록 하면 우리나라 독립의 정신에 있어 온 세상(宇內)에 부끄러울 것이 없을 것이다.[13]

---

11) 難波征男 편, 『岡田武彦·張岱年 對談: 簡素と和合』, 中國書店, 1999, 86~88쪽.

12) 明治 12年 發布.

13) 輓近專ラ知識才藝ノミヲ尚トビ、文明開化ノ末ニ馳セ、品行ヲ破リ、風俗ヲ傷フ者少ナカラズ、(中略) 是我邦教學ノ本意ニ非ザル也。故ニ自今以來、祖宗ノ訓典ニ基ヅキ、專ラ仁義忠孝ヲ明カニシ、道德ノ學ハ孔子ヲ主トシテ、故ニ人々誠實品行ヲ尚トビ、(中略) 大中至正ノ教學、天下ニ布滿セシメバ 我邦獨立ノ精神ニ於テ、宇內ニ恥ル事無カル可シ。

모토다 나가자네는 요코이 쇼난(橫井小楠, 1828~1883)과 함께 메이지유신(明治維新) 무렵부터 활약한 사람으로, 모두 오쓰카 다이야(大塚退野, 1677~1750)의 학풍을 잇는 것으로 잘 알려져 있다. 오쓰카는 퇴계의 『자성록自省錄』을 읽고 주자학의 참된 의미를 깨달았으며, 퇴계의 '퇴退' 자를 따서 '다이야(退野)'라고 호를 할 정도로 퇴계를 존숭한 사람이다. 모토다 또한 다이야의 영향으로 퇴계를 매우 존경하였다. 모토다는 메이지 천황(明治天皇, 1852~1912)이 스무 살이던 때부터 시강侍講이 되어 그의 절대적인 신뢰를 얻었다. 일본의 문부성文部省이 당초 서양의 학제를 모방하여 교육방침을 공리주의, 실용주의, 입신출세주의로 하였는데, 메이지 천황은 그것을 바로잡아야만 일본의 장래가 있다고 생각하여 메이지 12년 모토다에게 「교육대지」를 기록하도록 명령하였다. 이것은 메이지의 교육방침을 크게 바꾸어 놓는 실마리가 되었을 뿐만 아니라 훗날(메이지 23년) 『교육칙어敎育勅語』로 공포되어 그 정신이 구체적으로 서술되었다. 모토다는 『교육칙어』를 기초하는 데 누구보다도 크게 힘썼던 사람인데, 그는 "정주程朱의 학문은 조선의 퇴계에게 전해졌으며 다이야 선생은 퇴계가 편찬한 『주자서절요朱子書節要』를 읽고서 문득 깨달은 바가 있었다. 나는 지금 다이야의 학문을 이어받아 그것을 폐하께 올리고자 한다"고 말하였다. 이처럼 『교육대지』나 『교육칙어』는 유교윤리를 근간으로 한 것이었다. 물론 『교육칙어』는 일본의 패전 이후, 학교에서 시행하는 방법상에 문제가 있고 또 일본 군국주의의 국민도덕교육으로써 악용되었던 탓에 그 효력이 상실되어 현대의 일본의 교육학계에서는 고려의 대상이 되고 있지 않다[14].

식민지 조선의 경성제국대학 교수를 역임하였고 조선의 주자학(특히 퇴계학)에 많은 관심을 가졌던 아베 요시오(阿部吉雄, 1905~1978)는 『이

---

14) 아베 요시오, 김석근 옮김, 『퇴계와 일본유학』, 전통과 현대, 1998, 125~129쪽 참조.

퇴계, 그 행동과 사상(李退溪, その行動と思想)』이라는 책[15]에서 앞의 내용을 대략 언급하고 나서 다음과 같이 말하였다.

> **메이지 시대는 표면적으로 보면 서양문화가 지도적인 정신이 되고 유교는 쇠퇴해버린 것으로 생각되지만 실은 교육정신의 근간을 이룬 것이 유교윤리이며**, 또 당시의 문화인·지식인은 에도시대 한학漢學의 교양을 깊이 몸에 갖추고 있는 사람들이며, 그런 교양을 토대로 하여 새로운 문화를 만들어낸 사람들이었다. 그런 의미에서 **유교는 표면적으로는 그림자도 형체도 없어져 버린 것처럼 보이지만, 실은 일본인들의 피가 되고 살이 되어 새로운 문화를 만들어내는 토대가 되었던** 그런 시대라고 볼 수도 있을 것이다. 아마도 **2백 개 이상이나 있었던 일본의 공자묘孔子廟가 일제히 그 모습을 감추어버려, 유교는 그림자도 형체도 없어져 버린 것처럼 보이지만 실은 그렇지 않았던 것이다.** 그것은 마치 일본이 한자와 가나가 뒤섞인 문장을 써서, 전래된 한자를 완전히 일본화시켜 버린 것과도 같은 것이다. …… 그것과 마찬가지로 유교사상도 완전히 일본화된 것이며, **메이지 시대에 일본이 비약적인 발전을 할 수 있었던 것도 유교가 근간이 되어 있었기 때문인** 것으로 생각된다. **형식적인 유교의 예禮는 없어지고 단지 그 정신만 살아있다는 것은 일본 유학의 가장 큰 특색**인 것이다.[16]

그런데 아베 요시오는, 메이지 시대는 "유교는 표면적으로는 그림자도 형체도 없어져 버린 것처럼 보이지만, 실은 일본인들의 피가 되고 살이 되어 새로운 문화를 만들어 내는 토대가 되었던 시대"로 보고 있다. 이런 지적은 이미 앞서서 든 『교육대지』에서도 "조상들(祖宗)의 가르침(訓典)에 기초하여 오로지 인의충효를 밝히고, 도덕의 학은 공자를 위주로 하"자 라는, 이른바 과거 일본의 참된 유교정신 회복이라는 선언적

---

15) 이 책은 김석근에 의해 『퇴계와 일본유학』 (주14)이라는 제명으로 번역되었음.
16) 아베 요시오, 위의 책, 130~131쪽. 인용자가 문맥에 맞게 약간 고친 곳이 있음.

인 언설과도 맥을 같이한다.

그런데 과연 일본의 근대 혹은 그 이전에서도 유교가 뿌리내렸고, 유교도덕이 일본사회의 근간이 되었다고 할 수 있을까?

천순천(陳舜臣) 씨는 유교관련 그의 저서에서 다음과 같이 말한다.

> **일본에서는 유시마(湯島)의 성당聖堂을 비롯하여 번학藩學에 공자를 제사지내지만 유儒를 종교로는 생각하지 않았다.** 유儒가 종교인지 아닌지는 일본에서는 근대에 이르기까지 그다지 논해지지 않았다. 종교가 아닌 것이 자명한 것으로 여겨졌기 때문이다. '유교儒敎'라는 말을 사용해도 그 '교敎'는 교육, 교훈의 '교'로 생각되고 있었다. 학문이나 교양으로서의 유교는 전해졌지만 그것은 생활에는 파고들어가지 못했던 것이다. …… 유儒는 일본에 전래했다고는 하지만, 제사를 뺀 것이었다. 유시마 성당(湯島聖堂)이나 시즈타니 학교(閑谷學校)[17]에 공자를 제사지내고는 있지만 어쩐지 단순한 의례에 지나지 않는다고 생각한다. '아저씨(おじ)[18]', '아주머니(おば)[19]', '사촌(いどこ)[20]' (의 세부적인 내용)[21]을 구별하지 않는 것은 유적儒的 제사가 일본에 전해지지 않았던 것을 의미하는 것이라 말해도 좋을 것이다. 무엇보다도 일본에서는 동성금혼同姓禁婚이라는 타부가 없다. 동성 결혼은 중국에서는 법률로는 금지되어 있지 않다. 그런데 한국에서는 본관(본적지)를 같이하는 동성끼리의 결혼은 법률로 금지되어 있다. …… 유교는 조선에서는 그대로의 모습으로 전래되었는데, **일본에서는 유교로부터 제사를 빼고, 윤리, 학문, 교양으로서의 유儒만을 채용한 것이다. 이러한 일본의 유儒를 본래의 유로서 논하는 것은 문제가 있다.**[22]

---

17) 시즈타니 고(閑谷黌)를 말함. 에도(江戶) 시대의 鄕學(옮긴이 주).
18) 삼촌, 백부, 숙부, 외숙부, 고모부, 이모부. 부모의 손위는 백부伯父, 손아래는 숙부叔父로도 씀. 또 이모 고모의 남편의 경우도 같음(옮긴이 주).
19) 큰어머니, 작은어머니, 외숙모, 고모, 이모의 총칭(옮긴이 주).
20) 사촌형제(從兄弟), 사촌자매(從姉妹) 모두를 일컬음(옮긴이 주).
21) ( )안의 것은 옮길 때 필자가 삽입한 것임.
22) 陳舜臣, 『儒敎 三千年』, 朝日新聞社, 1993, 208~212쪽.

이 논의에 따르면 일본에서는 유교로부터 제사를 빼고, 윤리, 학문, 교양으로서의 유儒만을 채용한 것인데, 이러한 일본의 유儒를 본래의 유로 논하는 것은 문제가 있다고 한다. 그렇다면 제사가 빠진 일본의 유교는 중국 유교를 수용할 때 그것을 받아들이고 있는 시대의 정치적 제도나 문화적 관습과 같은 이른바 '기층적인 것'과 관련한 것이지 일본이란 지역과 민족의 어떤 불변하는 정신적 실체(일본정신과 같은) – 이런 것의 대부분은 조작된 것이긴 하지만– 가 먼저 있고 그것이 그렇게 만든 것은 아니다. 여기서 '기층적'이라는 것을 상정하는 것은 유교가 시대와 장소와 지위에 따라 수용이 달라질 수 있다는 말이기도 하다. 이것은 일본의 근대에서 유교연구, 특히 신유교 연구가 어떻게 달라졌는가를 검토함으로써 이해할 수 있다. 구로즈미 마코토(黑住眞) 씨는 다음과 같이 말한다.

유학을 배우거나 연구하는 사람들, 또 그것과 관련된 학교, 그 외의 사회제도는 19세기까지는 일본(근세, 에도 시대)에서는 꽤 많이 퍼져 있었다. 여기서 상세하게 다루지는 않지만 **근세 일본인들에 있어서 지식의 기초 교양이 유학에 의해서 길러지고, 그것이 사회를 어느 정도 이끌어 갔다는 것은 분명하다.** (단지 사회 전체 속에서의 유학의 위치 설정 방법이 어떠했는가에 대해서는 주의할 필요가 있다.) **그러나 서양의 충격에 의해서 유학의 학습 연구 상태는 크게 바뀐다. 서양의 충격을 계기로 해서 일어나고 그리고 이미 일어나고 있었던 근대 국민(국가) 형성운동 속에서 근세까지의 유학의 학습 연구의 흐름은 상당수가 단절되어 버렸다. 하지만 그것은 세 개의 영역에서 새롭게 이어졌다고 보여진다.** 첫째는 도덕의 영역, 둘째는 근대 독자의 영역, 셋째는 대학 아카데미즘의 영역이다. **첫째는 초등 중등 교육, 사회 교육 등을 비롯한 관官·민民에서의 여러 가지 국민 사상 계몽 이데올로기 운동이다.** 둘째는 근대적 미디어의 성립에 의해 태어난 문학 독서인에 있어서의 유학과 한학 교양의 세계이다. 이것은 첫째보다는 직접적인 정치성, 도덕성이 옅다. 셋째는 관·민에 의해 만들어진 대학에서의 학과·학계를 기초로 해서 전개되는 연구의 세계이다. 이들 세 가지는 독립되어 있으면서도 서로 연결되어 있고 어느 정도 서로 침투해 있다.
…… 근대 국가 속에서 유학의 연구가 처음으로 제도적 보증을 얻은 것
은 대학 아카데미즘에서이다. 대학 아카데미즘에서 유학 연구의 시작은
언어·문학 연구에서 국어 국문, 한문의 필요에서 나온 것, 철학 사상
연구에서 서양 철학과 구별되는 동양 철학의 부류에서 나온 것〔인도 및
지나(중국) 철학 등〕 등이 있다. 메이지 시대 유학 연구의 특징은 첫째
서양 철학과의 비교와 그 개념 방법 등을 바탕으로 해서 유학 사상을
분석하는 경향이 강하다는 것, 둘째 국민도덕 국민교육을 주장하는 일종
의 윤리 도덕주의가 종종 그것과 중복된 채 주장되고 있다는 점이다. 당
시의 시대 요청이 서양풍의 논리 장치를 적용하면서 보편적 입장에서
'동양의 독자'적인 '우리들의 철학'이 주장된다는 것이다. 이 방면에서도
개별적인 연구로서는 뛰어난 것이 결코 적지 않다. 그러나 대상에 가치를
부여하는 관점 그 자체는 객관적·학문적이라기보다는 상당히 실천적 의
도가 촌스럽게 들어가 있는 것이 많았다고 하지 않을 수 없다. 이러한
계통의 학문을 '한학漢學·동철적東哲的' 유교연구라 부르기로 한다.
메이지 말기가 되면 문과대학의 학과가 '철哲·사史·문文'의 세 종류로
분류됨에 따라 중국철학, 문학, 역사가 각각의 영역을 얻게 되고 단순
한 '한학'과는 독립된 대상으로서의 '지나支那'의 여러 학문이 자각되어
왔다. 이러한 다이쇼(大正, 1912~1926) 무렵에는 꽤 실증적 연구가 나
타나게 되었다. 이러한 흐름 속에서 특필할 만한 것은 '교토지나학(京
都支那學)'이라 불리는 것으로 서구의 중국학(Chinology)의 영향을 받
아 대상이 되는 학술을 있는 그대로 이해해 가는 방법을 취하려고 했
다. …… 메이지 이후의 '한학·동철적' 학문이 이데올로기에 치중하는
경향이 있고 지나치게 Philosophy(철학)적인 것이라고 한다면 이 '지나
적' 학문은 오히려 Philology(문헌학)에 치중하는 경향이 있었다.
…… 이상의 것과는 조금 다른 계통의 일본유교연구로서는 쓰다 소키
치(津田左右吉)의 동양사상연구가 있다. 그의 연구는, 사실 **유교는 일
본 대중문화의 전통과는 다르다**고 하여, 이것을 구별하는 일종의 민중
사관에 의한 문화상대주의 입장을 취한다. 이것은 당시의 유교 이데올
로기의 고취 및 그것과는 반대의 차원에서 중국의 학예에 자폐적 취미
와 낭만을 추구하던 일부 지식인의 경향, 그 양쪽에 비판적 입장을 취
하려는 것이었다. 쓰다 속에 포함되어 있는 이러한 비판주의적인 연구

태도는 2차 대전大戰 이후에 서서히 일어 나오는 '사상적' 유학연구의 선구가 되었다는 면이 있다. 그리고 2차 세계대전 이후 현대에 이르기까지 일본 내에서 이루어진 신유학 연구는 주로 '사상·종교사적', '사회사적', '지역문화적' 입장에서 이루어져 왔다[23].

이러한 논의를 염두에 볼 때, 일본의 근대에 있어서 유교는 지식인들의 기초교양이거나 학자들의 학문적인 방법론, 연구 시각에 의해 주도되고 각색되는 **대상화된 어떤 것**이었지 **일본인에게 체질화된 것은 아니었다**는 것을 이해할 수 있다. 그래서 **유교는 일본 대중문화의 전통과는 다르다**는 주장도 가능하다. 모토다 나가자네의 「교학대지敎學大旨」같은 것은 그야말로 **초등 중등교육, 사회교육 등을 비롯한 관官·민民에서의 여러 가지 국민 사상계몽 이데올로기 운동**이며, 그런 점에서 작위적이고 인위적인 노력의 소산에 해당한다고 해야 할 것이다. 이 점은 다음과 같은 지적에서도 잘 드러난다.

> **일본의 봉건체제 하에서 서민은 위정자가 되는 길이 막혀 있었기 때문에 군자에 대한 길을 말하는 유교를 그대로 넓혀도 무의미한 것이었다. 거기서 통속 도덕가들은 가족·정촌町村·상업관계와 같은 한정된 사회 속에서 유용한 도덕으로서 유교를 재구성한 것이다.** 이러한 근세의 유교적 사상은 명치 이후 소용돌이에 말려드는 것처럼 국가 신도 속에 수렴되어 간다. 그리고 패전 후의 국가 신도 해체와 함께 사실상 붕괴했던 것이다. 이 때문에 전후의 일본에는 유교의 전통은 끊겨 버리고 말았다. 그러나 '인의仁義', '의리義理'와 같은 유교의 중심개념이 이른바 야쿠자(조직 폭력배: 옮긴이) 용어로서 살아남은 것은 흥미 있는 것이다. 혹은 이 점을 추구해보는 것으로 일본인과 유교의 관계의 알려지지 않은 일면을 밝힐 수 있을지도 모른다.[24]

---

23) 黑住眞, 「일본에 있어서 신유학 연구」, 『제1회 경주국제학술포럼논문집: 동아시아사상의 세계』, 국제동아시아사상연구회, 1995, 39~46쪽을 요약한 것임.

이렇게 해서 일본에서 유교는 일본의 기저되는 그 무엇을 형성한, 혹은 기저되는 어떤 것 위에서 전개함으로써 이른바 '일본적'인 것을 주도적으로 형성한 것이 아니었다는 점이 지적될 수 있다.

3. '일본' 지역과 사상의 특수화 · 실체화 · 고정화를 넘어서서 기층연구로

일본에서는 주자학朱子學, 양명학陽明學, 고학古學 등의 신유교적 흐름이 있다. 이러한 흐름을 여기서 모두 자세히 언급할 수는 없다. 그런데 이들 신유교의 갈래를 통틀어서 특징적인 것은, 예컨대 우리나라 조선시대의 신유교가 친주자학적 경향이거나 주자학의 틀이 큰 방향에서 유지되는 형태로 전개되었던 것에 비해 일본의 신유교는 반주자학적 경향(어쩌면 주자학 파괴적인 경향)으로 전개되었다는 점이다. 종래 일본 신유교의 특징을 조선의 그것과 비교, 대비하여 몇 가지로 나누어서 언급한 것을 보면 다음과 같다.[25]

① 중국 주자학을 충실하게, 경우에 따라서는 그 이상으로 엄격히 받아들인 조선의 유학과 대조적으로 일본에서는 과거제도를 채용하지 않았다.

② 『문공가례文公家禮』를 제도로 수용하지 않았다.

③ 경험적 합리주의 측면을 강조했던 주자학의 다른 큰 흐름, 다시 말해 주자학을 그 내부에서부터 파괴함으로써 성립하는 고학파와 같은 것이 있고, 후에 이것이 양학洋學과의 결합을 시도한다.

---

24) 澁谷申博 외, 『東洋思想がわかる』, 日本文藝社, 2000, 103쪽.

25) 源了圓, 박규태·이용수 옮김, 『도쿠가와 시대의 철학사상(원제: 德川思想小史)』, 예문서원: 2000의 「한국어판 서문」.

④ 일본의 양명학은 – 과거제도의 결여라는 제도적인 부정적 측면이 사상 학문의 자유와 문화의 다원화라는 긍정적 측면을 야기한 아이러니로서 – 조선에 비해 유력한 기반을 점하고 있었다.

사실 위의 ④에서 언급한 일본의 양명학은 처음에는 주자학자의 사이에서 절충적으로 논의되었는데, 관학으로서의 제 역할을 하고 있던 주자학과는 달리, 일본 양명학의 시조 나카에 도주(中江藤樹) 이후 재야의 학문으로서 민간에 널리 퍼져 서민의 교육과 교화에 큰 역할을 하였다. 특히 막부 말기(幕末) 메이지유신기(明治維新期)에는 천황을 섬기는 이른바 근왕勤王(= 근황勤皇·존왕尊王)의 실천가들을 길러내는 원동력이 되었고, 메이지 이후 기독교(프로테스탄트)나 자유민권운동이 발전하는 데에도 크게 공헌하였다. 그 뒤 쇼와(昭和) 시대에는 민족주의, 반공산주의의 황국皇國사상과 강한 결속을 보였고, 1945년 패전 후에는 정계 재계의 수뇌부 인사들을 위한 제왕학帝王學이 되는 등 중국과 한국의 양명학에서 보기 드문 전개 양상을 보이며 오늘에 이르고 있다. 그런데, 일본에서 양명학 연구의 조건들은 아래와 같이 열거할 수 있으며 이것은 한국 양명학의 그것들과 비교, 대비해볼 수 있을 것이다.[26]

① 과거科擧가 실시되지 않아, 특정 교학敎學에 구애받지 않을 수 있었음.
② 무관武官인 무사武士, 즉 사무라이가 문관文官을 겸해서 유학儒學과 병학兵學을 연구했던 점. 그래서 왕양명은 문관이자 무관이었던 점은 무사계급에 친화성이 있었음.

---

26) 이에 대해서는 吉田公平, 「陽明學硏究の今日的課題」, 『陽明學が問いかけるもの』, 硏文出版, 2000, 34~36쪽 참조.

③ 비무사非武士 계층인 승려나 정인町人이 무사와 같이 학문을 했던 점은 억불숭유 분위기와는 달랐음.

④ 정치와 학문이 분리되어 영위될 수 있었던 당시 일본의 사회적 분위기, 다시 말해서 무사는 무사, 학자는 학자로서 서로 분리될 수 있었다는 점은 당쟁과 학화學禍의 연계소지가 줄어들게 됨. 예컨대, 일본 양명학의 시조 나카에 도주(中江藤樹)처럼 무사일 때는 무사로서 학문을 닦을 수 있었으며, 무사를 그만두고 정치를 떠나서도 자유롭게 자신의 학문에 몰두할 수 있었음.

⑤ 불교가 제도권의 사상이었던 점. 즉 억불숭유의 틀이 작용하지 않았음.

⑥ 도쿠가와 막부(德川幕府)가 기독교 탄압 이외에 사상탄압을 하지 않았음.[27]

이렇게 보면 일본 지역의 양명학이 한국과 다른 것은 결국 사회의 분위기나 정치적·문화적인 여건 등의 '기층적인 것'[28]에 따른 차이가 주

---

27) 다만, 일본에서도 양명학을 이단으로 보고 양명학 금지령을 내린 적이 있었다. 도쿠가와 막부는 1651년 경안의 난(慶安の亂)을 일으킨 유이 쇼세쓰(由井小雪)를 양명학의 신봉자로 인식하였기 때문에 일본 양명학의 시조로 불리는 나카에 도주의 제자 구마자와 반잔(熊澤蕃山)을 채용하고 있던 비젠(備前) 오카야마번(岡山藩)의 번주藩主 이케다 미쓰마사(池田光政)에게 양명학을 가르치지 못하도록 경고장을 보냈다. 그리고 중국의 명明나라가 망한 것은 양명학자들의 반란 때문이라 보고 양명학 신봉자들을 가장 많이 채용하고 있던 구마모토번(熊本藩)에 왕학王學=양명학 금지령을 내리고(1669년, 22명 파면), 나카에 도주가 처음 세운 학숙學塾을 열었던 아이즈번(會津藩)에도 금지령을 내렸다(1683년). 그러나 민간의 학자들은 자유롭게 양명학을 연구할 수 있었고, 이후 1790년 정통 주자학 이외에 학문 교육을 금지하는 이학금지령異學禁止令이 내려진 다음에도 양명학은 면면히 지속되었다. 그리하여 도쿠가와 말기 소수이긴 하나 번교藩校의 교관직을 지키고 있었다.

28) 예컨대 王家驊는 '일본의 근대화와 유학'을 다룬 책에서 '일본근대화의 구조적 전제'를 '① 막번幕藩 체제 하에서 토지소유제도의 특징, ② 소농小農경제의 특징, ③ 도시에서 상품경제의 특징, ④ 집권권력과 분권권력의 균형, ⑤ 다원적인 문화구조'라는 다섯 가지를 들어서 설명하고 있다.(王家驊, 『日本の近代化と儒學』, 農山漁村文化協會, 1998 참조). 이것은 일본근대화가 있었던 '자리(場)'에 대한 설명이다. 이처럼 이 글에서 본인이 말하는

된 것이다. 물론 이 기층적인 것도 가변적인 것이다. 일본 유교의 기저라는 것이 보다 선명하게 밝혀지려면 동아시아의 이러한 기층적인 차원의 논의를 포함한 '비교'나 '대비'의 길로 나아가야 한다.[29] 다만, 비교와 대비라는 것도 그 대상으로 삼는 상이한 어떤 것이 어째서 그렇게 그런 논의의 틀 속에 들어올 수 있는지를 추궁해 들어가면 논거가 궁색하다는 원초적인 한계가 있다. 그렇다 하더라도 애당초 비교나 대비는 상이한 어떤 것들 사이에 '같다(同)'는 점보다는 '다르다(異)'는 것이 있음을 인식·자각하는 데 중요성이 있음을 알아야 한다. 다른 것을 다른 것으로 바라보는 훈련, 그리고 그 다른 것을 나 혹은 우리의 것과 차별·차등화하지 않는 것은 참으로 중요한 것이다. 더군다나 나 혹은 우리와 다른 것을 고정불변의 어떤 것, 즉 실체로서 본질화하여 그것을 이른바 '기저되는 것'으로서 규정하는 것에는, 그것을 규정하지 않는 것보다도 더 많은 위험 요소가 도사리고 있다.

그렇다면 첫째, 일본의 유교에서(이것은 한국과 중국에서도 마찬가지이지만) **'기저되는 것'을 찾아보려는 노력은 적어도 어떤 한 지역이나 특정 시기에 나타난 양상으로서 제한하는 방식**이어야 한다. 성급하게 '한

'기층적인 것'은 사상 그것이 있었던 **다원적·중층적인 '자리'**를 말한다. 물론 그 '자리'가 단순히 **그대로 사상내부로 연결된다는 뜻은 아니다.** '자리'가 밝혀져야 거기에 놓여있던, 거기서 움직였던 '자세'와 '눈', 그리고 '마음'의 자리매김이 가능하다는 것이다. 그러므로 **'자리'에 대한 규명**은 '자세'와 '눈', 그리고 '마음'에 대한 **1차적인 자리매김**이다. **사상 그 자체의 논리와 특질·독자성에 대한 이해·해석=2차적인 자리매김**은 이러한 일차적인 자리매김과 별개(별도)의 차원에서 이루어질 수도 있다. 하지만, 분명한 것은 1차적인 자리매김 없는 2차적 자리매김은 불가능하거나 매우 공허하다는 점이다. 적어도 **동아시아의 사상사**는 이러한 1, 2차적 자리매김을 동시적으로 충족시킬 때 가능하다고 본다.

29) 이렇게 우리가 지역사의 의미를 재인식하는 것은 지역이 가진 '내재적 변화의 중시'이고, 중앙(혹은 중심)에 대해 '지역연구의 중시: 공간적 차별화/기층사회의 중시'라고 말할 수 있다. 이 점에서 서구=중심에 서서 중국=주변을 바라보고자 했던 종래의 서구중심의 중국연구를 비판하고, '중국중심의 역사를 향하여!'를 외치는 폴 A. 코언의 입장은 동아시아 사상사 속에서 지역 연구에도 하나의 좋은 지침을 제시하고 있다(이에 대해서는 폴 A. 코언, 장의식 외 옮김, 『미국의 중국 근대사 연구』, 고려원, 1995을 참조할 것).

지역'에서 이루어진 '어떤 사상'의 기저되는 것을 설정하고 또한 그것을 실체화·일반화하여, 결국 일본인의 그 무엇(예컨대 일본인론·일본문화론·일본정신론·국체國體 등)으로 확정짓는 식으로 끝나서는 안 된다. 그 것은 이른바 순환론을 극복할 수가 없다. 다시 말하면 일본에 이런저런 사상적 특질이 있는데 그것은 '왜?' 그렇게 생겨났는가 하고 물으면 일본에 그렇게 '현상적으로 있기 때문에'라고 밖에 대답할 수 없다. 구조적이고 체계적으로 충분히 설명할 수 없기에 그것만으론 '왜?'에 대한 필요충분한 대답이 못된다. 이를 보완하기 위해서는 변화하는 어떤 것으로서의 '기저되는 것'을 논의하고 이해할 수 있어야 하며, 그것은 **일본 지역의 실체화·고정화를 넘어서는 것**이다. 그것은 이제 **기층연구로 나아감으로써 극복**되어야 한다. 기층연구란 이미 지적되었듯이 일본이라는 지역의 구체적인 역사와 제도, 사회와 문화 등을 구체적으로 연구하는 것이다. 그것을 바탕으로 일본의 유교 전개 과정을 바라보아야 한다는 것이다.

그리고 둘째로 **일본을 지나치게 특수화하는 종래의 일반적인 학문적 논의들에 대해서도 재고·반성해볼 필요**가 있다. 예컨대 '효孝'의 해석을 두고, 한국·중국의 종족 사회에서의 효가 기본적으로는 부모와 자녀의 관계에 관한 도덕적 이념 즉 은혜(恩)라는 교환적 원리에 입각해 있는 데 비해, 일본의 효는 가家의 초세대적 영속(즉 가의 영속적 계승)이라고 본다. 이렇게 일본에서 초혈연적 양자養子 제도가 채택되는 것에는 유교의 효 이념과는 **'본질적인 차이'**가 있다고 해석을 하는 경우가 있다.[30] 하지만, 기본적으로 유교의 효의 의미가 '조상에게 제사를 지내는 것', '현실의 가정에서 자식이 부모를 사랑하고 공경하는 것', '자손 일족

---

30) 허남린, 「祈禱와 葬禮式」, 『日本思想』 제2호, 한국일본사상사학회, 2000. 10. 1, 109~111쪽 참조.

一族이 계속되는 것' 등의 복합적 의미를 갖는다는 것[31]을 염두에 둘 필요가 있다. 여기서 '자손 일족一族이 계속되는 것'을 어떻게 해석하고 받아들이는가는 그 사회의 기층적 특질에 의해 달라질 수 있다. 어쨌든 동아시아 내에서 일본의 효를 한국, 중국과 '본질적으로 차이'가 있다고 단정할 수 없고, 그(효) 내용이 어떤 다른 지역에서 토착화하는 데 드러난 '하나의 상이한 양상'으로서 이해해야 한다. 무엇이든지 '일본 것', '일본적인 것'은 특이하고 기이한 식으로 몰고가는 편향되고 왜곡된 태도 자체는 고려되고 지양되어야 할 것이다.

[참고문헌]

小口偉一·堀一郎 감수, 『宗敎學辭典』, 동경대학출판회, 1973.

陳舜臣, 『儒敎 三千年』, 조일신문사, 1993(7쇄).

加地伸行, 『沈默の宗敎 - 儒敎』, 筑摩書房, 1994.

폴 A. 코언, 장의식 외 옮김, 『미국의 중국 근대사 연구』, 고려원, 1995.

岡本光生, 『中國古典』, 일본실업출판사, 1997.

최재목, 『나의 유교 읽기』, 소강, 1997.

王家驊, 『日本の近代化と儒學』, 농산어촌문화협회, 1998.

아베 요시오, 『퇴계와 일본유학』, 김석근 옮김, 전통과 현대, 1998.

黑住眞, 「일본에 있어서 신유학 연구」, 『제1회 경주국제학술포럼논문집: 동아시아사상의 세계』, 국제동아시아사상연구회, 1995.

難波征男 편, 『岡田武彦·張岱年 對談: 簡素と和合』, 중국서점, 1999.

淺野裕一, 『儒敎 ルサチマンの宗敎』, 평범사신서 007, 평범사, 1999.

한영우, 『다시 찾는 우리역사』, 경세원, 2000.

---

31) 加地伸行, 『沈默の宗敎 - 儒敎』, 筑摩書房, 1994, 60~61쪽 참조.

吉田公平, 「陽明學硏究の今日的課題」, 『陽明學が問いかけるもの』, 연문출판, 2000.

源了圓, 박규태·이용수 옮김, 『도쿠가와 시대의 철학사상』, 예문서원: 2000.

澁谷申博 외, 『東洋思想がわかる』, 일본문예사, 2000.

최재목, 「동양철학에 있어서 철학과 종교—儒敎를 중심으로—」, 『철학연구』
　　제52집, 대한철학회, 1994. 6.

黑住眞, 「일본에 있어서 신유학 연구」, 『제1회 경주국제학술포럼논문집: 동
　　아시아사상의 세계』, 국제동아시아사상연구회, 1995.

허남린, 「祈禱와 葬禮式」, 『日本思想』 제2호, 한국일본사상사학회, 2000. 10.

근대 일본의 언어 내셔널리즘

고모리 요이치(小森陽一)

1894년(明治27年) 3월 28일, 북양해군을 완성한 이홍장李鴻章의 초청에 응해서 상하이로 향하던 갑신정변의 중심인물 김옥균이 공동조계의 동화양행東和洋行이라는 여관에서, 동행하던 홍종우에게 암살되었다. 이 사건은 일본 국내에서의 반청反淸 캠페인에 최대한 이용되었다. 3월 1일의 제3회 총선거에서, 여전히 우세를 유지하였던 반정부세력은 정부의 연약한 외교노선을 철저하게 공격하였다.

완전히 우연한 일이지만, 이 해 2월에 조선의 전라도 고부에서 민중봉기가 발생하여, 조선정부는 이를 동학(몰락한 양반 최제우에 의해 시작된 민중종교로서, 유교·불교·도교를 아우른 것이라 하며, 천주교 즉 기독교인 서학에 대비해서 동학이라고 하였음)이 선동했다는 이유로 신자를 탄압하였다. 이에 대해서 3월에는 전봉준을 접주로 한 동학당이 전라도에서 농민과 함께 봉기하고, 이어 5월에는 충청도와 경상도까지 농민전쟁이 확대되었다. 진압에 나선 정부군은 전라도에서 모두 농민군에게 패배하여, 5월 31일 전주는 농민군에게 점령되고 말았다. 전주는 전라도의 중심도시이자 조선 왕실의 발상지였던 만큼, 이 갑오농민전쟁으로 동요한 조선정부는 진압을 위해 청국에 출병을 6월 2일에 요청하였던 것이다. 6월, 이홍장의 지령에 의해 청국의 육군과 해군이 아산에 상륙하였다.

역시 우연한 일이지만, 농민군이 전주를 점령한 5월 31일, 김옥균의 암살보도에 편승한 일본의 대외강경파는 일본 정부의 조약개정교섭이 비밀리에 진행되고 있는 것에 대해 내각탄핵상주안을 제6의회에 상정해 가결하였다. 이 위기에 즈음하여 6월 2일 각의에서 정부는 조선정부의 공식적인 청국에 대한 출병 의뢰를 확인하고, 의회의 해산을 결정함과 동시에, 일본공사관, 영사관 및 거류민 보호를 구실로 조선출병을 결정한다. 국내의 정치적 위기를 타개하기 위하여, 대외전쟁에 반정부세력의 예봉을 돌린다는 시도 아래에서, 청국과의 개전을 노린 도발 외교가 여기에서부터 시작되는 것이다.

청국 국내의 정적에 대한 억지력으로서 북양 육해군을 구축하고 있던 이홍장은, 대외전쟁 준비가 되어 있지 않았기 때문에, '이이제이以夷制夷'라는 전통적인 외교정책을 채택하여, 6월 30일에 러시아로부터 일본의 철병을 권고하게 하였다. 일본측은 94년 4월부터 런던에서 교섭중이었던 아오키 슈조(靑木周藏) 주영공사와 킨팔레 외무대신과의 조약개정교섭을 서둘렀다. 그리고 영국과 러시아의 대립을 이용해서, 영국과 청국의 분리를 노리고 영국의 조정도 무위로 끝나게 했다. 게다가 7월 12일에 청국에 대하여 제2차 의절교서를 제출하였다. 청국측에서는 서태후·이홍장파와 대립하고 있던 황제파의 주전론이 우세하게 되었다.

전시의 보도관제를 이용하면서, 일본측은 영국과의 조약개정에서는 양보를 거듭하여, 드디어 7월 16일에 영·일통상항해조약의 조인에 이르렀던 것이다. 이 개정조약의 조인에 의해서, 구미 제국주의 열강에 대해서는 청국과의 개전에 대한 장해는 없어지게 되었다. 7월 17일, 대본영 어전회의에서 개전이 결정되어, 22일을 기한으로 해서 조선에 대해서는 청국과의 조약파기와 청국군의 조선영토로부터의 배제를 요구하는 최후통첩을 들이밀었다. 또 청국에 대해서는 조선문제 처리의 최종 각서를 24일을 기한으로 제출하였다. 기한 하루 전날인 23일 이른 아침, 일본군이 조선왕궁을 점거하고, 대원군을 중심으로 한 괴뢰정권을 다시 수립하였다.

7월 25일, 풍도 앞 바다 싸움에서 일본군대는 아산으로 향하는 청국 증원부대를 격파하였고, 이것으로 열세가 된 청군은 29일의 성환전, 30일의 아산전에서 패배하였다. 이 서전에서의 승리를 전제로 하여 8월 1일 천황에 의한 선전조칙이 나왔고, 조선의 독립을 지키고 그것을 침해하는 청국을 공격하는 정의의 전쟁임을 주장하는 천황의 '일본어'가 일제히 신문지상에서 보도되어, 전국을 누비게 되었다.

9월 15일, 제1군은 평양 총공격을 개시하였고, 16일에는 청국군의 주력을 격파하였으며, 17일에는 황해 해전에서 일본함대가 청국의 북양 함대를 격파하여 제해권을 장악하게 되었다. 이를 틈타 일본군은 9월 21일에 제2군을 편성하여 청국 영토에 대한 침입을 결정한다. 이러한 사태에 즈음하여, 영국이 위기의식을 드러내었다. 만약 청국이 영토 내에서 결정적인 패배를 당하게 된다면, 내란이 유발되어 심각한 혼란이 발생한다. 이는 청국에 대한 영국의 이권을 위협하는 것으로 이어지기 때문에, 10월 6일 열강에 의한 청일전쟁에 대한 연합간섭을 호소하였다.

우에다 가즈토시(上田万年)가 데쓰카쿠칸(哲學館)에서, 「국어와 국가」라는 강연을 한 것은 10월 8일의 일이었다.

데쓰카쿠칸은 '동양사상'의 연구자이고 불교적 국수주의를 설파한 이노우에 엔료(井上圓了)가 1887년(明治20年)에 창립한 교육기관이며 현재의 도요대학(東洋大學)의 전신이다. 이노우에 엔료는 잡지『니혼진(日本人)』(1888년 4월3일 창간)의 발행 모체인 '세이쿄샤(政教社)' 창립자 중 한 사람이고, 구미 제국주의 열강에 의한 일본의 식민지화를 우려하여 불평등조약을 개정하기 위해서 구미에 추종하는 것이 아닌 '일본인'의 주체를 어떻게 구축할 것인가를 서양철학에 의한 불교 재해석에 의해 추구하고 있던 철학자인데, 이 시기 '요괴妖怪'의 학문적 연구를 창시하여 대중적인 계몽을 노린 강연이나 저술활동을 정력적으로 전개하였다.

'국가학자'가 아님에도 불구하고, "우선 국가라는 것에서부터 시작하려 한다"고 말문을 연 우에다(上田)의 연설은 매우 강렬했고, 청일전쟁의 진행상황을 의식한 것이었다. 강연이 끝나갈 무렵, 우에다는 다음과 같이 말했다.

일본어는 4천만 동포의 일본어가 되어야 하고, 겨우 10만, 20만의 상류사회, 혹은 학자사회의 언어이어서는 안된다. 어제 우리들은 평양을 함락시키고, 오늘은 해양도에서 완전히 승리를 거두었다. 일본으로 볼 때 지나支那는 무력상으로는 안중에도 없게 되었다. 그럼에도 불구하고 지나문학은 여전히 일본의 문단에서 대세를 차지하고, 이 일본 남아 가운데 한 몸을 바쳐 이와 싸우려는 방안을 강구하는 자 없고, 여전히 공히 2천여 년의 소위 동양의 문명을 누리려고 하고 있다. 오랫동안 인습에 젖어 왔다는 것을 잊었으니, 반드시 꾸짖을 일은 아니라고 하더라도 너무 칭찬할 만한 것도 아니다.

'평양'과 '해양도'에서의 전쟁의 승리야말로 우에다 가즈토시로 하여금 "일본어는 4천만 동포의 일본어가 되어야" 한다고 말하게 한 것이다. 우에다가 여기에서 '비분강개'해 마지않는 것은 '일본의 무력상'에서 '지나'가 바야흐로 '안중에도 없는' 것임에도 불구하고, '문단상'에서는 아직도 '지나문학'이 '커다란 세력'을 차지하고 있고, 여전히 또 '문단상'에서는 이 '지나문학'의 '커다란 세력'과 '한 몸을 바쳐 이와 싸우는' '일본 남아(大和男兒)'가 나타나지 않는다고 하는 현상에 대한 것이었다.

우에다 가즈토시의 논의의 최대 특징은 청일전쟁에서의 서전緖戰의 승리를 거둔 현재를 기점으로, 국가와 국가의 관계라는 전쟁과 외교를 둘러싼 담론의 수사 가운데에서, '국어' 문제에 대해서 언급한다는 점에 있다. 우에다 가즈토시의 담론에서의 과도한 내셔널리즘을 비판하는 것은 손쉬운 일이다. 중요한 것은 언어 내셔널리즘을 불러일으키는 담론이 어떻게 구조화되는가라는 그 수법과 방법을 읽어내는 것이다.

'무력'에 의한 조선에서의 지배 지역의 확대와 제해권의 획득과 대비되는 '문단' 현상에 대해서 우에다 가즈토시는 '문자'의 세력다툼으로써 파악하고 있다.

> 우리들은 또한 문학을 위해서 한어漢語를 사용하는 것을 일상으로 하는데, 사실 영어·독어·불어 등의 언어는 지나어보다도 일본어에 가까운 것이지만, 세상 사람들은 여전히 문자를 지나에 본받는 폐해에 현혹되어, 함부로 한자한어漢字漢語를 사용하는 것을 이상하게 여기지 않는다. 게다가 지나인이 사용하는 어구는 자유로이 일본문日本文에 수입되기 때문에, 이 일본어, 이 일본문이 훌륭히 독립할 때가 과연 언제인지 기약할 수 있겠는가? 그리고 문인이 이를 의심하지 않고, 학자들이 싸우려 하지 않는 일본의 어학계는 진정으로 불가사의하다고 하지 않을 수 없다. 하지만 나는 절대적으로 지나어 연구를 부정하는 것은 아니고, 고등교육으로서는 진정으로 연구되어야 할 것을 주장한다. 즉 지나문학은 국민의 몇 십만분의 일에게만 필요하다고 인정되는 학과이다.

우에다가 우려한 것은 '한자'라는 '문자'를 사용해서, '지나를 본받는 폐에 현혹'되는 것 때문에 사람들은 '함부로 한자한어를 사용하는 것을 이상하게 여기'지 않고 있는 것이다. 더구나 '지나인이 사용하는 어구'인 '한자한어'에 대해서는 어떠한 관세도 부가되지 않고 '자유로이 일본어에 수입되기 때문에' '일본문'이 '훌륭하게 독립'할 수 없다는 것이다.

우에다의 수사 가운데에는 일본이라는 국가와 '일본문'이 등가로 병렬되어 있고, 불평등조약개정을 둘러싼 키워드에 의해서, '한자한어'의 '수입' 과잉이 지적되어, 그 '한자한어'에 의한 '일본문'에 대한 식민지적 지배에 의해 '일본문'의 '독립'이 침범된다는 것이 된다. '일본어' 그 자체는 '영어·독어·불어 등'에 '가까운 것'임에도도 불구하고, '문자'의 영토로서 '일본문'이 '지나'의 침입을 허락하고 있다는 것이다. 게다가 '일본문'을 둘러싼 그러한 현상을 '문인'도 '학자'도 방치하고 있는 것은 '불가사의'의 극치인 것이다. 데쓰카쿠칸의 창시자 이노우에 엔료(井上圓了)의 호 가운데 하나가 '불사의암不思議庵'인데, 여기에서의 우에다의 선동이 '현혹'과 '이상하게 여기지 않는다'라는 어휘와 함께 주최자에 대한 일종의 립서비스가 되면서도, 당시의 전쟁에 의해 일거에 활성화된 활자출판 매체의 현실을 극히 냉소적이며서도 정확히 파악하고 있었던 것이다.

실제로 반청 감정을 선동하는 신문을 중심으로 하는 미디어의 담론으로 나타나는 '한자·가나 병용문'은 문자 그대로 '함부로 한자한어를 사용하는 것을 이상하게 여기지 않는' 상황에 있었던 것이다. 반청 캠페인의 문자 자체가 '한자'에 점령되고 있다는 사실에 무관심한 '문인'·'학자'의 자기모순을 우에다의 강연은 정확히 비판하고 있다. 그리고 '한자한어'에 의해 쓰여지는 개념 그 자체는 그 대부분이 '영, 독, 불 등'의 번역어라고 하는 현실에 대해서도 지적하는 것을 잊지 않았다.

언뜻 읽으면 광신적으로마저 보이는 우에다의 담론은, 단순히 가나문자론자나 로마문자론자처럼 '한자한어'의 배제를 호소하는 것은 아니다. 그 의미에서 우에다는 '일본문'의 현상을 실천적으로 파악하고 있는 것이다. 모두 다 '지나어의 연구'를 완전히 부정하는 것은 아니다. '고등교육', 즉 지적 엘리트를 재생산하는 장에서 '지나어'는 '연구되어야 할' 것이다.

하지만 그러한 '지나학'은 '국민의 몇 십만분의 일'만이 '필요'한 것이다. 즉 앞서 인용한 부분과 관련해서 말하자면, '겨우 십만 이십만의 상류사회'와 '학자사회의 언어'가 아니라, '사천만 동포의 일본어를' 우에다는 문제 삼으려고 하는 것이다.

바꾸어 말하자면, 우에다는 이 시점까지 형성되어온 활자 매체에서의 '일본문'이라는 것은 '상류사회'나 '학자사회의 언어'에 다름 아니었고, 그것과는 다른 '사천만 동포의 일본어'를 현재를 기점으로 새롭게 미래지향적으로 편성해야만 한다고 주장하고 있는 것이다. 그 의미에서 이 '국어와 국가'는 계급적 특권성에 의거하지 않은 근대국민국가에 어울리는 '국민'어로서의 '국어'를 목표로 하여 현재의 '일본어'를 바꾸어 가자고 호소하였던 것이다.

우에다는 이 강연의 첫 머리에서 "국가란 일정한 토지에 주거하는 한 인종 혹은 몇 인종의 결합으로, 그 결합은 생활상 공동목적을 달성하기 위하여 법률하에 통일되는 것을 말한다"고 규정하고, '토지'·'인종'·'결합일치'·'법률'의 네 요소에 대하여 '일본제국'의 특수성을 논의하였다. '결합일치'의 항목은 (1)역사 및 관습 (2)정치상의 주의主義 (3)종교 (4)언어 (5)교육에 하위분류되고 있다.

이연숙이 지적하는 것처럼, '일본'이 '국가의 이상상'에 가까운 것을 입증하는 경우에, '우에다'가 가장 중시한 것은 인종·역사·언어였다.

> 일본은 특히 일가족이 발달하여 하나의 인민이 되고, 하나의 인민이 발달하여 하나의 국민으로 된 것으로, 신황번별神皇蕃別의 이름은 있지만, 실은 금일이 되어서는 모두 이들을 융합해 버렸다. 이것은 실로 국가의 일대경사로, 하루 아침에 일이 있을 때에 우리 일본국민이 협동적인 운동을 해낼 수 있는 것은 주로 그 충군애국의 야마토 혼(大和魂)과 이 한 나라 일반의 언어를 지닌 야마토 민족(大和民族)이라는 것에 의해서이다. 고로 우리들의 의무로서 이 언어의 일치와 인종의 일치를 제국의 역사와 함께 한 걸음 그 방향에서 잘못 물러나지 않도록 노력해야 한다. 이렇게 노력하지 않는 자는 일본인민을 사랑하는 인자仁者가 아니고, 일본제국을 지키는 용감한 자가 아니며, 하물며 동양의 미래를 논할 만한 지자智者에게는 꿈이 없다.

'신황번별'을 이미 '융합'하여 '야마토 민족'으로서의 '인종의 일치'를 확립하고, '충군애국의 야마토 혼'의 계보로서의 '제국의 역사', 그리고 '한 나라 일반의 역사'를 '갖고' 있는 까닭에 '일본'은 '국가'의 '이상상'에 가까운 것이다. 더구나 우에다에 의하면 '한 인민이 말하는 언어'와 '그 인민의 성질'

은 밀접 불가분한 관계에 있고, '언어'는 '그 말하는 사람의 정신상에 생활하는 사상 및 감정'이 밖으로 나와 변한 것이다.

이러한 인종과 역사와 언어를 결합하는 인식을 전제로 해서 우에다는 이렇게 설명하기에 이르렀다.

언어는 그를 말하는 인민에게는 흡사 그 혈액이 육체상의 동포를 보이는 것과 같고, 정신상의 동포를 나타내는 것으로, 이를 일본어에 비유해서 말하면 일본어는 일본인의 정신적 혈액이라고 말할 수 있다. 일본의 국체國體는 이 정신적 혈액으로 주로 유지되고, 일본의 인종은 강하고 가장 오랫동안 보존되기 위해서 산란되어서는 안된다. 고로 대란이 한 번 오면 이 소리가 울리는 한은 사천만 동포는 언제라도 귀를 기울이고, 어디라도 찾아가서 끝까지 도우며 죽을 때까지 다하며, 그리고 하루 아침에 기쁜 소식을 접할 때는 치시마千島의 끝에서도 오키나와沖繩의 가장자리에서도 일제히 기미가요 만세를 바친다. 만일 이 말을 외국에서 들을 때에는 이것은 실로 일종의 음악이며, 일종의 천당의 복음이다.

'인종'과 '역사'와 '언어'를 완전히 일체적인 것으로 했을 때 '사천만 동포'가 성립되는 것이다. 그를 위해서는 '언어'가 '정신적 혈액'으로 되지 않으면 안되는 것이다.

'인민'에 있어서의 언어를 '혈액'으로 비유함으로써 '언어'를 신체적 자연성의 중심으로 끌어들이고, 그것을 '국체'와 동일화하는 것으로 '국체'의 '소리'가 '사천만 동포'의 '귀'에 울려, '죽을 때까지 다하는' 심정을 불러일으키는 것이다.

우에다 가즈토시가 '인종'과 '민족' 그리고 '국민'을 구별해서 사용한 것은 이 시기의 식민지주의적 의식에 내재하는 모순을 은폐하는 데 실로 주도면밀했음을 짐작케 한다.

대만 출병에서 '류큐처분琉球處分'에 이르는 과정에서 '류큐인'이 '일본인'이라고 '강하게 주장한 것은 일본 정부뿐'이었고, 청국은 '일본인'과 '류큐인'은 별종이라고 주장하고 있었고, '1850년대에 오키나와에 기항한 페리' 이래로 미국은 '오키나와'인들과 '일본인'은 '다르다'고 태평양전쟁 후까지 '간주하고 있었다'.

따라서 우에다는 '오키나와'인들을 '일본 인종'이라고 강변하지 않으면 안되었던 것과 동시에, 아직 '일본어'를 공유하지 않고 있는 것도 인정하지 않을 수 없었다. 그렇기 때문에 우에다는 '충군애국의 야마토 혼'과 '국어'로서의 '일본어', 즉 '일국일반의 언어'를 이미 '갖고' 있는 '야마토 민족'(아이누사람들과 '오키나와'인들의 배제)이 존재하고 있기 때문에, '우리 일본국민'(아이누사람들과 '오키나와'인들의 포함='동화')은 '협동의 운동'을 '이룰 수 있는' 것이다. 그리고 '아이누'의 '멸망'을 전제로 '언어의 일치와 인종의 일치'를 세계에 자랑할 '일본제국'의 특질로 주장할 수 있었던 것이다(아이누인들과 '오키나와'인들의 차별화).

만일 '육체상'의 혈액만을 문제로 삼는다면 '야마토 민족'과 '지시마의 끝'과 '오키나와의 가장자리' 사람들은 차별화되어버린다. 우에다의 담론은 그 점을 언명하고 있다. '육체상'의 '동포'는 아니기 때문에 '일본어는 일본인의 정신적 혈액'이라고 하는 비유를 통해서 '일본국어'에 대하여 설명해야만 하였다. '지시마의 끝'에서 '오키나와의 가장자리'까지를 판도로 한 '대일본제국'의 '국체'이기 때문에, 그것은 '이 정신적 혈액을 위주로 하여 유지되는' 것이다.

물론 '국체'란 '만세일계의 천황'이 '통치'하는 '대일본제국'이기 때문에, '천황'의 '일본어'로서의 '군인칙유'와 '전쟁 수행'의 '조칙'을 기초로, '사천만 동포는' 이 소리, 즉 '천황'의 '목소리'에 대하여 '언제라도 귀를 기울'이고, '어디라도 찾아가서' 사람을 죽이러 가는 것이며, '죽을 때까지 다하는' 것이다. 그리고 '천황'의 '목소리'로서의 '이 말'을 '외국'에서 '들을 때'에는 흡사 '음악'과 '천당의 복음'과 같이 들리는 종교성을 내재시키는 것이다.

그러한 의미에서 우에다 가즈토시의 '국어와 국가'라는 강연의 수사적 언변은, 이론적으로 추구해보면 모순될 수밖에 없는 '배제'와 '동화'와 '차별화'의 삼위일체 논리에 겨우 가까스로 이어지는 정합성을 부여하려 한 것이었다. 그 정합성은 '인종'과 '민족'과 '일본인' 내지는 '국민'의 개념 규정을 하지 않은 채 교묘한 구별에 의해서 겨우 성립하고 있는 것이다. 그렇기 때문에 이 문제를 논의할 때에 함부로 '인종'과 '일본인' 혹은 '국민'이라는 말을 사용하는 것은 허용되지 않으며, 특히 '민족'이라는 단어는 이 시기의 일련의 논의 속에서 매우 미묘한 뉘앙스가 부가된 형태로 만들어진, 온요미(音讀) 밖에 할 수 없는 한자의 이자숙어二字熟語인 까닭에, 현재에서 개념 규정 없이 사용하는 것은 물론 그 의미의 역사성과 대치시키지 않은 채 사용하는 것은 극히 위험한 것이다.

그러나 우에다 가즈토시의 '국어와 국가'에서 술책이라고까지 말할 수 있는 수사는 그것이 너무나도 시국적으로 괴로운 나머지 강변을 위해서 엮어진 까닭에, 그 후의 '국어'로서의 '일본어'를 둘러싼 논의를 전개할 때 거꾸로 거듭 반복 재생산되게 된다. 그렇기 때문에 '일본어는 일본인의 정신적 혈액'이라는 키워드만을 흡사 '언어 내셔널리즘'의 상징처럼 다루어 상표로서만 비판하더라도 그 비판은 우에다가 만들어낸 수사에 대해서 무효하다. 즉 '배제'와 '동화', '차별화'와 '동화'를 항상 동시적으로, 다양한 수준의 주변 사람들에게 대해 폭력적으로 발동하는 것으로밖에 유지할 수가 없는 '일본인'과 '국어'로서의 '일본어'라는 개념에 충전된 내셔널리즘의 담론구조와 싸울 수 없기 때문이다.

예전에는 '신황번별'이라는 구별이 있었을지 모르지만, '금일이 되어서는 모두 이들을 융합해 버린다'고 단언할 수 있는 것은, '소수의 귀화인'에 관해서는 아버지인 '천황'의 '혈액'에 의해서 '육체상'에 있어서도 '동포'라고 말할 수 있는 상황이 되었기 때문이다. 그것은 '아이누 인종'

에게 언젠가 '멸망'될 과정이 약속되어 있는 것과 같은 것이다. 그렇다면 '정신적 혈액'으로서의 '일본국어'가 즉 '어머니의 말'이라는 비유로 이야 기되어야만 하는 것도 당연할 것이다. '어제는 우리들은 평양을 함락시키고, 오늘은 또 해양도에서 전승한다'고 하는 현재에, 새로운 판도에 살게 될 사람들도 포함한 형태인 '사천만 동포의 언어'로서 '일본국어'를 이제부터 만들어내지 않으면 안되는 것이다. 그를 위한 실천의 요체가 되는 것이 '교육'인 것이다.

우에다 가즈토시는 「국어연구에 대하여」에서 네 가지의 제안을 하고 있다. 첫째로 '국어의 지위'의 '회복', 둘째로 '국어 연구'가 '비교적이어야 할 것', 셋째로 '국문 연구'와 '국어 연구'의 '구별을 분명히' 할 것, 그리고 넷째로 '도리를 위해서 선배와 싸운다고 하는 결심'을 굳히고, '자기의 신성新成'으로서 새로운 '국어학'의 '건설'에 대한 호소이다.

'국어의 지위'의 '회복'이란 '한어'에 의한 '일본어'의 지배를 어떻게 타파할까라는 「국어와 국가」의 주제를 전제로 한 것이다. 여기서도 우에다는 외교상의 비유를 이용하여 현상을 비판하고 있다.

실제로 지금도 한어를 쓰지 않으면 조칙도 나오지 않고, 논설도 내걸 수 없고, 사회의 지위도 얻을 수 없다고 하는 상황입니다. 비유해서 본다면 4, 5천만 명의 일본인 중에 4, 5만의 지나인이 들어와서 우리들의 번식을 방해하고, 우리들의 정권을 빼앗고, 우리들의 자유를 속박한 것과 같은 것으로, 일본의 국어는 국어이면서도 정말로 한심하게도 지나어와 지나 문맥의 '아내'로 내려앉은 것입니다.

우에다가 문제로 하고 있는 영역은 '조칙'이나 '논설'이라고 하는, '신문' 활자 미디어 중에서, 가장 유통성과 정치적 영향력이 있는 담론이다. 그 활자의 문자면을 국토에 비유하면서 '4, 5만의 지나인'이 '4, 5천만 명의 일본인' 중에 편입되어, '번식을 방해하고', '정권을 빼앗고', '자유를 속박'하고 있다고 말하는 것이다. 이러한 현상은 무엇보다 '문학자'가 '한 어'를 '존중하는' 것으로 보고, 일본어(和語)를 '천하다'고 생각하여 이용하지 않기 때문이라고 우에다는 지적하였다. 어휘 차원의 가치의식과 똑같은 편향이 '문맥'에 대해서도 작용하고 있으며, '한문류가 직역류'가 아니면 '문장이 아니'라고 생각하며, '현재의 일본어'로 문장을 쓰면 '속문'이라고 배척당한다. '관보에는 의사필기 이외에는 속어체문은 게재되지 않는다'고 하는 것은 '속어의 문맥'에 그럴 만한 '품격'이 인정되지 않기 때문이다. 여기서도 우에다의 논의는 신문지상에서의 '한문류'와 '직역류' 즉 구문직역체의 패권을 비판하고, '현재의 일본어'로 씌어진 '속문'의 '지위'의 '회복'을 구하고 있는 것이다.

우에다 가즈토시가 자신의 담론을 통해서 극히 미묘한 정치적 위치를 만들어내려고 하는 것은 분명할 것이다. 반복적으로 '현재'를 강조하면서도 '현재' 행해지고 있는 담론의 존재방식, 가장 앞선 '신문' 미디어에서 주류적인 담론로서의 '한문류'와 '직역류'는 부정하고, 실제로는 의회에서 '의사필기' 즉 속기에 의한 회의에서의 논의 기록으로서만 나타나고 있는 '속문'을 있어야 할 '보통문'으로서 위치짓고 있는 것이다. '한학자'와 '양학자'를 비판하는 우에다는 동시에 '와카쿠샤(和學者)와 가가쿠샤(歌學者)'를 낡은 '일본어'만 고집하는 것이므로 버리고, 그것과 동시에 전통적인 '상고중고上古中古'의 '국어'도 그가 지향하는 '메이지 시대의 언어'와는 단절되는 것으로 판단한다.

우에다 가즈토시가 안고 있을 수밖에 없는 곤란함이 그의 수사 가운데 스며나오고 있다. 우에다가 강변하는 바의 '메이지 시대의 언어'도 '새로운 문법도 '메이지 시대의 보통문법'도 실은 존재하지 않는 것이다. 그것들은 이제부터 만들어내지 않으면 안되는 것이며, 그것을 창출하는 것이 새로운 '국어학'인 것이다. 그러나 그 학문 자체도 아직 존재하지 않는다. 일찍이 없었던 '언어'와 '보통문'과 '문법'을 삼위일체로 해서 이제부터 발견하여 만들 수밖에 없다. 그러함에도 불구하고 그것이 흡사 '국어'라는 실체로 확고하게 존재하고 있는 것처럼 주장하지 않으면 안되는 역설을 내포한 입장, 이러한 '현재의 일본어'의 위치는 청일전쟁을 수행하고 있는 '일본제국'과 동질이라고 말할 수 있을 것이다. 그런 의미에서 외교를 둘러싼 우에다의 비유는, 비유가 아니고 극히 직접적인 표현이라고도 할 수 있는 것이다.

사실 대일본제국이 청일전쟁을 수행할 수 있는 국가가 될 수 있었던 것은 영국과의 외교교섭에 의해 조약개정을 실현시켰기 때문이다. 이제까지 확립되지 않았던 구미열강 수준의 국가 형태를 전쟁 직전에 가까스로 만들어냄으로써 비로소 청일전쟁에서 선전포고를 할 수 있었던 것이다. 그러한 의미에서 우에다는 청일전쟁이 한창인 가운데 이 순간의 국가의 지위와 국어의 지위를 정확히 인식하고 있었던 것이다.

그렇기 때문에 청일전쟁의 서전의 승리 속에서 생겨난 우에다의 '국어'를 둘러싼 담론은 그 후 하나의 정형으로 반복 재생산될 만큼의 힘을 갖게 되었던 것이다.

우에다 가즈토시의 「국어 연구에 대하여」라는 강연이 행해진 다음날인 11월 5일, 미국정부는 유럽열강이 일본에 대하여 연합간섭을 하려고 하고 있는 것을 지적한 뒤, 청국과의 화평교섭을 중재할 것을 신청하였다. 일본은 직접 청국에 대한 이해관계를 갖고 있는 영국과 러시아보다 미국에 중개를 부탁하는 것이 유리하다고 판단하고 이를 받아들였다.

11월 21일, 일본군은 여순을 공략하였다. 이때 비전투원에 대한 학살사건이 발생하여 미국의 여론, 특히 신문보도에서 일본에 대한 조약개정이 시기상조라고 하는 소리가 높아져, 청일전쟁을 둘러싼 국제여론은 일본에 불리하게 되었다. 그러나 군사적으로는 일본군은 웨이하이웨이(威海衛)를 점령하고, 1895년(明治28年) 2월 12일, 청국의 북양함대이 항복하였다. 청국정부는 이홍장을 전권대사로 하여 평화교섭에 나서게 되었다.

동아시아의 과학에 대한 인식

05

『구장산술』의 사상적 배경과 남병길의 「구장술해」

차 종 천

1. 문제제기: 조선후기 산학에 대한 「구장산술」의 사상적 영향

동양수학사에서 『구장산술九章算術』이 차지하는 위치는 흔히 서양수학사에서 유클리드의 『기하원본』이 차지하는 그것에 비견되고는 한다〔오구라 긴노스케(小倉金之助), 1933; 리디(李迪), 1982; Martzloff, 1987〕. 이 책은 우리나라에서도 일찍이 7~8세기경 신라시대 태학에서 교과서로 이용된 이래로 조선왕조 말까지 천 년 이상이나 우리 민족의 수학적 사고와 실생활에 깊은 영향을 미친 바 있다. 그럼에도 불구하고 지난 한 세기 동안 지속되어온 근대화·서구화의 도도한 물결과 더불어 이 책이나 그것이 대표하는 동양 전통수학인 산학은 이 땅에서 거의 완벽하게 도외시되어왔다고 해도 과언이 아니다. 같은 기간에 중국과 일본은 물론, 서구에서도 이 책에 대한 연구가 지속적이고도 체계적으로 이루어져온 것과 비교한다면, 지난 세기 동안 그에 대한 우리의 무관심 내지 도외시는 그 자체로서—아니면 최소한 유구한 역사를 지닌 민족으로서 전통문화를 이해하고, 계승·발전시켜야 한다는 당위의 측면에서 보더라도—치열한 자기반성이 요구되는 사안이 아닐 수 없다.

『구장산술』이 지녔던 막대한 영향력의 비밀을 파헤치는 방법 가운데 가장 핵심적인 것은 물론 고대 중국의 수리적 합리화·추상화가 이루어진 과정과 원리를 해부하는 작업이 될 것이다. 그러나 그 작업을 수행하는 데에도 도움이 될 수 있는 다른 하나의 방법은 『구장산술』이 담고 있는 과학사상을 음미해보고, 그것이 형성되고 편찬될 당시의 전반적인 시대정신 내지 사상적 배경과의 관련을 더듬어보는 일이라고 여겨진다. 이 작업은 다시 말해서 그 책 속에 담겨져 있는 고대 중국의 수리적 합리화의 성격을 당시의 보다 일반적인 문화적 맥락과 연결시켜서 조명해보자는 것이며, 니덤이 『중국의 과학과 문명』의 둘째권(Needham, 1956)에서 수학을 비롯한 여러 분야의 전통과학에 대한 구체적인 분석을 시도하기에 앞서 사상적 배경에 대한 탐색작업을 우선 수행한 사실을 상기해본다면, 그의 의도도 바로 이런 연구방법의 중요성을 시사하고, 그 가능성을 예견한 것으로 볼 수 있지 않나 한다.

이런 작업은 '동도서기東道西氣'라는 19세기 후반의 구호에 비추어본다면, 『구장산술』을 통해서 사상 내지 '도'와 과학기술 내지 '기' 사이를 맺어주었던 연결고리를 찾아내려는 것으로 이해할 수 있을 것이며, 진척 여하에 따라서는 후일 인문학—기본적으로 문文·사史·철哲 위주의—과 과학기술 사이에 수평적일 뿐만 아니라 수직적으로까지 이루어졌던 본격적 분리의 단초를 시사해줄 수 있을는지도 모를 일이다. 그리하여 더 나아가서는 니덤(1993: 5)이 "만일 중국이 고대와 중세에 큰 발전을 이루었다면, 과학혁명 곧 '근대' 과학의 탄생은 왜 오직 유럽에서만 일어났을까?"라는 문제에 대한 규명에—적어도 수학 방면에서만이라도—한층 가까이 다가갈 수 있게 될 것이다. 그러나 이런 측면에 대한 본격적인 연구는 추후의 과제로 넘기고, 여기서는 다만 『구장산술』의 사상적 맥락을 따지는 문제에 초점을 맞추고자 한다.

이 연구가 알아보려는 또 하나의 문제는 『구장산술』이 우리나라 산학에 대해 미친 영향에 관한 것이다. 그러나 남아 있는 산학 관련 문헌들의 제약 때문에 여기서는 그 문제를 부득불 조선후기의 산학, 특히 19

세기 중엽, 그러니까 사실상 조선왕조가 끝나가던 무렵에 쓰여진 남병길 南秉吉(1820~1869)의 『구장술해九章術解』를 중심으로 접근하지 않을 수 없다.[1] 앞서 이루어질 『구장산술』의 사상적 측면에 대한 고찰과 그 뒤를 이을 「구장술해」에 대한 내용 검토가 주제 면에서 서로 일관성을 이룰 수 있느냐, 아니면 어긋나고 말 것이냐 하는 것은 철저히 『구장술해』 자체의 고유한 문헌적 특성에 따라 좌우될 수밖에 없다.

결국 이 연구가 수행하려는 임무는 동양수학의 기본 골격을 형성했다고 할 수 있는 『구장산술』의 과학철학적 내용을 살펴보고, 그것이 정전화(codification)되던 당시의 사상적 배경과의 관련을 조사한 다음, 눈을 우리나라로 돌려서 그것이 조선조 후기의 산학에 대해 미친 영향을 주로 남병길의 『구장술해』를 중심으로 확인해보자는 것이다. 연구의 목표가 비록 『구장산술』의 과학사상이 전반적인 문화적 맥락과 맺고 있는 연관성과 그것의 문화전파적인 의의라는 서로 이질적인 두 마리 토끼를 좇는 형국이지만, 그동안 등한시되어온 우리 전통수학에 대한 탐색적 고찰이라는 측면에서 너그럽게 용납되었으면 한다.

2. 『**구장산술**』의 **사상적 배경**

『구장산술』의 사상적 배경을 이해하기 위해서는 먼저 그 속에 포함되어 있는 과학사상 내지 철학부터 밝혀내야 할 것이다. 그런데 『구장산술』의 과학사상은 그 최초의 편찬자인 유휘劉徽의 과학사상과 분리해서 생각할 수 없으므로, 여기서는 양자를 일단 동일시하려고 한다. 그리고 정작 유휘의 과학사상에 관해서는 최근에 저우한광(周瀚光)·콩궈핑(孔國平)(1990)과 우원준(吳文俊) 등(1998)이 상세한 논의를 제시한 바 있으므로 그들의

---

1) 여기서 참조한 본문은 김용운(1985: ⑥ 251-496)에 수록된 서울대도서관소장본이다.

기존 논의가 강조하는『구장산술』이 지닌 과학사상의 주요 특징들을 살펴
보기로 한다.

먼저 저우한광·콩궈핑(1990: 24-67)은 유휘의 과학사상의 특징을 크
게 1)나집사상邏輯思想, 2)극한사상極限思想, 3)중험사상重驗思想, 4)구
리사상求理思想, 5)창신사상創新思想, 6)변증사상辯證思想의 여섯 가지
로 나누어 서술하고 있다. 이 용어들 가운데 '극한極限(limits)'은 우리가
현재 미·적분 내지 도함수와 관련해서 사용하는 수학 개념과 일치하고,
'변증辯證'은 치환, 상관 등의 수학적 조작 능력을 말하며, 그 나머지들은
보다 일반적인 과학철학과 관계되는 것들로서 '나집邏輯'은 사유의 형식과
법칙에 대한 과학, 즉 논리학을, '중험重驗'은 실험과 증명에 대한 중시를,
'구리求理'는 이론화에 대한 추구를, 그리고 '창신創新'은 창조적 발명·발
견에 대한 강조를 각각 가리킨다.

한편 우원준 등(1998: 三, 59-120)은 유휘의 과학사상을 먼저 철학
사상과 학술사상으로 대별하고, 이어서 각각을 세분하여 설명하고 있는
데, 그들이 택한 서술체제는 다음과 같다.

I. 철학사상哲學思想
　1. 유물수학관唯物數學觀
　2. 수학변증사상數學辨證思想
　3. 나집사상邏輯思想

II. 학술사상學術思想
　1. 무궁사상無窮思想
　2. 과학논증사상科學論證思想
　3. 정서사상화구조성사상程序思想和構造性思想
　4. 수학미학사상화방법론數學美學思想和方法論
　5. 치학사상治學思想

그런데 이 가운데 '나집'과 '변증'은 저우한광·콩궈평에 의해서 이미 거론된 특징들이고, '과학논증'은 '증험과 같다고 할 수 있으며, '무궁'도 우리말의 '무한대(infinity)'에 해당하여 기본적으로 '극한'과 동전의 양면을 이루는 것이다. 또한 나머지 특징들도 저우한광·콩궈평이 말한 '구리' 및 '창신'과 직·간접으로 관계되고 있다. 이를테면 그들은 '치학治學'의 측면에서 유휘가 1)여러 이론의 장점을 모아서 자신의 이론을 확립한다(收諸家之長, 立自家之說), 2)실제적인 것을 추구하며 연구의 엄정성을 기한다(實事求是, 治學嚴謹), 3)옛것을 좇는 것을 반대하고, 창조성을 중시한다(反對踵古, 注重創新)는 입장을 취했다는 것을 밝혔는데, 그러한 연구 자세 속에 '창신'이 포함된 것을 볼 수 있다. 그러므로 여기서는 양자의 차이가 그다지 크지 않다는 점을 강조하려고 하며, 양자에 의해서 이미 자세한 논의가 제시되어 있는 만큼 일일이 구구한 재인용을 하기보다는 『구장산술』 내지 유휘의 과학사상이 당시로서는 엄청나게 혁신적이고도 엄밀한 요소들을 담고 있었다는 점을 상기하는 데 그치고자 한다.

그러면 이번에는 『구장산술』 내지 유휘의 과학사상이 보다 일반적인 고전 사상들과 어떤 관계를 맺고 있었는지, 즉 그것의 사상적 배경을 점검해야 할 차례이다. 이 목적을 위해서 가장 세밀한 분석을 제시하여 유용한 참조가 되는 것은 저우한광·콩궈평의 논의(1990: 76-86)이다. 이하에서는 주로 그들이 제시한 자료에 의거하여, 「주역」·「도덕경」·「주례」·「관자」·「논어」·「묵자」·「순자」·「회남자」 등의 고전을 통해서 「구장산술」의 사상적 배경을 더듬어보기로 한다.

1) 『주역周易』

"昔在包犧氏始畫八卦, 以通神明之德, 以類萬物之情, 作九九之術以合六爻之變. 暨於黃帝神面化之, 引而伸之, 於是建曆紀, 協律呂, 用稽道原,

然後兩儀四象精微之氣可得而效焉"이라고 한 유휘 서문의 도입부는 "古者 包犧氏之王天下也. 仰則觀象于天, 俯則觀法于地, 觀鳥獸之文與地之宜, 近取諸身, 遠取諸物, 于是始作八卦, 以通神明之德, 以類萬物之情. 黃帝堯舜氏作, 通其變, 使民不倦, 神而化之, 使民宜之"(繫辭下)를 상기시킨다. 그리고, "探賾之暇, 遂悟其意"라고 한 것은 "探賾索隱, 鉤深致遠, 以定下天下之吉凶, 成天下之, 莫大于龜"(繫辭上)와, "觸類而長之, 則雖幽遐詭伏, 靡所不入"라고 한 것은 "引而伸之, 觸類而長之, 天下之能事矣"(繫辭上)와, 그리고 "覽之者思過半矣"라고 한 것은 "知者觀其象辭, 思過半矣"(繫辭下)와 각각 명백히 관계된다. 또한 "方以類聚, 物以群分"(繫辭上)이라는 구절은 『구장산술주』 권1에 인용되어 있다.

2) 『도덕경道德經』

『구장산술주』 권5의 "數而求窮之者, 謂以情推, 不用籌算"라는 구절은 노자의 "善數不用籌策"(27장)이라는 말과 비슷하고, 권2의 "少者多之始, 一者數之母"라는 구절은 "是以聖人抱一, 爲天下式"(22장)이라는 말과 통한다고 할 수 있다. 그러나 "大方無隅"(41장)라거나 "大直若屈"(45장)이라는 구절들과 『구장산술주』 권1의 "按半周爲從, 半徑爲廣, 故廣從相乘爲積步也. …… 割之微細, 所失微少. 割之又割, 以致又不可割, 則與圓合體而無所失矣"라는 구절이 연관된다고 한 저우한광·콩궈핑(1990: 79)의 지적은 지나친 확대해석이 아닌지 좀더 검토해봐야 할 것이다.

3) 『주례周禮』

"且算在六藝, 古者以賓興賢能, 教習國子. 雖曰九數, 其能窮纖入微, 探測無方"이라는 유휘 서문의 구절은 『주례周禮』의 "養國子以道, 乃教之

六藝. …… 六曰九數”(天官)라는 구절을 반영한다.

4)『관자管子』

유휘 서문에 등장하는 “昔在包犧氏始畫八卦, 以通神明之德, 以類萬物之情, 作九九之術以合六爻之變”이라는 구절과 “至於以法相傳, 亦猶規矩度量可得而共, 非特難爲也”라는 구절은 각각『관자』의 “虙戲作造六峜, 以迎陰陽, 作九九之數, 以合天道, 而天下化之”(輕重)와 “尺寸也, 繩墨也, 規矩也, 衡石也, 斗斛也, 角量也, 謂之法”(七法)라는 말과 통한다.

5)『논어論語』

권2에 보이는 “凡九數以爲篇名, 可以廣施諸率, 所謂告往而知來, 擧一隅而三隅反者也”라는 구절은 명백히『논어』의 “賜也, 始可與言詩已矣, 告諸往而知來者”(學而)와 “不憤不啓, 不悱不發, 擧一隅不以三隅反, 則不復也”(述而)라는 구절들을 참조한 것으로 봐야 할 것이다.

6)『묵자墨子』

유휘 서문에 등장하는 “事類相推, 各有攸歸”라는 구절은『묵자』의 “以類取, 以類予 …… 推也者, 以其所不取之, 同於其所取者”(小取)라는 구절과 비슷한 뜻을 담고 있으며, 권1의 “割之彌細, 所失彌少. 割之又割, 以至于不可割, 則與圓周合體而無所失矣”라는 구절도『묵자』에 보이는 “非半弗(斱)則不動. 說在端”(經下)와 “(斱)半, 進前取也. 前則中無爲半, 猶端也, 前後取, 則端中也. (斱)必半. 毋與非半, 不可(斱)半也”(經說下)라는 말과 가깝다.

7) 『순자荀子』

권1의 "凡物類形象, 不圓則方, 方圓之率, 誠著于近, 則雖遠可知也, 由此言之, 其用博矣"라는 구절은 "欲觀千歲, 則數今日, 欲知億萬, 則審一二 …… 故曰以近知遠, 以一知萬, 以微知明"(非相)이라고 한 『순자』의 말과 일맥상통한다고 할 수 있으며, "令出入相, 各從其類"(卷九)라는 구절은 "物類之起, 必有所始. 榮辱之來, 必象其德 …… 草木疇生, 禽獸群焉 …… 物各從其類也"(勸學)라는 말을 참조한 것으로 볼 수 있다.

8) 『회남자淮南子』

유휘 서문에 등장하는 "徽尋九數有重差之名, 原其指趣乃所以施於此也. '凡望極高, 測絶深而兼知其遠者必用重差, 句股則必以重差爲率, 故曰重差也. 立兩表於洛陽之城, 令高八尺. 南北各盡平地, 同日度其正中之景. 以景差爲法, 表高乘表間爲實, 實如法而一, 所得加表高, 卽日去地也. 以南表之景乘表間爲實, 實如法而一, 卽爲從南表至南戴日下也"라는 설명은 "欲知天之高, 樹表高一丈, 正南北相去千里, 同日度其陰, 北表二尺, 南表尺九寸, 是南千里陰短寸, 南二萬里則無景, 是直日下也. 陰二尺而得高一丈者, 南一而高五也. 則置從此南至日下里數, 因而五之, 爲十萬里, 則天高也"(天文訓)라는 구절과 같은 측정방법을 나타내고 있다. 그리고, 권8의 "世人多以方程爲難, 或盡布算之象在綴正負而已. 未暇以論其設動無方, 斯膠柱調瑟之類"라는 구절은 "今振一君之法籍以非傳代之俗, 譬由膠柱而調瑟也"(齊俗訓)라는 말과 같은 표현을 하고 있다. 또한 "事類相推, 各有攸歸"라는 유휘 서문의 일절은 이미 『묵자』 소취小取의 말과도 통하는 것을 살펴본 바 있지만, 『회남자』의 "今夫萬物之疏躍枝擧, 百事之莖葉條櫱, 皆本於一根而條循千萬也"(俶眞訓)라는 말과도 뜻이 비슷하다고 할

수 있다.

결국 이상의 논의를 통해서 우리는『구장산술』내지 유휘의 과학사상이 논리성, 실험과 증명에 대한 중시, 이론화, 창의성 등에 대한 강조와 더불어, 수학적 조작, 극한을 잘 구사하였다는 특징을 지녔으며,『주역』·『도덕경』·『주례』·『관자』·『논어』·『묵자』·『순자』·『회남자』 등과 같은 고전사상에 대한 풍부한 참조 내지 인용을 보여주는 것을 확인할 수 있었다. 수천 년 지속되어온『구장산술』의 지배력은 아마도 그것이 고도로 투철한 과학성과 더불어 고전사상들과의 긴밀한 연결을 지녔기 때문에 가능했던 것으로 보인다.

3. 남병길의 『구장술해』

문헌상으로 남아 있는 바로도 신라 때까지 소급되는『구장산술』이 우리 사회에 미친 직·간접의 영향은 최소한 그것이 "근대화·서구화의 물결에 따라 버림받고 잊혀지기 전까지는, 1,000년이 훨씬 넘도록 우리 민족의 수학적 사고와—따라서 그것과 불가불 관련되지 않을 수 없는—일상생활, 더 나아가서는 문화의 여러 방면을 크게 결정지었던 것임에 분명하다"고 할 수 있다(차종천, 2000: 254). 그러나 이미 조선중기에 이르면, 최석정崔錫鼎(1645~1715)이 『구수략九數略』에서 탄식해 마지 않았듯이 그 책을 나라 안에서 구하기 어려운 상태에 빠지게 되었던 것 같다. 우리는 그런 사정이 야기된 원인이 적어도 부분적으로는 조선초기, 특히 세종조에 송·원·명대 산학서들—『양휘산법楊輝算法』, 주세걸朱世傑의『산학계몽算學啓蒙』(1299), 그리고 안지安止의『상명산법詳明算法』(1373)과 같은—을 적극적으로 수용하려고 했던 노력에 비해 상대적으로 관심이 적었던 것과 크게 무관하지 않았을 것으로 추측해볼 수 있다[2]. 물론 『구장산술』 자체의 직접적인 영향은 보다 후대로 내려오면, 서양과학이 가미된 새로운 수학지식—무엇보다도 『수리정온數理精蘊』으로 대표되는—에 대한 산학자들 사이의 동경과 갈증에 의하여 가일층 축소될 수밖에 없었을 것이다[3].

그럼에도 불구하고 산학 전체의 근간을 형성한다고 해도 과언이 아닌 『구장산술』의 영향력이 전통사회 내에서 쉽사리 부정될 리는 만무했을 터이고, 바로 이런 맥락에서 주목할 만한 것이 조선왕조 말에 나온 남병길의 『구장술해』이다. 그것은 이 책을 통해서 조선 후기에 『구장산술』이 어떻게 이해되고 있었는지 구체적으로 알아볼 수 있기 때문이다.

발문에도 보이듯이 남병길은 '수학의 비조'인 『구장산술』이 유휘와 이순풍의 주석에도 불구하고 명석히 규명되지 않은 구석이 많아서 원앙을 수놓은 것이 드러나도 그 '금바늘의 뜻(金針之義)'이 감춰져 있기 일쑤이기 때문에 직접 해설서를 저술하게 되었노라고 집필 의도를 밝히고 있다(김용운, 1985: ⑥ 495). 그러나 전체적으로는 원문에 자신의 계산과정을 덧붙이는 형식에 그치고 있음이 드러난다. 이를테면 쇠분장의 19번째 문제는 "今有取保一歲, 價錢二千五百. 今先取一千二百, 問當作日幾何? 答曰, 一百六十九日, 二十五分日之二十三. 術曰, 以價錢爲法, 以一歲三百五十四日乘先取錢數爲實, 實如法得日數"라고 되어 있는 원문에다 "比以價二千五百與一歲三百五十四日之比, 卽如先取一千二百與當作一百六十九日, 二十五分日之二十三之比也"라는 풀이과정을 덧붙여 놓았는데, 이는 산경십서본과 비교하면, "臣淳風等謹按,此術亦今有之義. 以價爲所有率, 一歲日數爲所求率, 取錢爲所有數, 而今有之, 卽得"이라고 하여 보다 추상적·

---

2) 이 책들이 동활자본으로 인출된 것에 관해서는 兒玉明人(1966)을 참조할 것.
3) 이와 같은 경향은 특히 洪大容, 黃胤錫에 의해서 강하게 표출된 바 있다.

이론적인 공식으로 이루어진 이순풍의 주석을 대치한 데 지나지 않는 것
이다. 사정이 이렇다 보니, 자연히 계산 위주인 그의 서술 속에 무슨 독창
적인 과학철학적 통찰력이라고 할 만한 것이 덧붙여지기를 기대할 수는
없다. 그러나 이와 같은 평판적인 서술 태도를 사실 남병길 개인의 책임
으로 돌려서는 안 될 것이다. 여전히 그는 현직顯職에 있으면서도 산학
연구에 정진하여 여러 가지 중요한 업적을 남기고, 『구장산술』과 같은 고
전의 가치를 재정립하려고 애썼던 우리 산학사상 보기 드문 업적을 남긴
인물로 기록되어야 마땅하며, 그와 같은 경향은 기본적으로 산학이 오랜
세월 동안 제대로 대접 받지를 못한 채, 산사들의 전유물로만 여겨져온
데서 빚어졌을 것이기 때문이다.

한편『구장술해』는 방전장에 대한 일종의 부록으로 제시되어 원의 넓
이를 구하는 방법을 설명한 것(圓面積圖說)(김용운, 1985: ⑥ 281~283)과
구고장에서 피타고라스정리를 이용한 증명 부분(김용운, 1985: ⑥ 476,
483)에서 그림을 도입하고 있어서 눈길을 끈다. 그러나 그런 도해를 사용
했다고 해서 김용운(1985: ⑥ 칠七)의 지적처럼, 남병길이 그 책에서 '종래
대수학적으로 취급되어왔던 것들을 기하학적으로 취급하려고 시도'하고
있다고까지 주장한다는 것은 무리이며, 이를테면 원의 넓이를 구하는 방
법을 설명한 것에 대해서 김용운이 "비록 고전을 다루고는 있지만 여기서
도 도해圖解의 수단을 사용하고 있다는 점에서 근대적인 수학감각을 느낄
수 있다"(김용운·김용국, 1984)거나 "특히 원주율의 문제에 관해서는 원을
수많은 등변삼각형으로 세분하여 그 합의 극한치로써 원넓이를 구하고 있
다"(김용운, 1985: ⑥ 팔八)는 일견 독창성을 추켜세우는 듯한 지적들에 대
해서도 딱히 동의하기가 어렵다. 그 이유는 그 설명과 도해가 사실상『수
리정온』상편上篇 권2에 실려 있는『기하원본』권4 제22(곽서춘郭書春 편
編, 1993: ③ 49-50)를 한 자도 어김없이 고스란히 전재한 것에 지나지 않기
때문이다.『기하원본』을 전재한 것을 두고 '기하학적으로 취급하려고 시도'

했다고 한 것은 그렇다 쳐도, '근대적 수학감각' 운운은 또 무엇인가?

그러나 어쨌든 남병길이 방전장의 원 넓이 계산을 위하여『수리정온』내지『기하원본』의 설명이 훌륭한 참조가 된다고 판단한 것만은 틀림없으며, 그것은 또한 그가 새로운―고전적인 산학전통과의 대조적인 의미에서―조류의 수학에 충분히 노출되어 있었음에도 불구하고『구장산술』의 가치를 새삼 재확인하려고 애썼다는 사실을 더욱 부각시켜준다고 하겠다.

4. 결론

지금까지 우리는『구장산술』내지 유휘의 과학사상을 살펴보고, 그것과 당시의 전반적인 사상적 배경과의 관련을 조사하는 한편『구장산술』이 조선왕조 후기 산학에 대해 미친 영향을 주로 남병길의『구장술해』를 중심으로 해서 알아보려고 시도해보았다.

『구장산술』내지 유휘의 과학사상에 관해서 최근에 이루어진 저우한광·콩궈핑(1990)과 우원준 등(1998)의 논의들은 그것이 대체로 논리성, 실험과 증명에 대한 중시, 이론화, 독창성 등에 대한 강조와 함께 수학적 조작과 극한을 잘 구사했다는 특징을 지닌다는 점을 지적하고 있다. 그리고 유휘의 과학사상이나 수사법은 주요 고전사상에 대한 풍부한 참조 내지 인용을 보여주는 것으로 확인된다.

한편『구장산술』이 우리나라에서 어떻게 받아들여지고 있었는지를 가장 잘 드러내주리라고 기대를 모은 남병길의『구장술해』는 유감스럽게도 원문에 자신의 계산과정을 덧붙이는 수준에 그치고 있어서 독창적인 해석이라든지 사상을 찾아보기는 어려운 것으로 드러났다. 이러한 서술 경향은 아마도 오랜 세월 동안 산학이 제대로 대접 받지를 못한 채 산사들의 전유물로 간주되었던 사정과 무관하지 않을 것으로 짐작된다.

『구장술해』에는 또한 도해를 도입하고 있는 몇몇 부분이 눈길을 끌지만, 실제로는 『기하원본』의 일부를 전재하는 등 독창적인 것과는 거리가 멀어서 김용운(1985)의 지적하는, 남병길이 그 책에서 "종래 대수학적으로 취급되어왔던 것들을 기하학적으로 취급하려고 시도"하고 있다고 주장하기는 어렵다고 여겨진다.

이상과 같이 살펴보았으나 『구장산술』의 사상적 배경을 좀더 주도적인 입장에서 따지지 못한 것이 아쉬움으로 남고, 희랍수학과 같은 다른 문명권의 고대 수학의 사상적 배경과 비교하는 작업도 장차 추구해볼 만하다는 생각이 든다. 또한 우리나라 산학에 미친 『구장산술』의 영향도 비단 『구장술해』뿐 아니라 다른 산학서들까지 조사 대상에 포함시켜서 따져야 마땅할 것이다. 그러나 『구장산술』에 대한 본격적인 번역 자체가 국내에서는 최근에야 겨우 이루어진 셈이니(차종천, 2000), 구차스러운 변명인지는 몰라도, 어쩌면 처음부터 과도한 기대는 금물이었을지 모를 일이다. 앞으로 이 주제에 대한 보다 체계적인 연구들이 활발히 이루어지기를 기대해본다.

[참고문헌]

金容雲 編, 「韓國科學技術史資料大系: 數學篇」, 전10권, 驪江出版社, 1985.

______ · 金容局, 「東洋의 科學과 思想」, 一志社, 1984.

차종천 역, 『九章算術 · 周髀算經』, 범양사출판부, 2000.

니덤 조셉, "서문", 로버트 템플, 「그림으로 보는 중국의 과학과 문명」, 과학세대 역(까치, 1993), p. 3-7.

郭書春 主編, 「中國科學技術典籍通彙: 數學卷」, 全五分冊, 河南教育出版社, 1993.

吳文俊 主編, 「中國數學史大系」, 제3권: 東漢・三國, 북경: 北京師範大學出版社, 1998.

李迪, 吳文俊 編, 『〈九章算術〉與〈幾何原本〉』, 「〈九章算術〉與劉徽」, 北京師範大學出版社, 1982, pp. 105-119.

周瀚光・孔國平, 「劉徽評傳」, 南京大學出版社, 1990.

小倉金之助, 『支那數學の社會性』, 「改造」 1月號, 1933.

兒玉明人 編, 「十五世紀の朝鮮刊 銅活字版數學書」, 東京: 無有奇奄双私刊, 1966.

Martzloff, Jean-Claude, *A History of Chinese Mathematics*, New York: Springer, 1987.

Needham, Joseph, *Science and Civilisation in China, vol. 2: History of Scientific Thought*, Cambridge: Cambridge University Press, 1956.

조선의 사상과학

가와하라 히데키(川原秀城)

1. 동학

한민족韓民族은 조선왕조시대(1392~1910)에 중국의 한자문화를 기초로 하면서도 중학中學(중국의 학문)과는 구분되는 독자적인 학술을 발전시켜 왔다. 따라서 그것을 중학과 구별하여 '동학東學'이라 할 수 있다. 동학에는 상당히 조선적인 이론이 많이 보이는데, 거기에 내포되어 있는 독자적인 세계와 고차원의 이론은 국내외 사람들을 매료시키고, 전세계의 동아시아 연구자들에게 주목을 받고 있다.

그러한 동학을 구성하고 있는 중요한 부문으로는 경학·사학·문학 등이 있지만, 단지 그것만 있는 것은 아니다. 조선의 과학은 중국과는 다른 전개를 보이고 있고, 매우 개성적일 뿐 아니라 다른 어떤 것과는 바꿀 수 없는 많은 매력을 지니고 있다.

본고에서는 이 중에서 최석정崔錫鼎의 사상산학四象算學과 이제마李濟馬의 사상의학四象醫學에 대해 그 이론을 개략적으로 소개하고자 한다. 이 두 사람의 과학이론은 모두 역易의 사상설四象說로부터 강한 영향을 받아 성립되었고, 세계 어디를 보아도 유사한 학설이 없을 만큼 상당히 독창적인 이론으로 동학적인 이론인 것이다.

2. 최석정의 사상산학

최석정의 『구수략九數略』은 형이상학적인 윤색을 두드러진 특징으로 가진 수학서라는 점이다. 사상산학이라고 부를 정도의 가치가 있는 성격을 강하게 띠고 있다.

〈그림1〉　사수四數

일일률日一率	원수元數 (a)
월일률月一率	법수法數 (b)
성삼률星三率	현수顯數 (c)
진사률辰四率	은수隱數 (x)

최석정(1645~1715)의 초명初名은 석만錫萬, 자字는 여화汝和, 호號는 명곡明谷 또는 존와存窩로 전주全州 사람이다. 인조仁祖 시대 대정치가인 최명길崔鳴吉(1586~1647)의 손자이다. 서인西人 소론파少論派인 남구만南九萬이나 박세채朴世采의 문인이기도 하다. 현종顯宗 7년(1666)에 진사進士에 수석으로 합격하고, 12년(1671)에 정시문과庭試文科에서 병과丙科로 급제했다. 숙종肅宗 13년(1687)에서 14년에 걸쳐 '선기옥형璇璣玉衡'의 개수改修에 책임을 맡았다. 선기옥형이란 송이영宋以穎이 현종 10년(1669)에 제작한 것인데, 중국의 수운혼천의水運渾天儀와 서양의 자명종 두 가지 원리를 합쳐 만든 조선의 독자적인 천문시계를 말한다. 숙종 23년(1697) 우의정에 오른 뒤 요직을 역임하였고, 27년(1701)에 최고의 지위인 영의정에 올랐다. 그러나 희빈禧嬪인 장씨張氏의 처형에 반대하여 진주鎭州로 귀양 보내졌다. 이듬해 28년(1702) 다시 영의정이 되었고, 그 후 노론과 소론의 당쟁 속에서 소론의 영수로 전후 여덟 번이나 영의정의 자리에 올랐다. 36년(1710)에 내의원도제조內醫院都提調를 겸임하였으나, 숙종이 병에 걸렸을 때 시약侍藥을 잘못 조제한 책임을 물어

삭직削職되었다. 이듬해 관직에 복직했으나, 이후 교외에 칩거하였고, 41 년(1715)에 서거하였다. 향년 70세이다. 경종景宗 2년(1722) 문정文貞이 라는 시호를 사사받고, 숙종의 묘정廟庭에 배향되었다. 수많은 저작을 남 겼는데, 『명곡집明谷集』·『좌씨집선左氏輯選』·『운회전요韻會箋要』·『전 록통고典錄通考』·『예기유편禮記類編』 등이 있다.

　『구수략』은 목판본(간행연도 미상)의 형태로 조선 각지에 널리 유통 되었다. 수학서라는 측면에서 볼 때, 『구수략』의 최대 특징은 독자적인 원리에 근거하여 『상명산법詳明算法』·『양휘산법楊輝算法』·『산학계몽算 學啓蒙』·『산법통종算法統宗』·『묵사집산법默思集算法』·『동문산지同文 算指』 등에 보이는 전통적인 여러 산법算法을 정리하고 체계화시킨 점을 들 수 있다. 독자적인 원리란 그가 말한 ‘사상四象’을 들 수 있는데, 동아 시아의 모든 전통산술을 동일한 형식으로 정리하고 동일한 산도算圖를 그려 일월성신日月星辰의 4항(사상四象)으로 구분하는 표기법(그림1)으 로 알고리즘을 설명한 것이다. 예를 들면 정비례의 ‘준승準乘’ 술術은 정 비례 c : a ＝ x : b의 관계로부터 신辰의 미지수未知數를 신사율辰四率＝ 월이율月二率×성삼률星三率÷일일률日一率로 계산한다. 또 반비례의 ‘준 제準除’ 술術은 신사율辰四率＝일일률日一率×월이율月二率÷성삼률星三率 로 신辰의 미지수를 산출하고 있다. 그러나 일월성신日月星辰의 4항으로 정리하여 연산을 설명하는 것은 비례제比例題에 대한 것만이 아니다. 기 지수旣知數와 미지수의 총 수가 4치値보다 적은 가加·감減·승乘·제除 의 연산에 대해서도 계산에 필요 없는 dummy의 일일률日一率 a＝1을 설 정하여 4항으로 늘려서 각각의 수의 관계를 밝히고 있다. 또 기지수와 미 지수의 총 수가 4치値를 넘는 비례분배제比例分配題나 급수級數의 구화 제求和題·과부족산過不足算·연립1차방정식連立1次方程式의 해법 등에 대해서도 각 항에 복수 배당하여 동일한 형식으로 정리해서 해법을 설명 하고 있다.

〈표1〉 사상제법四象諸法

	사상정수四象正數 일일日一 정지정正之正	사상정수四象正數 월이月二 정지변正之變	사상변수四象變數 성삼星三 변지정變之正	사상변수四象變數 진사辰四 변지변變之變
태양지수일 太陽之數一	누가累加	총승總乘 (이승동승異乘同乘) 方田	방승方乘(자승自乘) 방전方田	체승遞乘(퇴타堆垜) 방전方田
태음지수이 太陰之數二	누감累減	총제總除 (동제이제同除異除) 속미粟米	방제方除(개방開方) 소광少廣	체제遞除 (체승환원遞乘還原) 소광少廣
소양지수삼 少陽之數三	상승相乘(보승步乘)	준승準乘 (이승동제異乘同除) 상공商功	자모준승子母準乘 (쇠분衰分) 쇠분衰分	영허교승盈虛較乘 (영육盈朒) 영부족盈不足
소음지수사 少陰之數四	상제相除(상제商除)	준제準除 (동승이제同乘異除) 균수均輸	구고준제句股準除 (구고句股) 구고句股	정부교제正負較除 (방정方程) 방정方程

　　『구수략』의 특징을 한마디로 말하면 사상산학이라 할 수 있는데, 사상이란 원래 역학에서 유래하는 개념이다. 『구수략』의 내용 자체는 전통적인 실용산술(九章諸法)의 차원을 넘어서고 있지는 않지만, 산학과는 직접적으로는 관계없는 형이상학적인 개념을 이용함으로써 중국에는 보이지 않는 산학의 시스템을 만들어냈고 산주算籌에 의한 계산술과 실용수학의 구조를 이론적으로 재구축했다. 최석정은 사상에 대해 다음과 같이 말하고 있다. "수數는 일一에 근거한다. 일一은 태극太極이다. 일一은 이二를 낳는다. 양의兩儀가 그것이다. 이二는 사四를 낳는다. 사상이 그것이다. ……사상은 각각 사수四數를 갖추고 있다. 천지 사이에 단지 사상만이 있을 뿐이다. 수數의 이치는 매우 깊고 심오하나 또한 여기서 벗어날 수는 없다(統論四象篇)." 사상이란 역易의 음양전개에 나타나는 네 가지 종류의 형식을 말한다. 이른바 양의 양에 해당하는 태양太陽(日), 음의 음에 해당하는 태음太陰(月), 음의 양에 해당하는 소양少陽(星), 양의 음에 해당하는 소음少陰(辰)이 그것이다. 그는 이 사상을 이중 삼중으로 되풀이

하면서 모든 전통산술을 정리하고, 산술을 그 중의 어느 한 쪽에 배당시켰다(표1). 최석정의 고찰은 논리 전개시 하도낙서河圖洛書(그림2)를 인용하고 소옹邵雍의 사상이론을 다용함으로써 수數신비주의적인 색채가 풍부한 데에 특징이 있다. 최석정은 박학다식한 것으로 유명했는데, 당시 "구경백가九經百家에 두루 통섭通涉 했다"고 일컬어졌고, "경술문장언론풍유經術文章言論風猷, 일대명류一代名流의 종宗을 이루었고, 그로 말미암아 산수자학算數字學에 이르렀다. 은곡미밀隱曲微密, 모두 애쓰지 않고도 묘해妙解를 얻었다"고 한다(『숙종실록보결정오肅宗實錄補缺正誤』 권오륙卷五六, 숙종사십일년십일월계묘肅宗四十一年十一月癸卯). 유례없는 역학적易學的 수학서가 탄생된 것은 그의 넓고도 깊은 동아시아적인 학문(경학)적 소양이 있었기에 비로소 가능했다고 생각된다.

그러나 준승법準乘法과 준제법準除法은 최석정의 사상산법의 핵심을 이루고 있고, 기지수와 미지수의 4항분해에 수리상의 타당성을 부여하고 있는데, 연산법 자체는 전통적인 이승동제異乘同除나 동승이제同乘異除와 같지만, 『구수략』을 특징짓는 기지수와 미지수를 대등하게 다루어 4항으로 분해하는 정리 형식은 동아시아의 전통산술에는 존재하지 않는다. 또 준승準乘·준제準除의 두 방법을 설명하는 14제題의 산제算題 중 적어도 12제題는 『천학초함天學初函』에 수록되어 있는 이마두수利馬竇授·이지조연李之藻演의 『동문산지同文算指』 통편通編의 맨 앞의 세 편, 즉 삼률준측법三率準測法과 변측법變測法과 중준측법重準測法에서 인용한 것이다. 『동문산지』는 크라비우스의 『실용산술개론實用算術概論』(Epitome arithmeticae practicae, 1585년)을 번역한 수학서인데, 서양신법西洋新法을 실행하여 "(중국의) 이속俚俗을 통하는" 한편, "구장九章을 간취間取하여 보철補綴하고" 있으며(李之藻序), 서양의 산제算題뿐만 아니라 중국의 전통산학서算學書에서 인용한 제목도 수록되어 있다. 또 『동문산지』에서 말하는 삼률준측법은 정비례 내지 순순3수법數法(direct rule of three)을 말하고, 변측법은 반비례 내지 역逆3수법數法(inverse rule of three)을 의미하며, 중준측법은 3수법數法을 반복한 것에 불과하다. 서양의 3수법數法에 대해서는 옛날부터 여러 가지 표기법이 고안되었는데, 『동문산지』가 소개하는 것은 그림1의 형식이고, 『구수략』의 표기와는 일일률日一率을 제일률第一率, 월이율月二率을 제이율第二率, 성삼률星三率을 제삼률第三率, 진사율辰四率을 제사율第四率로 표기하는 점이 약간 다를 뿐이다. 또 삼률준측법이나 변측법은 『구수략』의 준승이나 준제와 동일하게 계산할 뿐만 아니라, 비례를 의미하는 번역어로 '상준相準'을 사용하고, '현顯'·'은隱' 등과 같은 용어도 사용하고 있다. 최석정의 사상산법의 경우 사율四率 표기법이라는 종래의 동아시아 산학서算學書에서는 찾아볼 수 없는 형식을 갖추고 있고, 또 유사한 표기법과 동일한 예제가 참조서의 하나인 『동문산지』에 존재하고 있는 이상 사상적인 윤색은 차치하고, 적어도 4항의 정리나 그림1의 형식에 대해서는 '서양산술'의 3수법數法에 기원한다고 단정하지 않을 수 없다.

『구수략』의 사상산법은 서양의 신수학新數學을 적극적으로 받아들이면서 어디까지나 전통적인 구장제법에 고집하고 있는데, 최석정 자신도 경서——『예기禮記』 교특생편郊特牲篇의 한 문장을 인용하면서 스스로의 경학적 내지는 예교주의적인 수학관을 기술하면서 전통산학에 따르는 이유를 다음과 같이 설명하고 있다. "기記에서는 다음과 같이 말하고 있다. '그 수數는 말하기 쉬우나 그 의義는 알기 어렵다. 그 의義를 잃어버리고 그 수數를 말하는 것은 축사祝史나 하는 일이다.' 나는 산법算法에 있어서도 또한 그렇다고 생각한다"라는 것이 그것이다. 최석정이 믿는 바에 의하면, 축사祝史와 같이 수數에 내재하는 철리哲理를 고려하지 않고 계산에만 집착하는 것은 아직 충분하지 않으므로 경학에 근거하는 수數의 오의奧義에 대한 총체적인 이해야말로 가장 고려해야 할 사항이며, 산술 자체의 해명은 제이의적第二義的인 가치밖에 없다고 한다.

환언하면 최석정이 『구수략』이라는 책 전반에 걸쳐 형이상학적인 역학 사상易學思想을 전개하고 소옹의 술수학術數學을 대대적으로 전개한 이 유는 수數신비주의적인 분석을 통해 '수數' 속에 숨겨진 본질을 밝히려고 했던 점에 있다고 할 수 있다.

3. 이제마의 사상의학

최석정의 사상산학은 단순하게 말하면 소옹의 사상이론과 서양의 3 수법數法의 절충이라 해도 과언이 아닐 것이다. 그렇다면 개성이 넘치는 이제마의 사상의학은 그 이론구축에 있어서 역易의 사상설四象說을 제외 한다면 어떠한 사상적 영향을 받고 있었던 것일까? 일반적으로 동아시아 에서 사상이론이라 하면 대체로 소옹의 『황극경세서皇極經世書』의 영향 을 받고 있었는데, 이제마의 경우는 어떨까? 다음으로는 이 문제에 관해 잠깐 생각해보기로 한다.

이제마李濟馬(1837~1900)의 자字는 무평懋平(또는 자명子明), 호號 는 동무東武이다. 헌종憲宗 3년(1837) 3월에 함흥咸興에서 양반의 서자로 태어났다. 소년기에는 승마나 궁술 등을 좋아했고, 장래에 무인이 되는 것 을 꿈꾸었다. 13세(1849) 때 전국의 방랑을 시작했다. 방랑기의 상세한 사 항에 관해서는 분명치 않다. 20세 무렵 만주에서 귀로歸路길에 의주義州 의 홍씨洪氏 집에 잠시 머물렀을 때 내외의 귀중한 서적을 열독했다. 같은 무렵 장령掌令의 경주慶州 김규형金奎衡의 딸과 혼인하여 2남 1녀의 자녀 를 두었다. 고종高宗 12년(1875) 39세 때에 무과武科에 등용되었고, 이듬 해에 무위도통사武衛都統使인 김기석金箕錫의 추천으로 무위별선군관武 衛別選軍官으로 입위入衛하여 무위장武威將의 지위에 올랐다. 고종 23년 (1886) 50세에 진해현감鎭海縣監이 되었고, 27년(1890) 54세에 체임遞任 되어 상경上京했다. 32년(1895) 59세에 모친의 간병을 위해 함흥으로 귀

향하였고, 이듬해 건양建陽 원년元年(1896)에는 함흥을 혼란에 빠뜨린 최문환崔文煥의 반란을 평정하여 정삼품통정대부선유위원正三品通政大夫宣諭委員이라는 관위를 받았다. 이듬해 광무光武 원년(1897)에는 고원군수高原郡守에 임명되었다. 광무 2년(1898) 62세 때에 모든 관직을 사퇴하고, 이듬해 함흥 만세교萬歲橋 부근에서 보원국保元局을 열어 환자들을 치료했다. 저서로는 『격치고格致藁』·『동의수세보원東醫壽世保元』·『제중신편濟衆新編』 등이 유명하다. 사상의학을 강론한 『동의수세보원』의 발跋에 의하면, 그 초고가 완성된 것은 고종 31년(1894) 58세의 일이다.

『동의수세보원』은 네 권으로 구성되어 있는데, 그다지 방대한 저작은 아니다. 다만 사람의 체질을 태양인太陽人·소양인少陽人·태음인太陰人·소음인少陰人으로 분류하는 독자적인 사상의방설四象醫方說을 고안하여, 동아시아 전통의학이론에 신풍을 불러 넣었다는 점에서 의학사뿐만 아니라 사상사에 있어서도 소홀히 해서는 안 되는 저작 중의 하나라고 할 수 있다. 『동의수세보원』 권1은 '성명론性命論'·'사단론四端論'·'확충론擴充論'·'장부론臟腑論'의 4론으로 구성되어 있으며, 사상의학의 기초이론을 전개하고 있다. 이제마의 의학이론은 철학적 색채가 풍부하고 또 상당히 동아시아적이다. 권2는 소음인의 치료, 권3은 소양인의 치료, 권4의 전반부는 태음인과 태양인의 치료를 각각 테마로 하고 있다. 권4의 후반부는 '광제설廣濟說'·'사상인변증론四象人辨證論'으로 구성되어 있고, 다시 사상의방의 기초를 강론하고 있다.

『동의수세보원』은 사람을 그 체질이나 기질에 따라 네 가지 유형으로 분류하고, 각 유형마다 걸리기 쉬운 질병이 다르고 치료법도 다르다고 주장하는 개성 있는 의학서인데, 그 근본에는 독특한 사항분류四項分類가 있다(표2). 권1 '성명론'에 의하면, '천기天機'는 '지방地方'·'인륜人倫'·'세회世會'·'천시天時'로 구성되고, '인사人事'는 '거처居處'·'당여黨與'·'교우交遇'·'사무事務'로 구성된다. "귀(耳)는 천시天時를 듣고, 눈

〈표2〉 이제마 「성명론性命論」의 사항분류

천天	천시天時	세회世會	인륜人倫	지방地方
	이耳	목目	비鼻	구口
인人	사무事務	교우交遇	당여黨與	거처居處
	폐肺	비脾	간肝	신腎
성性	주책籌策	경륜經綸	행험行險	도량度量
	함頷	억臆	제臍	복腹
명命	식견識見	위의威儀	재간材幹	방략方略
	두頭	견肩	요腰	둔臀

(目)은 세회世會를 보고, 코(鼻)는 인륜人倫을 냄새 맡고, 입(口)은 지방地方을 맛보며", 또 "폐(肺)는 사무事務에 달達하고, 비장(脾)은 교우交遇를 합하고, 간(肝)은 당여黨與를 세우며, 신장(腎)은 거처居處를 정한다" 등이라고 한다. 이제마의 사항분류는 가로 방향의 귀(耳)·눈(目)·코(鼻)·입(口)이 동일한 범주에 속할 뿐만 아니라, 세로 방향의 천시天時·이耳·사무事務·폐肺·주책籌策·함頷·식견識見·두頭도 공통된 계열이나 집단에 속해 있다.

이제마는 '사단론'·'확충론'·'사상인변증론' 등에서 사람의 체질을 네 가지로 구분하여 기관이나 기질, 질병의 차이에 대해 설명하고 있다. 태양인과 태음인과 소음인과 소양인이 그것이다. 이제마의 체질론의 개략은 표3에 보이는 것과 같은데, '태양' 이하의 명칭은 『역易』의 '사상'에서 유래한다. 그것은 (1)『동의수세보원』 '사단론'이 "오장五臟 중 심心은 중앙의 태극太極이고, 오장五臟 중 폐비간신肺脾肝腎은 사유四維의 사상四象이다"라고 하고, (2)『격치고』 권2가 『역易』 계사전(四維)의 "易有太

極, 是生兩儀, 兩儀生四象, 四象生八卦, 八卦定吉凶, 吉凶生大業"을 인용하면서 "태극太極은 심心이다"라고 하는 점에서 그것을 확인할 수 있다.

표3. 사상인四象人(『동의사상신론東醫四象新論』에서)

	태양인太陽人	태음인太陰人	소음인少陰人	소양인少陽人
형모形貌	용모방원容貌方圓, 유과단기有果斷氣 용성龍性	기육견실肌肉堅實, 수정정대修整正大 우성牛性	기육부연肌肉浮軟, 간이소교簡易小巧 려성驢性	진함천박唇頷淺薄, 유표예기有剽銳氣 마성馬性
장부臟腑	폐대간소肺大肝小	폐소간대肺小肝大	비소신대脾小腎大	비대신소脾大腎小
성정性情	유폭노심애有暴怒深哀 욕진이불욕퇴欲進而不欲退	유랑락심희有浪樂深喜 욕정이부욕동欲靜而不欲動	유랑희심락有浪喜深樂 욕처이불욕출欲處而不欲出	유폭애심로有暴哀心怒 욕거이불욕조欲擧而不欲措
병증病症	외감요척병外感腰脊病 내촉소복병內觸小腹病	위완수한표한胃脘受寒表寒 간수열리열肝受熱裏熱	신수열표열腎受熱表熱 위수한리한胃受寒裏寒	비수한표한脾受寒表寒 위수열리열胃受熱裏熱

이제마의 사항분류(표2와 표3)를 필자의 관점에서 보면, 이제마가 의사로서 인체의 생리를 분석한 결과 위에 약간의 주자학적 윤색을 가한 것으로 생각된다. '장부론'에 의하면,

> 수곡水穀(음식물)은 위완胃脘에서 위胃로 들어가고, 위胃에서 소장小腸, 소장小腸에서 대장大腸, 대장大腸에서 항문肛門으로 간다. 수곡水穀은 위胃에 머므르고, 훈증薰蒸하여 열기熱氣로 바뀐다. 소장小腸에 소도消導되면 식어서 양기涼氣가 된다. 열기의 가볍고 맑은 것은 위완胃脘으로 올라가 온기溫氣로 변한다. 양기의 무거운 것은 대장大腸으로 내려가 한기寒氣가 된다

고 하는데, 이제마는 그 수곡의 열기와 양기와 온기와 한기에 주목하여 사기四氣 각각의 체내에서의 운동경로를 분석한다. 분석결과 사四 '당黨', 즉 네 가지 계열이 거기에 있다는 것을 발견한다. 예를 들면 수곡의 온기

에 대해서는,

> 수곡의 온기는 위완胃脘에서 진액津液으로 화化하고, 설하舌下로 들어
> 가 진해津海가 된다. 진해津海란 진액津液이 모이는 곳이다. 진해津海
> 의 정기精氣는 귀에서 나와 신神(정신精神)이 되고, 두뇌로 들어가 니해
> 膩海가 된다. 니해膩海란 신神이 모이는 곳이다. 니해膩海의 니즙膩汁
> 중 맑은 것은 안으로 들어가 폐肺에 이르고, 탁재濁滓는 밖으로 나가
> 피모皮毛에 영양을 보급한다. 따라서 위완胃脘과 혀와 귀와 두뇌와 피
> 모皮毛는 모두 폐당肺黨(폐의 계열)에 속한다

고 한다. 마찬가지로 '비당脾黨'과 '간당肝黨'과 '신당腎黨'도 성립한다.

폐肺 계열 : 위완胃脘——　설舌　——이耳——두뇌頭腦——피모皮毛
　　　　　　　　　　　　　……태양인太陽人, 천시天時
비脾 계열 : 위胃　——　유乳　——목目——배려背膂——근筋
　　　　　　　　　　　　　……소양인少陽人, 세회世會
간肝 계열 : 소장小腸——　제臍　——비鼻——요배腰背——육肉
　　　　　　　　　　　　　……태음인太陰人, 인륜人倫
신腎 계열 : 대장大腸——전음前陰——구口——방광膀胱——골骨
　　　　　　　　　　　　　……소음인少陰人, 지방地方

　　이제마는 명언明言하고 있지는 않지만, 기관의 배당이라는 면에서
보면, 폐당과 태양인, 비당과 소양인, 간당과 태음인, 신당과 소음인도
동일한 계열에 속해 있다.

　　『동의수세보원』은 의학서로서 질병의 치료를 목적으로 하지만 불과
4권으로 구성되어 있을 뿐이다. 소책자로서 의학이론이나 치료법이 빠짐
없이 기술되어 있는 것은 아님에도 불구하고 현재에도 한방의韓方醫의
대부분은 이제마의 의학서를 중시하고 치료실천의 지침으로 삼고 있다
고 한다. 이와 같은 일견一見 이상한 현상은 왜 생겼을까? 필자의 견해

로는, 그 이유는 이제마의 의학체계가 뛰어나기 때문만은 아니다. 또다른 이유가 있다. 그것은 이제마가 종래의 동아시아의 의학지식을 스스로의 체계 속에 포함시켜, 자신이 논하지 않았던 의학지식이나 의방醫方까지도 자신의 것으로 만들어 자유로이 이용할 수 있게 했기 때문이다.

예를 들면 후한後漢의 장중경張仲景의 『상한론傷寒論』은 급성열병의 여러 가지 병증病症이나 체징體徵에 근거하여 질병을 (1) 태양병太陽病 (2) 양명병陽明病 (3) 소양병少陽病 (4) 태음병太陰病 (5) 소음병少陰病 (6) 궐음병厥陰病의 6종류로 구분했는데, 이제마는 장중경의 시스템을,

태음병과 소음병과 궐음병 —— 소음인의 병증
소양병 —— 소양인의 병증
태양병과 양명병 —— 소양인과 소음인과 태음인의 병증

이라 하여, 사상인四象人의 체계와 대응관계를 만들어 자신의 체계에 포함시키고 있다. 장중경의 육조병증六條病症의 경우 태양인에 대응하는 병증이 없는데, 그것은 사상인四象人의 인구비가 각기 달라 태음인은 총인구의 50%를 차지하고, 소양인은 30%, 소음인은 20%, 태양인은 거의 없기 때문이다.

또 소음인의 신수열표열병腎受熱表熱病은 표4와 같이 세분할 수 있는데, 각각의 병증에 대해 『상한론』의 육조병증과의 대응관계를 고찰하고 있다. 어느 병증이 장중경의 육조병증의 어느 것에 해당하는가가 분명하면, 각 질병의 치료에 있어서 설령 치료법이 분명치 않다 하더라도 『상한론』 등을 참조하면 될 뿐, 모든 것에 대해서 스스로 설명할 필요는 없다. 실로 합리적인 설명법이다. 이제마가 의학이론가로서 성공한 이유는 선행연구를 스스로의 체계 속에 포함시켜, 체질에 근거하여 질병의 치료원칙을 설명한 점에 있다고 해도 결코 과언이 아닐 것이다.

표4. 소음인少陰人의 신수열표열병腎受熱表熱病

병증病證	한열寒熱	한汗	대변大便	소변小便	맥脈	『상한론傷寒論』
울광鬱狂(초初)	악한발열惡寒發熱	무한無汗			부浮	태양증太陽證
울광鬱狂(중中)	오열惡熱	무한無汗	변비便秘	자리自利	미침微沈	양명증陽明證
울광鬱狂(말末)	오열조열惡熱潮熱	무한無汗	변비便秘		현삽弦澁	양명증陽明證
망양亡陽(초初)	악한발열惡寒發熱	자한自汗				태양증太陽證
망양亡陽(중中)	오열惡熱	자한自汗	변비便秘	청리淸利		양명증陽明證
망양亡陽(말末)	발열發熱	한다汗多	변비便秘	적삽赤澁		양명증陽明證
태양궐음太陽厥陰	수족궐냉手足厥冷				미微	궐음증厥陰證

 이제마는 어떻게 해서 사상의학의 시스템을 고안해냈던 것일까? 끝으로 이 문제에 관해서 현재의 필자의 생각을 서술해 보고자 한다.

 원래 동아시아의 사상이론이라 하면 역학의 영향과 더불어 소옹의 황극경세학의 영향을 받고 있는 것이 보통이다. 그러나 이제마의 사상의학의 경우는 『맹자』를 인용하는 등 주자학의 영향은 인정되어도 소옹의 황극경세학으로부터 영향을 받았다고 할 수는 없다. 예를 들면 이제마의 가장 기본적인 사상대응四象對應, 태양太陽과 귀(耳), 소양少陽과 눈(目), 태음太陰과 코(鼻), 소음少陰과 입(口)의 어느 하나를 보더라도 소옹의 사상대응, 태유太柔(太陰)와 귀(耳), 태강太剛(太陽)과 눈(目), 소강少剛(少陽)과 코(鼻), 소유少柔(少陰)과 입(口)과 동일한 것이 없다. 또, 이제마는 기본적인 대응으로서 태양과 예禮, 태음과 인仁, 소음과 의義, 소양과 지知를 생각하고 있는데, 그때의 예·인·의·지란 '오상五常'의 네 가지 덕목으로, 경학자라면 언어도단적인 대응에 불과할 것이다. 사상체계의 근본적인 부분에 소옹 등의 영향은 없다고 판단하지 않을 수 없다.

 이제마는 역학 이외에 거의 어떠한 영향도 받지 않고, 마치 무에서 유가 창조된 것처럼 사상의학의 체계를 구축했는가? 그렇지는 않다. 왜 나하면, 『동의수세보원』 권4의 발跋 바로 앞에,

> 『영추靈樞』 속에 태소음양太少陰陽·오행인론五行人論이 보이는데, 외 형(체질)에 관한 지적은 정확하나 장리臟理에 대해서는 정확한 이해에 도달하지 못하고 있다

고 말하고 있기 때문이다. 『영추』 통천편通天篇에는 태음인·소음인·태 양인·소양인·음양화평인陰陽和平人의 구별이 있고, 『영추』 음양이십오 인편陰陽二十五人篇에는 목형인木形人·화형인火形人·토형인土形人·금 형인金形人·수형인水形人의 분류가 기술되어 있다. 모두 오행분류에 근 거하는 체질론인데, 체질을 구별하여 외형이나 성격의 차이를 언급하고, 동일한 체질명體質名을 사용하는 등, 이제마의 사상분류와 유사한 부분 도 많다. 이제마는 사상인의 체계를 구축할 때『역』의 사상설과 더불어 『영추』의 체질론의 영향을 깊게 받았다고 이해해야 할 것이다.

최석정의 사상산학도 이제마의 사상의학도 역학의 영향을 받았다. 그러나 중국에는 보이지 않는 개성적인 이론을 구축하여 동학 이외에는 그 어디에도 찾아볼 수 없는 독자적인 광채를 발하고 있다. 세계에는 동 학에 매료된 외국인 연구자가 다수 있지만, 동학의 매력이 중학의 깊은 사상적 영향을 받으면서도 독자성을 잃지 않는 강한 개성에 있다고 생각 하고 있는 것은 아마도 필자만은 아닐 것이다.

[참고문헌]

川原秀城, 「『九數略』——算學と四象——」, 『朝鮮文化研究』 3호, 1996년.

川原秀城, 「東算と天元術——17世紀中期~18世紀初期の朝鮮數學——」, 『朝鮮學報』
　　　제169집, 1998년.

전국 한의과대학 사상의학교실 엮음, 『四象醫學』, 集文堂, 1997년.

박대식 역주, 『格致藁——四象醫學的 人間學』, 청계출판사, 2000년.

과거의 재구성, 미래에 대한 모색
현대과학의 기원과 가능성을 이해함에 있어 동아시아의 주요 역할

크리스토퍼 컬런(Christopher Cullen)

머리말

우리(내가 이 용어를 사용하는 것은 모든 인류를 포함하기 위해서임)가 인간의 창조적인 분야들인 과학과 기술 분야들에 대해 의미 있는 전지구적 역사를 서술하고자 한다면, 우리는 동아시아의 과학기술사를 연구해야 한다. 그리고 우리가 좋아하든 좋아하지 않든 간에, 세계적 관점에서 과학기술 분야들의 미래를 올바르게 판단하기 위해서는 완전하고 균형 잡힌 과학기술사가 반드시 있어야 할 것이다. 만약 우리가 그 판단을 잘못한다면, 미래의 세대들은 어려움을 겪게 될 것이다. 따라서 '우리'라는 단어를 역사가들, 특히 과학사가들로 제한할 때, 우리의 의무는 명백하다.

좀더 자세하게 말해보자. 우선, 필자는 역사를 기술하는 데서 발생하는 일반적인 문제들, 그리고 우리가 역사를 기술하는 방식들이 어떻게 (현재에 대한 우리의 견해와 미래에 대한 우리의 추측과 밀접하게 관련된) 우리의 과거를 달리 설명하도록 이끌어 가는가에 대한 몇 가지 생각을 말할 것이다. 그런 뒤에 구체적인 다른 사례들을 다룰 것이다.

과거 속의 현재

흔히 역사는 현재에 관한 것일 뿐만 아니라 미래에 관한 것이기도 하다. 많은 역사학자들은 그것이 그렇지 않기를 바란다. 즉 오늘날 우리가 과거를 연구하는 것이 오지 않은 미래나 바람직한 미래의 사태(state of affairs)를 예측하기 위한 것이라고 주장하는 사람은 거의 없을 것이다. 어떤 대답이 강요될 때, 우리들 대부분은 미래를 예견하는 데 역사를 이용하는 것은 거의 불가능하다고 말할 것이다.

그러나 우리가 아무리 그렇게 하지 말라고 주의를 주어도 역사에 대한 인식이 미래의 목표들을 성취하기 위한 정치적 활동 또는 심지어 군사적 활동을 정당화하는 데 이용되고 있다는 사실을 바꾸지는 못한다. 최근 이러한 예들을 찾는 것은 쉽다. 전前유고슬라비아의 내부 인종갈등에 대한 기록이 있다. 이 기록에 남아 있는 주된 불안 요소는 세르비아인들의 과거인식인데, 이것은 그 인식으로부터 파생되는 정치적 계획을 완성하려는 시도로 이어진다. 그것은 또한 그 반대로 작용하기도 한다. 현대 일본의 소수 정치집단들에게는 아시아 대륙에서 일본인들의 활동에 관한 역사가 어떤 특정한 방식으로 서술되지 않도록 하는 것이 아주 중요한 일이다. 왜냐하면 그들은 그러한 서술이 자신들이 추구하는 일본의 군사력 확장에 장애물이 된다고 정확하게 인식하기 때문이다.

그런 종류의 상황에 대응하는 세 가지 방법이 있다. 첫째는 안전하지만 실행이 전혀 불가능한 방법인데, 이것은 우리가 역사학자로서 하는 작업을 아무도 알지 못하도록 최선을 다하는 것이다. 학문적인 역사 서술은 아주 위험한 비밀 활동이 될 것이다. 그러나 물론 이런 경우에 대중에게 알려지는 유일한 역사는 비전문적인 역사 또는 전혀 비역사적인 목적을 위해 씌어진 역사일 것이다. 둘째 방법은 우리 작업으로부터 파생될 모든 가능한 결과들을 부인하고 모든 비전문적 관심사들을 무시하는 것이다. 이것은 무책임한 일이 될 것이다. 셋째 방법은 우리가 직업적으로 필요로 하는 것들과 시민으로서의 우리의 책임들이 어떻게 화해될 수 있는가 하는 질문을 공공연하게 다루는 것이다. 다행스럽게도 이 질문에 대한 답은 우리의 주된 역사적 실천의 전문적인 규준들을 더욱 비판적이고 엄격하게 적용하면 할수록 우리 주변 사회의 사고에 더욱 유용하고 건설적으로 기여를 하게 되리라는 것이다.

그러나 우리의 과거를 그릇되게 제시하거나 미래를 왜곡하지 않도록 역사를 기술하는 과업을 시작하자마자, 우리는 곧 또 다른 위험한 시간이동(time-shift)에 직면하게 된다. 이것은—종종 아주 무의식적으로—사물들의 현재 상태를 과거에 투사하는 행위이다. 만약 이런 일이 많이 벌어진다면 손실과 위험은 계산할 수 없을 정도가 된다. 왜냐하면 과거에 대한 진지한 주의가 전체 인류사회에 가져오는 명백한 이점은 그것이 현재와 다르다는 데 있기 때문이다. 그것은 우리의 현재가 지금과 전혀 다를지도 모를 방법들에 대해 성찰할 기회가 될 뿐만 아니라('반대사례적 전환', counterfactual turn), 우리의 현재와는 근본적으로 다른 미래를 적절하게 직시할 기회가 되기도 한다. 과거의 차이성이 포기된다면, 우연성의 감옥(the prison of contingency)으로부터 벗어날 주된 탈출구가 막히게 된다.

그러나 "현재를 과거에 투사하는 역사(present-minded history)"는 지나칠 정도로 자주 이용되어 왔다. 버터필드(Hurbert Butterfield)는 『휘그적 역사해석 *The Whig Interpretation of History*』에서 영국사의 한 유명한 예를 들어, 19세기의 역사학자들이 영국 의회제도의 발전에 지나치게 열중했기 때문에 진실된 중세 영국정치를 보지 못했음을 제기했다. 그들은 의회를 그 당시 영국에 있어서 가장 중요하고 두드러진 특징 가운데 하나로 생각했기 때문에, 의회의 지위가 영국인들의 삶에 있어서 항상 중요한 논의거리였던 것처럼 역사를 기술했다. 그러나 이 점에서 그들은 틀렸고, 결과적으로 그들이 연구하고자 했던 시기에 대한 역사를 그릇되게 기술했다. 더구나 그들의 역사는 미래에 기대될 수 있는 것이 무엇인가에 대해서는 아주 빈약한 지침서였다. 최근에 많은 영국인들은 의회가 그 중심 위치에서 밀려나고 있다고 주장하고 있다. 즉 정확한 역사가 보여주는 그 위치는 필연적이고 예정되었다기보다 항상 우연적이었다. 이것은 의회제도를 높이 평가하는 사람들이 이런 사태에 관해 무언가를 했어야 한다는 것을 암시한다.

지난 수년 동안 동아시아에서는 '현재를 과거에 투사하는 역사'의 영향을 받았던 흥미로운 한 예를 중국의 하상주夏商周 단대공정斷代工程에서 나온 결론들에서 찾을 수 있다. 이 프로젝트는 1996~2000년 동안의 성과 보고로 착수되었다. 일부 서양 학자들은 중화인민 공화국(People's Republic of China)의 현재 영역 내에 있는 모든 사람들의 통일성과 응집을 강조하는 정치적 목적이 최대한 오래된 과거에 있었던 그러한 통일성과 응집을 상정하고자 하는 소망으로 유도되고 있음을 우려하고 있다. 따라서 우리는 영향력 있는 중국 고고학자 단체가 (안양安陽 문화를 후기 상商 문화와 동일시할 문헌적 근거조차도 없음에도 불구하고) 이리두二里頭 표준 유적과 유사한 문화를 하夏 왕조라고 주장하는 것을 목도하고 있다. 일부의 학자들은 이 주장이 고고학이나 역사학보다는 국가적 자아상(self-image)과 더 많은 관련이 있는 것으로 보고 있다. 일부의 서양인들은 이런 경향을 새로운 중국 문화민족주의의 위협적인 신호의 일종으로 보고 있다. 필자는 개인적으로 이것이 전혀 새롭거나 걱정할 만한 것이 아니라고 본다. 중국의 현재를 과거에 기초하여 정당화하려는 노력은 기원전 1040년경에 주周 왕조의 최초의 통치자들이 했던 선전에까지도 소급될 수 있는 사고의 한 양상에 불과하기 때문이다.

과학 사료 편찬에 있어서의 문화적 한계

　　이제 역사학자로서의 필자의 연구와 직접적으로 관련된 문제들을 살펴보자. 필자는 현재를 과거에 비추어 읽고 또한 그릇된 역사를 미래에 대한 지침서로 사용하는 데서 파생되는 위험들에 대해 언급했었다. 수십 년 전 서양학자들은 과학기술사 분야에서도 습관적으로 그와 비슷한 방향으로 전환을 했고, 필자는 이 논문의 나머지 부분에서 그것을 다룰 것이다. 분명히 과학기술은 인류 전체의 미래에 막대한 영향을 미치는 중요한 분야이므로, 우리가 우리 자신을 아주 심각하게 오도하지 않기 위해서는 역사를 올바르게 기술해야만 한다는 것에 우리들 모두가 동의하리라고 필자는 생각한다.

　　지난 수백 년 동안, '현재를 과거에 투사하려는' 움직임은 주로 동·서양의 문명과 물질적 문화사를 상대적으로 기술했던 많은 수의 서양(그리고 사실상 약간의 아시아) 학자들에 의해 수행되었다. 그들은 최근의 유럽과 미국의 기술 지배를 자연스러운 것 또는 심지어 신에 의해 예정된 것으로 가정했고, 따라서 서양사회가 흥미롭고 중요한 모든 과학적·기술적 측면에서 항상 발전의 중심점이라고 이야기했었다. 그들에게 있어서 산업혁명은 전적으로 유럽적인 원인들과 동기들에 의해 결정된 유럽적인 사건이었다. 그것은 다른 곳에서는 발생할 수 없는 일이었고, 서구적인 형태를 제외하고는 어떤 다른 형태나 상황에서도 발생할 수 없는 것이었다. 결과적으로 과학기술은 본질적으로 '서양적'인 성격을 가지며, 따라서 만약 비서양사회가 과학기술의 혜택을 누리고자 한다면, 그 사회는 문화적으로 그리고 정치적으로 서양화되어야만 한다고 주장되었다. 근대화와 서양화는 동일 선상 위에 있는 것이었다. 사실상 이런 생각이 정말로 그런가에 대한 논란은 없었다(어떤 그럴듯한 저항도 거의 없었다). 그에 대한 반론으로 어떤 이는 동양이 어떤 면에서는 '정신적으로(spiritually)' 서양보다 우월하다는 주장을 할 수도 있지만, 그것이 그가 할 수 있는 거의 전부였다. 그러나 물질적 영역에 있어서의 서양의 동양에 대한 우월감은 아시아인들에게 그런 것처럼 유럽인들에게도 기괴하게 보인다는 것을 자각해야 한다. 이 글에서 많은 설명을 할 수는 없기 때문에, 아마도 하나의 비중 있는 예를 제시하는 것으로 만족해야 할 것이다. 1776년에 아담 스미스(Adam Smith, 1723~1790)는 자본주의를 주창하는 『국부론 *The Wealth of Nations*』을 출간했다. 중요한 점은 이 책이 출간된 것이 제임스 와트(James Watt)가 동료인 매튜 볼튼(Matthew Boulton)과 함께 증기선을 만든 2년 뒤였다는 것이고, 아마도 더 중요한 점은 그것이 실제로 시장에서 매매되었다는 점일 것이다. 이 총명한 스코틀랜드인이 동양과 서양간의 균형 있는 이익을 평가하는 것은 어렵지 않은 일이었다. 그는 "중국이 유럽의 어느 나라보다 훨씬 더 부유한 나라라는 것을 알아야 한다"고 말했고, 또한 제조업과 농업분야에 있어서 중국이 아주 많은 성과를 산출했다는 점에 주목했다. 중국의 건륭제乾隆帝를 바라보는 18세기 유럽인들의 전형적인 관점은 현재 중국이 스스로를 아주 호의적으로 평가하는 것과 별로 다르지 않았다.

그러나 불과 반세기도 지나지 않아, 얼마나 큰 변화가 있었던가! 미국인 에머슨(Ralph Waldo Emerson)은 1824년에 자신의 노트에 다음과 같이 적고 있다.

> 왜 중국에서는 수천 년에 걸쳐 자신들 스스로의 정화를 위한 어떤 조처도 없이 또한 선함과 영예로움의 샘물이 한 방울도 섞임이 없이 지루할 정도로 똑같은 저속한 기질의 조류가 스며들어 왔는가? …… 그리고 과학은 차(tea)를 어떻게 만드는가에 관한 것이고 …… 중화제국은 정확히 미라의 명성을, 즉 세계에서 가장 추한 모습들을 3~4천 년 동안이나 전혀 변함없이 보존했다는 명성을 즐기고 있다. 나는 이렇게 이상한 사람들의 케케묵은 삶에서 어떤 의미도 찾을 방도가 없다. 어떤 다른 국가

들도 그런 것(추한 모습)들을 사용하지 않지만 …… 그러나 중국은, 거룩한 아둔함이여! 고색창연한 얼간이여! 국가회의에서 중국이 말할 수 있는 전부는 '내가 차(tea)를 만들었다'는 것뿐이다!

스미스와 에머슨의 중간 시기에 어떤 일이 발생했었음은 분명하다. 그리고 그 '어떤 일'은 처음에는 유럽에서 그리고 미국에서 산업, 경제 그리고 군사력이 산업혁명의 징후를 보이던 것과 더불어 한없이 상승하던 자신감(self-confidence)에 기초한 서양적 자아상(self-image)에 있어서의 근본적인 변화였다. 그때부터, 대부분의 서양인들이 제시했던 세계사에 대한 설명은 에머슨의 설명과 놀라울 정도로 유사했다. 서양의 갑작스러운 우월감은 단지 과학기술 분야에서뿐만 아니라 도덕, 철학, 정치 그리고 물론 종교적인 분야에 이르기까지 인류 역사의 모든 측면에 스며들게 되었다. 공장과 수출시장 그리고 전쟁터에 있어서의 서양의 명백한 생득적 우월성은 전체적인 서양 문화의 유산을 소유함으로써만 가능한 것이었기에 아시아의 유일한 희망은 서양문화를 대량으로 받아들이는 것뿐이었다.

오늘날에도 그런 태도의 많은 부분이 그대로 남아 있다. 그 뚜렷한 예는 랜드(Lande)의 책『국가의 부와 빈곤 *The Wealth and Poverty of Nations*, London, Abacus, 1999』에 드러나 있다(그가 아담 스미스의 책 제목을 차용하고 있다는 것이 얼마나 얄궂은 일인가!). 그럼에도 불구하고 그것은 아주 전적으로 잘못된 것이었다. 현재 안드레 프랑크(Andre Franke,『리오리엔트: 아시아 시대의 전지구적 경제 *Reorient: global economy in the Asian Age*』, Berkeley, London: University of California Press, 1998)와 같은 경제사학자들은 1800년경까지 지배적이었던 아시아 중심적인 세계경제의 실체를 재현하고 있다. 콜럼버스가 자신의 행로를 벗어나 있는 불편한 아메리카 대륙을 발견하는 것보다 오히려 동아시아에 당도하고자 노력했었다는 사실이 (프랑크의) 힘든 노력 끝에 밝혀지고 있다. 더구나 새롭게 노예화된 원주민들에게서 빼앗은 많은 양의 은은 유럽으로 하여금 수세기 동안 (교환물로 제공할 것이라고는 상대적으로 원시적인 북방의 산물들밖에 없었던 유럽인들에게 한 번도 문을 연 적이 없는) 아시아와의 교역을 가능케 했다.

그러한 설명 밑에 깔려 있거나 함축되어 있는 유럽 중심적 과학기술사의 사실적 위약성은 조셉 니덤(Joseph Needham)과 그의 동료들(『중국의 과학과 문명 *Science and Civilisation*』, Cambridge, 1954)에 의해 광범위하게 증명되었다. 그들은 많은 중요한 기술적 혁신들이 동아시아에서 유래했다는 사실과 또한 일반적으로 전근대적 서양의 어느 나라만큼이나 전근대적 동아시아도 과학기술 사학자들에게 풍부하고도 가치 있는 분야라는 것을 보여주었다. 잘 알려진 바와 같이, 사실상 프란시스 베이컨(Francis Bacon, 1561~1626)은 서양의 근대성을 구축함에 있어서 아시아가 차지했던 본질적인 역할에 대해서 4세기도 훨씬 이전에 고백한 바 있다. 그가 자신의 저서 『새로운 도구 *Novum Organon*』에서 그 자신이 살던 초기 근대 유럽을 고대 그리스와 로마 세계와 다르게 만들었던 것이 무엇이었는가를 기술하고자 했을 때, 그는 '어느 분파(학파)나 인기인'보다 더 세계를 변혁시켰던 세 가지의 위대한 '발견들'을 지적했다.

> 인쇄술, 나침반, 그리고 화약의 발견에 따른 효과와 가치, 결과를 잘 관찰해야 한다. 왜냐하면 이 세 가지는 전세계 걸친 사물의 전반적인 상태와 모양, 즉 첫째 문학, 둘째 항해술, 그리고 셋째 전쟁에 있어서 모든 것을 변혁시켰기 때문이다. (『새로운 도구 *Novum Organon*』, 1614)

베이컨은 그 발견들의 '불분명하고 알려지지 않았다'는 사실에 대해 의아해 했다. 그러나 물론 우리는 이제 그것들이 어디로부터 왔는지 알고 있고, 그것들은 분명 베이컨이 살던 세계에서 나온 것은 아니었다. 그가 그것을 알았더라면, 그는 아주 다른 종류의 책을 썼을 것이다.

이제 과학사를 유라시아 대륙의 북서쪽과 그로부터 계승된 문화인 듯이 우리의 시야를 제한하거나 또는 과학과 기술이 역사적으로 서양에만 속하는 듯이 말하는 것은 더 이상 불가능하다. 진정한 과학사는 오직 하나가 있으며, 그것은 세계사世界史이다. 지금 그러한 사실을 인지하지 못하는 책들의 수는 점차 줄고 있으며, 그것을 인지하지 못하는 것은 상당히 부끄러운 일이다. 이것은 분명한 발전이다.

업적들로부터 사회적 맥락으로

필자는 좀더 구체적이고 전문적인 두 번째 사항을 말하고자 한다. 여기에서 필자의 목표는 세계를 비교하는 맥락에서, 즉 동아시아적 경험과 유럽의 경험에 동등한 비중을 두는 맥락에서 어떻게 하면 과학사(필자는 여기에 수학을 포함함)가 좀더 발전적으로 연구될 수 있는가 하는 것을 보이는 것이다. 그리고 여기서 좀더 발전적인 역사연구라고 할 때, 필자가 의미하는 바는 전문가들을 위한 지적 만족감을 고양한다거나 또는 아마도 인류가 과거에 대해 총체적으로 성찰하는 광범위한 과정에 기여하고, 따라서 인류가 과거에 대한 너무 지나친 환상과 기만에 현혹되지 않고 가능한 미래를 상상하도록 돕는 보다 준비된 역사 연구를 말한다.

필자가 선택한 예는 수학과 천문학에 관한 것이다. 이러한 예들이 (누가 무엇을 처음으로 발명했는가와 같이) 업적들의 경쟁적 나열에서부터 기술적 활동이 발생하게 된 사회제도와 형태들로 초점이 옮겨진 현대 과학사의 전이 과정과 행로를 적절하게 보일 수 있기를 바란다. 여기에서도 서양적 요소의 한계를 뛰어넘기 위해서는 동아시아에서 얻어지는 증거를 사용하는 것이 필수적이다.

증명과 수학의 본성

먼저 수학과 관련하여 필자가 질문하고 싶은 것은 증명을 수학의 핵심으로 여기는 서양전통이 어느 정도나 수학의 본성(nature)보다 서양 문화(culture)의 편향성에 의해 규정되었는가 하는 것이다. 필자의 논점은 동아시아의 수학사를 포함시킴으로써 보다 완전하고 정확한 밑그림을 함께 그려나갈 수 있다는 것이다.

비교적 최근까지 초·중·고등학교와 대학교에서 가르친 서양수학의 대표적인 업적은 기원전 300년경에 쓰여진 알렉산드리아의 그리스 수학자 유클리드(Euclid)의 책 『기하학의 요소들 *Elements of Geometry*』이다. 수천 명의 젊은 유럽인들에게 있어서 합산을 하는 초급단계를 넘어선 수학이 의미하는 것은 유클리드의 정교한 증명과 결론의 구조를 살핌으로써, 즉 그의 공리, 공통개념 그리고 정의 등을 이용하여 개인이 할 수 있는 한 많은 명제들을 살핌으로써 그의 뒤를 따르는 것이었다. 비록 필자가 재직하는 학교에서는 더 이상 유클리드의 교재를 사용하지는 않지만, 성숙한 수학의 중심 개론은 기하학적 증명을 형성하는 주의 깊은 훈련을 포함하며, 그러한 수학훈련에서는 기하학적 논증의 형태가 〔여전히〕 선호되고 있다. 올바른 수학은 증명에 관한 것이었고, 문제를 푸는 능력은 증명을 구축하는 훈련의 부산물이라고 생각되었다. 좀더 광범위하게 말하면, 유클리드식의 논변은 서양 정신이 가지는 하나의 특권이었으며, 그것은 최상의 추론 형태 그리고 진리를 가장 잘 드러내는 추론 형태, 즉 모든 학문들이 열망하는 추론의 한 형태였다. 보다 기하학적인(즉, 유클리드식의) 추론을 하는 것이 올바르게(truly) 추론하는 것이었다. 그런 야망에는 아무런 한계가 없었다. 필자는 1747년 리처드 잭(Richad Jack)이 출판한 '기하학적으로 증명된 신의 존재'라는 책 제목을 기억한다.

오늘날 수학에 대한 일반인들의 상(image)은 이러한 오랜 유산의 영향을 여전히 받고 있는 것이 분명하다. 오랫동안 그 사실성에 대한 아무런 실질적인 의심이 없었음에도 불구하고, 불과 수년 전 널리 대중적으로 주목받던 페르마(Fermat)의 정리에 대한 증명이 발표되었던 것을 기억하라. 사이먼 싱(Simon Singh)의 책은 여전히 널리 팔리고 있다. 타원 방정식(elliptic equation)과 원주 형상(modular form)간의 부합성에 관한 유명한 타니야마-쉬무라(Taniyama-Shimura) 추측의 주창자들 가운데 생존하는 쉬무라 고로(Shimura Goro)에게 연민을 느끼는 사람이 있을 것이다. 이 추측은 앤드류 윌스(Andrew Wiles)가 형성한 페르마 증명에서 중요한 역할을 했으며, 그것이 위대한 업적이라는 것은 의심할 바 없다. 그러나 쉬무라에게 타니야마-쉬무라 추측이 보편적으로 옳다는 것이 증명되었다고 알리고 그의 반응을 요청했을 때, 쉬무라는 단지 "내가 그렇다고 당신에게 말했었잖아요"라고 아주 정중하게 말했을 뿐이다.

증명이 수학에서 가장 중요하다는 관념은 현대인의 정신 속 깊숙이 작용하고 있다. 그러나 고대 중국의 수학적 전통을 살펴볼 때, 우리는 그것의 방대한 내용과 많은 인상적인 업적들을 발견하게 된다. 하지만 그것은 고대 서양의 수학자들을 당황케 할 만큼 다른 형태를 갖는다. 비록 중국 수학자들이 때로는 독자들에게 자신들의 방법들이 어떻게 작용하는가를 설명했었고, 따라서 그것들을 그만큼은 정당화했지만, 그들은 유클리드가 했던 공리연역적(axiomatic-deductive) 증명과 유사한 어떤 것에도 관심이 없었다는 것이 분명하다. 그렇다면 그들이 하고자 했던 것은 무엇인가?

고대 작품인『구장산술九章算術(*Nine chapters on the Mathematical Art*)』에 대한 훌륭한 주석서를 집필했던 3세기 후반의 유휘劉徽(Liu Hui)는 그 주석서 서문에서 하나의 해결책을 제시하고 있다.

나는 어렸을 때 그 책을 읽었고, 성장한 뒤에 다시 한 번 주의 깊게 읽었다. 나는 음양陰陽의 분리에 대해 깊이 숙고했고, 수학적 방법들의 토대와 알려지지 않은 것(the unknown)을 탐구하는 데 필요한 가정들에 관하여 포괄적인 견해를 갖게 되었으며, 이렇게 해서 (그 책의) 의미를 깨달을 수 있었다. 따라서 나는 주석서를 쓰기 위해서 나의 미약한 능력들을 최상으로 발휘하고자 했고, (다른 책에서) 본 것을 발췌하고자 노력했다. (여기에서 다루어지는) 문제들이 속하는 범주들은 (비교될 때) 서로에게까지 연장된다. 따라서 그것들 각자는 (그러한 비교로부터) 이익을 얻는다. 따라서 비록 그 가지들은 분리되어 있지만, 그것들은 같은 뿌리에서 나온다. 그리고 어떤 이는 그것들 각자가 (같은 나무의) 분리된 정점들을 보이고 있다는 것을 알 것이다. 더구나 기본 원리들을 언어적으로 분석하고 도식들을 이용하여 그 형태들을 해부하는 이유는 독자들이 혼돈 없이 이해할 수 있도록 하기 위해서이다. 그 결과 내가 쓴 것을 대충 훑어보는 것만으로도 독자들의 사고는 반 이상은 더 (그들의 목표에) 다가가게 된다.(『구장산술』, 序言, 郭書春 譯註, p.177, 瀋陽, 1990)

이것을 『구장산술』의 실제 내용과 내가 다른 곳에서 논의한 바 있는 초기 중국 수학에 관한 글들과 관련시켜 읽는다면, 그 의미는 분명해진다. 유휘에게 있어서 수학이란 분명히 무한하게 다양한 문제 상황들에 직면하는 것이었고, 또한 그것들 모두가 몇 가지의 방법들을 통해 해결될 수 있다는 것을 보이기 위해 그 문제들을 분류하고 통합할 수 있는 방법들을 찾는 것이었다―이 경우 그것은 아홉 개였고, 그것들은 어떤 의미에서는 '모두 같은 뿌리로부터' 나온 것이었다. 유클리드는 약간의 공리들로부터 많은 정리들로 나아가고자 했던 반면에, 유휘는 많은 문제들로부터 몇 개의 방법들로 나아가는 것이 『구장산술』의 목표라고 말하고 있다. 필자가 보기에는 고대 중국과 고대 그리스의 이러한 수학의 두 가지 접근방식들은 아주 다르고, 동시에 그것들은 하나가 옳고 다른 하나는 그릇된 것이 아니라 서로 상보적인 것으로 보인다. 우리가 동양과 서양을 동등하게 포함하는 수학사를 기술할 때에만, 우리는 전체적인 그림을 볼 수 있을 것이다.

그러나 왜 2000년 전에 그렇게 서로 다른 두 가지 수학적 형태들이 유라시아의 양쪽 끝에서 발전했을까? 필자는 그런 문제들에 관심을 가졌던 학자들의 집단에서 일반적으로 통용되던 사회관습을 통해 설명해보고자 한다. 그것은 로이드(Geoffrey Lloyd)와 시빈(Nathan Sivin)간에 있었던 최근의 논의들과 관련이 있다.

고대 그리스에서의 대부분의 수학적 글들은 동등한 위치에 있는 사람들간에 공개적으로 토론하던 습관에서 발생했다. 고대 아테네의 법정과 정치모임에서 모든 화자話者들은 자신의 주장을 증명하도록 요구되었고, 그와 마찬가지로 말할 권리가 있다고 주장하는 사람은 누구나 자신이 말한 모든 것을 정당화하도록 요구되었다. 이러한 기초적 민주주의 분위기에서, 참가한 모든 사람들에게 자신의 주장을 증명하지 않고는 어떤 사람이나 집단도 법을 제정할 권위를 주장할 수 없었다. 심지어 자신이 살던 도시의 고대 종교적 관념을 위해했다는 이유로 소크라테스가 자신의 목숨이 걸린 재판을 받을 때에도, 그 재판은 시민들 가운데서 무작위로 선출된 배심원들 앞에서 공개적인 토론을 벌이는 형태였으며, 그 배심원들 가운데 누구도 국가의 관리가 아니었다. 시민만이 그와 동등한 사람들과 대응할 수 있었다. 더구나, 로이드가 지적했듯이, 만약에 고대 그리스 사회에서 우리가 지성인으로서의 삶을 영위하고자 한다면, 우리는 중국에서 그랬던 것같이 정부의 관리직을 얻기를 기대할 수는 없다. 수업료를 지불하는 학생들의 인기를 끄는 스승으로서의 명성을 얻어야만 했다. 학생들에게서 인기를 얻고, 그들을 유지하는 것은 경쟁자들과의 공개 경쟁에서 해야 하는 어떤 것이었다. 그러한 경쟁에서 이긴다는 것은 독창성을 고양하는 것이었고, 또한 경쟁자들이 혼돈되고 오류가 있는 반면에, 자신의 견해는 절대적으로 명확하고 논쟁의 여지가 없다는 것을 증명하는 것이었다. 유클리드는 이러한 논의 형태의 맥락 속에서 글을 썼고, 따라서 그가 왜 자신이 말한 것을 정당화하는 일을 가장 중요하게 생각했었는가를 이해할 수 있다.

그러나 고대 중국의 사회정치적 배경은 완전히 달랐다. 심지어 묵가墨家(Mohists)의 사고에서도 아테네적인 급진적 민주주의의 관념은 전혀 발견할 수 없다. 기원전 320년경에 맹자(Mencius, Meng Zi)에 의해 비난받았던 농가農家(peasant Leveller)들 역시 왕王이 그들과 더불어 쟁기질을 하게 될지라도 반드시 있어야만 한다고 생각했다. 정치적 설득은 정권을 잡은 사람들이 조언을 받아들이도록 설득하는 것이었다. 지식으로 여겨지는 것은 시장에서 공공연하게 논증되는 것이 아니라 스승이 학생에게 드러내 주는 것이었다. 고대 중국에서 형성되어 전해진 수학적 지식에도 마찬가지의 방식이 적용되는 것으로 보인다. 만약 시간만 허용된다면 필자는 이 점을 예증할 수 있지만, 지금 그런 시도를 하지는 않을 것이다. 중국의 상황에서 학생이 스승과 대립하여, 스승의 말이 옳다는 것을 증명할 것을 스승에게 요구하는 것은 있을 수 없는 일이었다는 것이 분명하다. 그러나 그것은 유휘劉徽와 같은 사람이 자신의 수학적 방법들이 어떻게 작용하는가를 보이는데 관심이 없었다는 것을 의미하는 것은 아니다. 그것을 보임에 있어서, 그는 그리스인이 '증명(demonstration)' 또는 '입증(proof)'이라고 부르는 것과 유사한 어떤 것을 했을 수도 있다. 수학의 양식은 물론 수학의 실질적인 내용도 사회적 환경의 차이와 밀접한 관련이 있는 것으로 보인다.

그러나 필자는 역사가 과거와 관련이 있는 것과 마찬가지로 미래와도 관련이 있다는 것을 말한 바 있다. 이것이 오늘날의 수학의 미래와 무슨 관련이 있는가? 필자는 그것들간에 최소한 어떤 관련이 있기를 희망한다. 필자는 전문 수학자들에게 그들이 어떻게 연구해야 한다고 말하는 것은 꿈도 꾸지 않는다. 그러나 필자에게는 필자의 견해가 수학 교육에도 적용될 수 있는 방법들에 대해 사색해본 교육자로서의 경험이 있다. 필자는 서양에서 오랫동안 최상의 수학 양식으로 생각되어온 증명 중심적인 수학 형태의 기원이 아주 특별한 역사적 환경에 의존한다는 것을 주장해왔다. 고대 중국을 닮지 않았듯이 고대 아테네도 닮지 않은 오늘날 우리가 살아가는 다양한 세계에서(이러한 사실들에 감사한다), 우리는 역사를 조명 삼아 우리들에게 또한 우리 학생들에게 적절한 수학 형태를 선택할 수 있는 훌륭한 특권을 가지고 있다. 따라서 우리 학생들이 증명과 추론(corollary)들을 바탕으로 번영할 수 있다면 그들은 그것들을 취할 수 있고 기쁘게 받아들여야 한다. 그러나 다른 것이 더 편리하다는 것을 발견하게 된다면, 우리는 우리 학생들에게 플라톤이 결코 승인하지 않을 방식, 즉 정리들의 상호관계에 관한 것이라기보다 문제를 해결하는 데 효과적이고 믿을 만한 기술을 발전시키는 데 강조점을 두면서 수학을 가르칠 수도 있을 것이다. 많은 학생들은 그것이 더욱 유용하고 더욱 매력적이라고 생각할 것이다. 그것이 어떤 방법이든, 역사는 우리로 하여금 자유롭게 선택할 권한을 준다. 그러나 그것은 우리가 마음을 열고 받아들일 때, 그리고 우리의 시야를 가리고 세계의 한 부분만을 바라보지 않을 때에만 가능한 것이다.

제도적 과학과 과학적 논쟁

필자는 고대 동양과 서양으로부터 얻어지는 수학적 증거들 사이에서 더 바람직한 상보성을 발견할 수 있으며, 이러한 상보성은 수학적 지식을 전달하고 타당하게 만드는 다양한 양식들과 관련이 있다는 것을 제시하였다. 이제 남은 지면에서 필자는 서양에서 얻어지는 증거만을 이용하는 과학사가 빈약하고 편향될 뿐만 아니라 한쪽에 치우칠 수밖에 없다는 것을 보여줄 다른 예를 들어보고자 한다. 이것은 근본적으로 규범적인 제도적 체제 내에서 과학이 어떻게 기능하는가와 관련 있다. 수학적 천문학사에서 좋은 예를 택할 수 있다. 우리는 초신성超新星들(supernovae)과 태양의 흑점들(sunspots)과 같은 일시적인 천문학적 현상들에 관한 동아시아의 기록의 중요성을 물론 아주 잘 알고 있다. 수세대 동안의 천문 관료들이 기록을 잘 보존하지 않았다면, 현대 천체물리학은 최신 이론들을 위한 시험 결과들을 얻기 위해 몇 세기를 기다려야 할 것이다. 그러나 오늘 필자가 동아시아 천문학에 관해 말하고자 하는 것은 그런 측면이 아니다.

현대의 세계주의적 문화의 일부분을 형성하는 과학 혁신에서의 대중적인 상(image)은 여전히 본질적으로는 외로운 발견자의 상이다. 과학을 '천재들'이라고 불리는 이상한 사람들의 창조물로 생각하는 것이 일반적이다. 탈레스, 피타고라스, 데모크리토스, 아리스토텔레스, 프톨레미와 다른 고대인들, 그리고 갈릴레오, 뉴튼, 아인슈타인 …… 비록 어떤 문화 안에서 이러한 '위대한 과학자들'의 목록이 만들어졌는지는 아주 명백하지만, 이 이름들의 목록이 중요한 것은 아니다. 'genius'라는 개념이 자연적인 것이 아니라는 사실은 그것의 이름만 보아도 알 수 있다. 그 단어 본래의 라틴어적 의미는 어떤 특정한 장소에 있는 수호신이었다.

그렇다면 그 사람들이 신들이었는가? 최소한 역사적 기능에 있어 그들은 그렇다. 어떤 사람들의 신화에서 '오래 전에 신적인 조상들에 의해 한때 한 조각씩 만들어졌다'고 말함으로써 인류문화의 기원에 관한 문제를 해결하려 했던 것과 마찬가지로, 일반 과학사에서도 여전히 '비범한 개인들의 작업의 결과에 책임을 미룸으로써' 과학 혁신에 관한 문제를 해결하고자 한다. 개인을 넘어 어떤 차원에서 과학과 기술의 진보의 담당자로 인정받을 수 있는 것은 오직 세대를 이어온 위대한 지성들이 '서로의 어깨에 의지한다는' 관념뿐이다. 이것은 사다리를 갖지 않은 작달만한 우리들에게 아무런 힘이 되지 않는 비유이다. 그렇게 과학사를 통속화하는 것은 미래가 우리에게 가져올지도 모르는 무엇에 대해 성찰하는 토대로서의 신화 이상 그 어떤 것도 남겨주지 않는다. 단지 우리가

할 수 있는 일이라고는 다음 천재를 기다리는 일밖에 없다. 그러나 물론 과학이 실제로 그렇게 작용하는 것은 아니며, 현대 과학사가들이 그런 방식으로 생각하는 것도 아니다. 과학은 항상 사회적 모태 안에서 존재하던 활동이었다. 그리고 오늘날 그것은 (보이든 보이지 않든) 공식적으로 구조화된 거대한 제도 안에 자리잡고 있고, 많은 경우에 있어서 정부의 자금을 지원받고 있다.

그러나 문제는 대체로 우리에게 서양과학 전통의 창시자들로 알려져 있는 그러한 고대 (대체적으로 그리스) 사상가들의 활동을 포괄적인 제도적 틀 안에 규정할 수 없다는 것이다. 고대 서양의 지성적인 삶의 개별적이고 경쟁적인 전형(paradigm)에 따라, 그들은 개인들로 나타난다. 그들은 공식적인 제도적 모체가 결여되어 있었거나, 또는 우리가 이름 이상 그 어떤 것도 알지 못하는 제도적 모체에서 탄생한 사람들이다. 예를 들어 어떤 한 개인이 헬레니즘적인 이집트의 프톨레미 왕조의 후원을 받았다는 것을 알 수도 있다. 그러나 우리는 그런 후원이 그의 삶에 어떤 기여를 했는지 또는 그런 후원이 그에게 어떤 보상을 요구했는지에 대해 전혀 알지 못한다. 알렉산드리아의 박물관 또는 도서관에 초빙된 사람들의 의무와 특권들은 무엇이었는가? 우리가 아는 것은 거의 없다. 비록 현대과학이 따르는 그 어떤 전형적인 양상이 대단히 중요함에도 불구하고, 서양과학이 보다 뚜렷하게 구축된 제도 안에서 기능한 것은 그 후 오랜 세기 뒤의 일이었다.

고대 서양과학이 일반적으로 제도화되고 국가가 지원하는 일이 아니었던 반면에, 고대 중국에 있어서의 과학적 측면들은 본질적으로 정부의 관심사로 여겨졌다. 이런 과학의 영역은 수학천문학—역법曆法—을 포함했다. 잘 알려져 있듯이, 중국황실은 그것을 가장 중요한 것으로 여겼고, 따라서 황제는 단순한 양·음력보다 훨씬 더 많은 것을 담고 있으며, 또한 눈에 보이는 행성들의 운동과 일(월)식의 예상 날짜에 관한 자료를 포함하는 연감(annual almanac)을 발행함으로써 조화로운 질서를 산출하는 데 성공했다는 것을 보여야만 했다. 이러한 예측적인 노력이 적절하게 작용하도록 하기 위해서 많은 수의 관찰자들과 계산가들이 필요했으며, 그들은 종종 대부분의 고대 서양 천문가들이 몹시도 부러워했을 정도로 정교하고도 값비싼 도구들을 갖추고 있었다. 비록 (다양한 장소에 위치했고 다양한 명칭을 가졌던) 천문국天文局에서 일하는 것이 고위 관리가 되는 길은 아니었지만, 그 활동들은 정치적으로 아주 중요했다. 황제가 승인한 천문 체계에 관해 옳고 그름을 따지는 것은 그의 통치의 적법성에 관한 전반적이고 근본적인 의심을 제기하는 것과 마찬가지였고, 천문학 제도 자체 이외의 고위 관리들의 간섭을 불러들일 가능성이 있었다. 결과적으로 우리는 서양의 고대 기록으로부터 결코 찾아볼 수 없는 많은 예를 권위 있는 왕조사로부터 찾을 수 있다. 그것은 바로 역사상 가장 위대하고 정교하게 조직된 전근대 국가 중 하나(중국)의 공식적인 권력 하에서 행해진 과학적인 문제들에 대한 솔직하고 개방적인 논의들이었다. 따라서 우리는 공식적이고 제도화된 과학의 역사를 되돌아 볼 수 있는 것이다.

필자가 의미하는 것을 보여줄 간단한 예를 들어보자. 천문체계의 복합 주기를 계산하는 기준이 되는 해(年)에 관한 논란이 175년에 있었다. 85년에 공식적으로 제정되었던 체계는 60년 주기에 숫자 57번째 해였으나, 풍광馮光과 진황陳晃은 51번째 해(甲寅年)를 '기원체계(曆元)'로 사용할 것을 제안했다. 이러한 선택이 얼마나 중요한가를 지금 다룰 필요는 없다. 그러나 그것은 관찰된 천문학적 현상들에 대한 예측의 정확성과 우주론의 근본적인 질문들에 많은 영향을 주었다. 천문학자들의 기술적 관심 외에 그 논의가 중요한 이유는 풍광과 진황이 "익주益州에서 흉악한 민중들의 반란과 도둑질, 그리고 강도들과 산적들이 일으키는 끊임없이 문제"를 부정확한 '기원체계'의 탓으로 돌리고 있다는 데 있다.

중국적 맥락 하에서 모든 중요한 논의는 어떻게 반대파들이 상위 권위에 어긋나지 않게 자신들의 입장을 설명할 수 있는가 하는 문제라고 생각했던 이들에게 이 문제 해결 방식은 아주 놀라운 것이었다. 사실상 이 사건의 공식적인 기록은 고대 아테네의 법정과 전혀 맞지 않다고 할 수 없는 판에 박힌 토론의 일종이 (중국에도) 존재했다는 것을 암시한다.

우선 이러한 혁신가들과 그 반대파들의 대립은 청원서를 황실로 보내 결정을 기다릴 만큼 단순한 문제가 아니었다. 공식 체계를 변호할 책임을 진 사람은 위대한 학자인 동시에 정치가였던 채옹蔡邕이었으며, 그는 의랑議郞의 직위를 가진 사람이었다. 그는 한 저술에서 관리들의 모임이 "세 번째 달 아홉 번째 날(壬申)"에 개최되어, 대신들이 궁전의 대실에서 원형으로 직위 순으로 정렬하였다고 말하고 있다. 그때 황제는 참석하지 않았다. 그 회합의 중앙에 위치한 관리가 그 논의를 허가하는 황제의 위임장과 그 논의에 대한 공식적인 청원서(公議)를 읽었고, 그리고 "채옹은 풍광과 진황 사이에 논의됐던 문제의 옳고 그름을 판가름하는 자리에 참여했다(相難問是非焉)." 어떤 결과가 나올지에 대해 사람들은 상당히 긴장하고 있었을 것이다. 사실상 그 모임에 참여했던 최고 관리는 채옹의 반대파들의 주장과 상반된 결정을 내렸고, 그들에게는 변방에서의 강제노동형이 선고될 가능성이 있는 대역죄(lèse- majesté)의 기소결정이 내려졌다. 그러나 재미있는 것은 황제가 칙령을 통해 그 기소를 중지할 것을 명했다는 것이다. 그 주석가는 이것이 "자신들의 마음속에 있는 것을 자유롭게 말할 것을 제자들에게 장려했던 공자의 교육"을 적용한 훌륭한 예였다고 말하고 있다(조서물치 역심「합각」지고, 詔書勿治 亦深「盍各」之敎).

그 논의의 자세한 내용은 다른 기회에 분석해보고자 한다. 채옹蔡邕은 반대파들의 논의를 반박하기 위해서 가능한 모든 논리를 동원했는데, 그들의 계산이 그릇됨을 자세히 파헤쳤을 뿐만 아니라 그들이 자신들의 이론을 증명하는 유일한 방법은 새로운 천문학적 도구를 만들어서 관찰하는 것이라는 주장까지 했다. 자신의 요구가 실현 불가능한 것을 잘 알고 있었음에도 말이다.

그 논의의 세부적인 내용은 매력적이지만, 지금 당장 가장 중요한 점은 그런 논의가 그곳에 있었다는 것이며, 또한 그것은 고대 서양의 기록에는 나타나지 않는 초기 제도적 과학사의 초기 역사의 한 단면을 보여준다는 것이다. 사실상 그것은 대부분의 서양인들이 고대 동아시아 통치자로부터 듣길 기대하는 이야기는 아니다.

과학사에 있어서 동아시아의 필요성

이 글에서 필자는 전근대적 서양의 문화에 주목하는 것만큼 동아시아 문화의 과학과 기술적 유산이 왜 연구될 필요가 있는가에 대해 몇 가지 이유를 설명했다. 우리 조상들의 업적들이 위대할지는 모르지만 필자가 제시한 이유들은 그것들 자체를 찬양하는 것과는 아무런 관계가 없다. 주로 과거에 대한 존경을 목표로 하는 역사는 종종 진정한 역사가 아니다.

내가 그 대안으로 제시하고자 했던 것은, 만약 우리가 정확하고 구체적인 과학사를 기술하고자 한다면 동아시아의 풍부한 과학적 유산으로부터 제공되는 증거가 필요하다는 것이다. 동아시아의 증거를 연구하지 못하게 될 때, 세계의 사상사에는 재앙이 있게 될 것이고, 그것은 새로운 도전들에 적응하는 생명체계의 능력을 포함하는 모든 세계의 발생적 다양성에 커다란 손실을 허용하는 것이 된다. 왜냐하면 우리의 분리된 과거들 안에서 전혀 기대하지 않았던 놀라운 차이점들과 유사성들을 인지하는 역사만이 점차 복잡해지고 공유되는 미래에 우리가 직면할지도 모를 모든 선택을 숙고할 수 있게 하는 것이다.

이 책이 나오기까지

동아시아학술원 개원 기념 국제학술회의 개요

● 성균관대학교 동아시아학술원 개원 기념 국제학술회의는 『동아시아학의 모색摸索과 지향指向―
그 사상적 기저基底』라는 주제로 2000년 11월 23·24 양일간 성균관대학교 600주년기념관에
서 열렸다. 이 책자의 바탕이 된 학술회의 개황을 간략히 밝혀 둔다.

1. 취지·동아시아학술원 개원 보고

― 우리 대학은 2년 전에 건학 600주년을 맞이하였습니다. 조선왕조
건국초기, 1398년에 중세의 국립대학인 성균관이 바로 이 자리에 캠퍼스
를 열었던 것입니다. 우리 대학은 600주년을 기념하여 여러 가지 사업을
해왔습니다. 그 가운데 하나로서 동아시아학술원을 준비하여 금년 3월에
그 개원을 보게 되었습니다.

오늘 이 「동아시아학 국제학술회의」는 본교가 지금까지 5년마다 한
번씩 다섯 차례 개최해왔던 「동양학 국제학술회의」를 계승하여 그 이름과
취지를 바꾼 것입니다. 과거의 동양학 국제학술회의도 대개 동아시아 유교
문화권을 다루어왔습니다. 그러나 이번의 학술회의는 이를 계승하되 새로
운 문제의식을 가지고자 합니다. "한국의 동아시아학, 그 정체성을 어떻게
모색하고 지향할 것인가"라는 문제의식을 가지고, 우선 그 사상적 기반을
재점검하는 자리를 마련하게 되었습니다. '한국의 동아시아학'을 모색하기
위하여 세계 각지의 동아시아 연구의 현황을 검토하고 문제점과 전망을
서로 비추어 보고자 합니다. 동아시아학의 새로운 시각과 방법을 지향하고

자 각자의 연구를 기초로 토론의 자리를 마련한 것입니다.

이 학술회의의 성과가 동아시아의 협력과 공동의 번영을 열어가고 나아가 세계의 발전과 창조에 기여하는 학술적 초석이 되기를 바랍니다.

〈심윤종沈允宗(성균관대 총장) 동아시아학술원 원장의 '개회사'에서〉

— 동아시아학술원은 기존의 대동문화연구원과 신설한 유교문화연구소, 준비 중인 동아시아 지역연구소를 연구기관으로 하고, 문헌·자료 정보실인 존경각을 두고 있습니다. 동아시아 대학원을 설치하여 연구와 교육을 함께하는 새로운 학술기관으로 나아갈 것입니다.

〈동아시아학술원의 목표와 방향〉

① 한국학·아시아학 분야의 집중 연구 및 이론의 개발
　　— 일국적 범위와 시각에서 벗어나 동아시아의 역사 문화에 대한 전체적인 파악
　　— 근대 학문의 분류체계를 지양, 인문·사회과학을 포괄하는 종합적 성격의 학문 수립
　　— 현실적용의 방향을 적극 추구함

② 21세기의 새로운 시대에 대응하는 방향 수립
　　— 세계화 시대에 대응하여 특색을 갖춘 동아시아 문화의 재건
　　— 새로운 문명적 전환에 대비하는 사상적 기초의 창출

③ 학문연구와 교육의 유기적 결합
　　— 동아시아학의 전문 연구인력을 국내외에 걸쳐 양성함

④ 동아시아학의 국제적 교류
　　— 연구 성과의 국제적 공유를 위한 학술지 발간
　　— 국제적 학술 토론 및 학자 교류의 활성화

〈김시업金時鄴 대동문화연구원장의 '동아시아학술원 개원보고'에서〉

2. 기조강연·발표와 토론

■ 기조강연

— 동아시아와 한국韓國: 이우성李佑成(성균관대학교 명예교수)

— 동아시아 연구의 시좌視座에 관한 모색—중국연구를 예로: 미조구치 유조(溝口雄三, 日本 東京大學 명예교수)

— 21세기와 동방東方: 팡푸(龐樸, 中國社會科學院 硏究員)

— 지역적 지식知識의 세계적 중요성—유교적 인문주의人文主義에 관한 새로운 전망: 두웨이밍(杜維明, 美國 Harvard대학 Yenching연구소장)

— 동아시아와 유교문화의 의미—동아시아학의 주체적 수립을 위한 모색: 임형택林熒澤(성균관대학교 BK21 유교문화권교육연구단장)

■ 동아시아 연구의 현황現況과 방향方向

— 일본 쇼와(昭和)시기 '동아東亞'의 이념理念 : 고야스 노부쿠니(子安宣邦, 日本 大阪大學 명예교수)

— 세기말世紀末(90년대) 중국의 유학儒學 인식認識—유형과 패러다임 및 그 방법: 왕중장(王中江, 중국사회과학원 연구원)

— 1990년대의 전근대前近代 중국법제사中國法制史 연구: Brian E. Mcknight(美國, Arizona 대학)

— 한국 동아시아 담론談論의 지식사회학적知識社會學的 이해: 박명규朴明圭(서울대학교)

■ 동아시아적 시각視覺의 모색摸索

〈제1분과: 철학哲學〉

— 다산茶山 인성물성론人性物性論의 사상사적 위상—호락논쟁湖洛

論爭의 인물성 동이론과 관련하여: 최영진崔英辰(성균관대학교)
— 예교禮敎 연구의 현대적의의: 고지마 쓰요시(小島毅, 日本 東京大學)
— 주자朱子 이기론理氣論의 형이상학적 함의含意와 그 전개 양상:
이동희李東熙(계명대학교)
— 주희朱熹와 왕부지王夫之의 심성재능론心性才能論의 비교: 궈치
용(郭齊勇, 中國 武漢大學)

〈제2분과: 역사歷史·문화文化〉
— 다산茶山 실학實學에서의 현실과 이념理念: 김태영金泰永(경희대학교)
— 중국 유학儒學의 미래발전에 대한 몇 가지 사고思考: 쉬캉성(許抗
生, 中國 北京大學, 동아시아학술원 초빙교수)
— 생활유학生活儒學의 재건再建―동아시아 유학 발전의 새로운 길:
쿵펑청(龔鵬程, 臺灣 佛光大學)
— 일본사상(특히 儒敎)의 기저基底가 되는 것은 무엇인가?: 최재목
崔在穆(영남대학)
— 福澤諭吉의 탈아론脫亞論의 언설구조言說構造: 고모리 요이치(小
森陽一, 日本 東京大學)

〈제3분과: 법제法制·과학科學〉
— 동아시아법法 전통傳統과 사상思想: 최종고崔鍾庫(서울대학교)
— 현대 일본 사법개혁司法改革과 전통적 법문화法文化: 다나카 시게
야키(田中成明, 日本 京都大學)
—『구장산술九章算術』의 사상적 배경과 남병길南秉吉의『구장술해
九章術解』: 차종천車鍾千(성균관대학교)
— 과거過去의 재구성再構成, 미래未來에 대한 모색―현대과학의 기원起
源과 가능성을 이해함에 있어서 동아시아의 주요역할: Christopher
Cullen(英國 London대학 SOAS, Cambridge대학 Needham연구소)
— 한국의 사상과학四象科學: 가와하라 히데키(川原秀城, 日本 東京大學):

3. 종합토론

종합토론은 제1부에서 이틀간 진행된 분과별 발표·토론을 요약 보고하고, '동東아시아학學'의 범주와 방법, 국제간 교류 활성화를 위한 제안, 그리고 동아시아학술원의 국제학술지 발간 계획에 대한 국내외 참가학자들의 토론이 있었다.

■ 제1부, 분과별 종합보고

이틀간 진행된 분과별 발표·토론 내용을 각 분과 토론의 좌장座長이 간명簡明하게 요약 보고하였다. 그 내용은 생략하고 분과별 좌장과 지정 토론자만 밝혀 둔다.

〈동아시아 연구의 현황現況과 방향方向〉

座長: 서중석(성균관대)

論評: 함동주(이화여대), 이승환(고려대), 심희기(동국대),
　　　　백영서(연세대)

〈철학哲學분과〉

座長: 송하경(성균관대)

討論: 정일균(한국정신문화연구원), 유권종(중앙대), 정상봉(건국대),
　　　　박양자(강릉대)

〈역사歷史·문화文化분과〉

座長: 안병직(서울대)

討論: 이영훈(성균관대), 이동준(성균관대), 유초하(강릉대),
　　　　이기동(성균관대), 최원식(인하대)

〈법제法制분과〉

　座長: 양건(한양대)

　討論: 서원우(일본 北九州大學), 고상룡(성균관대)

〈과학科學분과〉

　座長: 김영식(서울대)

　討論: 김기협(한국과학사학회), 나일성(연세대), 송병일(경희대)

■ 제2부

　'동아시아학'의 범주와 방향, 국제간의 교류 활성화, 동아시아학술원의 국제 학술지 등에 대해 다양한 의견이 제출되었으나 여기에서는 특히 외국 학자들의 의견 몇 가지를 요약 메모해 둔다.

　미조구치 유조(溝口雄三): 양지良知와 양심良心이 중요하다. '동아시아학'을 위해서는 그 명칭과 개념에 대한 역사적 구체적 이해의 합의와 공유가 필요하다. 유교를 중심으로 생각할 때 동아시아 지역은 한국·중국·일본·베트남 밖에 다른 곳은 없다. 동아시아 외부의 타자他者, 그리고 내부의 타자他者를 의식하는 자기自己 객관화客觀化가 요구된다. 동아시아학은 실제적이기보다 창조적 사고이다.

　팡푸(龐樸): 중국의 경우 '동아시아·동아시아학' 개념은 있지 않다. 한국학·일본학은 있으나 동아시아·동아시아학은 지리적 지역개념이기보다는 한문·유학을 함께한 문화권 개념이라고 본다. 대중화 의식, 대중주의적 사유 때문에 대개 한국·일본에 대한 이질성에 더 큰 관심을 가진다. 이 회의를 통해 우리의 부족한 점을 더욱 자각하고 채워나가는 계기가 되어야겠다. 이번 학술대회는 동아시아학 연구와 그 진작에 좋은 바탕이 될 것이다. 자칫하면 21세기가 미국의 일국 시대가 될 지 모른다. 동아시아는 이에 대응하여 적극 교류 협력해야 한다.

두웨이밍(杜維明): 광의의 동아시아학, 수준 높은 방법론이 필요하다. 동아시아 지식인은 너무 서양 지식에 편중되어 있다. 동아시아 국가간의 내부 의사소통이 활발해야 발전할 수 있다. 글로벌시대 21세기는 미국만이 아닌 다른 세계 문명들이 중심에 설 것이다. 문화의다원화, 대화의 확산이 긴요한 추세이다. 미국도 이 점을 인정해야 한다. 21세기는 유럽, 동아시아, 미국 뿐이 아니라 인도, 라틴아메리카, 이슬람의 도전이 상승할 것이다. 문화 다원주의 속에 동아시아학의 내부적 이해와 가능성이 지속적으로 추구되야 한다. 그것은 내부의 가치와 힘을 발견해 나가는 일과 다른 세계와의 교류를 통해 이루어져야 할 것이다.

미조구치 유조(溝口雄三): '동東아시아학學'의 국제간 교류를 생각할 때, 무엇보다 먼저 동아시아학은 한국이 그 중심에 서야 한다고 본다. 한국의 근대 역사가 동아시아 문제의 한 가운데서 고난과 기복을 극심하게 겪어 왔기 때문이다.

고야스 노부쿠니(子安宣邦): 동아시아 내부에서도 동아시아 인식은 냉혹한 차이가 있다. 유학儒學에 대한 평가도 각기 상당히 다르다. 따라서 사상과 입장의 차이와 다양함은 인정되고 강조되야 한다. 이러한 실상 위에서 교류 실천이 계속 추구되어야 한다. 동아시아학은 새 정보의 기지와 모체로서 개방적 자세가 필요하다. 앞으로 전 지구적 인류의 당면 문제 예컨대, 자연, 생명, 과학기술 등을 토론할 국제학술회의의 개최를 제의하고 싶다. 이 회의가 공동의 이론을 모색하고자 각별히 노력하는 점에 대해 경의를 표한다.

왕중쟝(王中江): 다음 몇 가지를 제의한다. ①성균관대 동아시아학술원을 중심으로 세계 학자들과의 접촉 교섭을 활발히 해 나가도록 하자. ②나아가 동아시아학술원의 중심이 되어 '국제동아시아연구회(가칭)'같은 네트워크를 만들자. ③큰 과제, 또는 작은 주제로 2년 마다 한 번씩 동아시아 각국 순회 교류회의를 희망한다. ④가능하면 「국제 동아시아 통신」 같은 잡지를 발행하자. ⑤이러한 활동은 연구의 개방적 태도와 동아시아의 동질성 추구를 바탕으로 진전시켜야 할 것이다.

이상과 같은 의견 개진이 있은 이후 동아시아학술원이 계획하는 국제학술지(『SungKyun Journal of East Asian Studies』)의 발간과 관련하여 회의에 참석한 외국 학자들은 동아시아학술원의 제의—국제적인 자문위원 구성, 국제적인 편집위원 구성, 국제적인 논문심사위원 위촉에 협조·참여하기로 하였다. 그리고 2001년에 발간할 창간호에는 이번 학술회의 발표 논문도 심사를 거쳐 게재할 수 있도록 동의하였다.

■ 맺음 — '동아시아학'의 추구

'동아시아학술원 개원보고'에서도 언급했듯이 동아시아학술원은 한국을 중심으로 한 '동아시아학'이라는 새로운 학문 정립을 목적으로 하고 있다. 이는 모색의 과제이다. 동아시아연구(지역학의 한 영역)가 아닌 동아시아학은, 동아시아연구를 비판하고 동아시아를 내재적으로 연구함으로서 서구 중심적인 근대·근대주의를 극복하고자 함이다.

동아시아는 우리의 현실인 동시에 학문하는 방법이다. 일국사적 시각을 넘어서 동아시아를 하나의 전체로서 사고하고 고구考究해야 한다. 이럴진데 동아시아는 이데올로기가 아닌 방법이며 동아시아적 시각은 방법론이다. 나아가 우리의 사고는 동아시아 중심주의가 아니라 자기 성찰과 함께 인류 보편의 세계로 열려 있어야 한다. 그래야 동아시아적 시각이 세계적 지평을 획득하는 과정이 되는 것이다. 세계 각지의 동아시아 연구와 교류하면서 '나와 우리의 학' '동아시아의 동아시아학'을 모색하는 일이 동아시아의 평화적 공동체를 지향하는 길이기도 하다.

찾아보기

[ㅇ]

필자 약력

▌ 편자 김시업 金時鄴

성균관대학교 국어국문학과 교수이며 동아시아학술원 부원장을 역임하였다. 고전문학회회장을 역임하였으며, 현재 심산사상연구회장을 맡고 있다. 주요 논저로는 『정선의 아라리』(2003), 「근대 전환기 한문학의 세계인식과 '민족적 자아'」(2001), 「허생전에 나타난 18세기 서울의 형상」(1994), 「한문학에 있어서의 민족적 자아」(1995) 외 다수가 있다.

▌ 편자 마인섭 馬仁燮

성균관대학교 정치외교학과 교수로서 현재 동아시아학술원 부원장을 맡고 있다. 비교정치와 정치이론 등을 연구하고 있으며, 최근에는 동아시아 정치·사회에 대한 관심과 연구를 진행하고 있다. 주요 논저로는 「후발 산업화, 신생민주주의와 복지국가: 남미와 동아시아」(2004), 「노사갈등과 참여정부의 역할; 전략적 노사동맹과 번영」(2004) 등과 『사회합의주의와 참여민주주의』(2000), 『한국정당정치론』(1996) 등이 있다.

▌ 이우성 李佑成

성균관대학교 국문학과 교수 및 대동문화연구원장, 성균관대학교 대학원장, 연세대학교 석좌교수, 민족문화추진회장 등을 지냈고, 현재는 대한민국 학술원 회원, 퇴계학연구원장, 민족문화추진회 이사장 등으로 활동하고 있다. 주요 논문으로는 「이조 유교정치와 '산림'의 존재」 「고려토지·과역관계課役關係」 「판위·제제制에 끼친 당령唐令의 영향」 등이 있으며, 『한국의 역사상』 『한국중세사회연구』 『실시학사산고實是學舍散藁』 『신라사산비명교역新羅四山碑銘校譯』 『서벽외사 해외수일본총서栖碧外史海外蒐佚本叢書』 『한국고전의 발견』 『도산서원』 『퇴로리지』 등 다수의 저서와 편서가 있다.

█　팡푸(龐樸)

　　중국사회과학원 연구원. 유가와 도가에 대해서 연구를 진행하여 왔으며, 최근에는 곽점초간郭店楚簡을 통한 중국사상의 분석에 심혈을 기울이고 있다. 주요 논저로는「儒道周行」(1984),「初讀郭店楚簡」(1998),「思想與社會的互動」(2001) 등이 있으며, 이외에도 다수의 중국사상과 관련한 논저가 있다.

█　미조구치 유조(溝口雄三)

　　도쿄대학교 명예교수. 중국사상문화사(송宋～현대) 전공. 도쿄대학교 문학부 중국문학과를 졸업하고 나고야대학 대학원에서 중국문학과 중국사상사를 전공하였다. 도쿄대학교 문학부 교수, 동 대학원 명예교수로 재직 중이며 저서로는『중국 전근대 사상의 굴절과 전개』(1980),『주자, 왕양명』(1974, 공저),『이탁오』(1985),『방법으로서의 중국』(1989),『한자문화권의 역사와 미래』(1992),『중국의 공과 사』(1995) 외에도 다수가 있다.

█　두웨이밍(杜維明)

　　Harvard대학교, Yenching연구소장. 동아시아의 유교 전통을 긍정적으로 재해석해 이른바 '아시아적 가치'의 주창자들에게 이론적 기초를 제공하였다. 주요 저서로는 16세기 王陽明의 생애와 사상을 조명한『한 젊은 유학자의 초상』과 유학부흥이 어떻게 가능한지를 모색한『두웨이밍 유학강의』등이 있다.

█　임형택林熒澤

　　성균관대학교 한문교육과 교수로 대동문화연구원장을 맡고 있다. 한국한문학을 전공하면서 역사와 사상으로 관심의 폭을 넓히고 있으며, 한국한문학회 회장, 민족문학사연구소 공동대표를 역임. 저서로『한국문학사의 시각』(1984),『실사구시의 한국학』(2000), 편역서『이조시대 서사시』(1992), 공역서『역주 백호전집』(1997),『역주 매천야록』(2005) 등이 있다. 제9회 도남 국문학상(1985), 제15회 만해문학상(2000)을 수상했다.

▌ 박명규朴明圭

서울대학교 사회학과 교수. 육사 교수와 하버드 옌칭 객원연구원, 그리고 전북대학교 교수를 역임. 저서로『한국 근대국가 형성과 농민』(문학과지성사 1997)이 있으며, 계간『창작과비평』편집위원을 맡고 있다.

▌ 고야스 노부쿠니(子安宣邦)

오사카(大阪)대학교 명예교수. 일본사상사(에도사상사) 전공. 도쿄대학교 문학부를 졸업하고 동 대학원 박사과정 수료함(윤리학전공). 히로시마(横浜)국립대학교 교수, 쓰쿠바(筑波)여자대학교 교수를 역임하였다. 주요 저서로는『漢子論』『「아시아」는 어떻게 불리어 왔는가—근대 일본 오리엔탈리즘—』『江戶思想史講義』등이 있다.

▌ 고지마 쓰요시(小島毅)

도쿄대학대학원 인문사회계 연구과 교수. 중국철학(송대) 전공. 주요 저서로는『중국근세에서의 예의 언설』(1996),『송학의 형성과 전개』(1999) 등이 있으며, 송대의 사상, 문화, 예제와 관련한 상당수의 논문이 있다.

▌ 쉬캉성(許抗生)

북경대학교 철학과 교수. 주요 연구분야는 중국 철학사로서 현재 중국에서 노자 연구에 관한 한 권위를 인정받는 석학으로, 학술 논문 100여 편을 발표하였다. 또『위진현학사』를 주편하였으며,『중국불교사상자료선편』을 선집하는 등 여러 연구 작업에 참가하였다. 주요 저작으로는『백서노자주석과 연구』,『선진명가연구』,『중국의 법가』,『삼국양진의 현·불·도사상간론』,『위진남북조철학사상연구개론』등이 있다.

▌ 왕중쟝(王中江)

중국사회과학원 역사연구소 연구원 겸 하남대학교 겸직교수. 또한『中國哲學前沿叢書』와『新哲學』의 주편을 맡고 있다. 북경대학교 졸업(철학박사), 하남성 사회과학원 철학연구소장을 역임. 중국사상사를 전공하고 있다. 주요 저서로는『嚴復과 福澤諭吉 : 中日啓蒙思想比較』,『嚴復』,『道家形而上學』 등이 있다.

▌ 쿵펑청(龔鵬程)

불광佛光대학교 교장. 대만사범대학교에서 학위(문학박사)를 취득. 철학·종교, 문학 등의 방면에서 학술활동을 하고 있다. 특히 불광대학교 산하의 종교학·철학·미래학연구소에서 많은 활동을 전개하고 있다. 주요 저서로는『二十四史俠客資料匯編』(1995),『儒學反思錄』(2001) 등이 있다.

▌ 김태영金泰永

경희대학교 문과대학 사학과 명예교수. 조선시대사를 연구하여 실학과 정치사에 주관심을 가져 왔음. 저서로는『실학의 국가개혁론』(1998), 공역서로『역주 목민심서1-6』(1986)과 주요 논문으로는「다산 경세론에서의 왕권론」「다산 실학에서의 사회윤리론」「주자학세계관과 조선 성리학의 주체의식」 등이 있다.

▌ 최재목崔在穆

영남대학교 철학과 교수. 동경대학교 객원연구원과 하버드대학교 연구교수를 지냄. 주요 저서로는『동아시아의 양명학』,『나의 유교 읽기』,『양명학과 공생, 동심, 교육의 이념』,『시인이 된 철학자』,『내 마음이 등불이다-왕양명의 삶과 사상』,『쉽게읽는 퇴계의 성학집도』 등이 있다.

고모리 요이치(小森陽一)

도쿄대학교 교수. 일본 근대소설(표현론·문체론), 근대일본의 언어태분석과 현대 일본의 소설과 비평에 대한 연구를 진행하고 있다. 주요 저서로는 『구조로서의 언어』(1988), 『소설과 비평』(1999), 『일본어의 근대』(2000) 등이 있다.

차종천車鍾千

성균관대학교 사회과학부 사회학과 교수. 한국사회사학회이사, 성균관대학교 서베이리서치센터 소장, 미국 위스콘신대학교(메디슨) Research Fellow 등을 역임. 주요논저로는 『구장산술/주비산경』(2000), 『한국사회와 사회학』(1998), 「최근 한국사회의 사회이동추세: 1990-2000」, 「조선시대 중국산학 수용검토: 호시론을 중심으로」 등이 있다.

가와하라 히데키(川原秀城)

도쿄대학교 교수. 주로 동아시아 사상사와 과학사에 대해 연구를 진행하고 있다. 특히 한국·일본의 한문자료의 해독을 통해 전근대 동북아시아 사람들의 사상·철학·과학·기술·문화 등의 해명에 노력을 기울이고 있다. 현재에는 18세기 중국의 동서문화 교류와 조선후기 이기론과 실학사상, 그리고 한국·중국·일본을 포함하는 종합적 동아시아 사상문화연구를 주요 연구목표로 삼고 있다. 주요 저서로는 『중국의 과학사상－兩漢天學考』, 『독약은 입에 쓰다－중국의 문인과 불로불사』 등이 있다.

크리스토퍼 컬런(Christopher Cullen)

캠브리지대학교 니덤연구소, 런던대학 SOAS교수. 주요 연구는 중국의 천문학, 수학, 의학분야로서 SOAS에서 중국의 과학과 의학분야에 대해서 강의를 하였다. 주요 저서로는 『주비산경』(1996)과 『The Dragon's Ascent』(2001)이 있으며, 최근에는 출토문헌인 산수서算數書를 번역하였다.